周易

겉은 바삭하고
속은 촉촉한
주역(周易) 이야기

한태일 지음

BANDO

머리말

『주역周易』을 공부한다니까

가끔 필자에게 이렇게 물어본다.
"도대체 세상이 왜 이러죠?"
"앞으로 이 세상이 어떻게 될 것 같아요?"라고 물어들 본다.
얼마나 세상이 불안하고 또 미래가 궁금하니까 물어보겠지만
신神이 아닌 이상 어떻게 앞일을 알 수 있겠는가!
다만 그동안 『주역』을 뒤적거리다가 터득한 것은 있다.
『주역』은 세상 둥글어 가는 변화 이치를 알려주니까 그 이치를 알 수 있는 방법 중 하나인 '**상象·수數·리理**'를 알면 된다. 상수리는 유·무형의 상(象)과 그 형상 속에 담긴 수(數)를 파악하여 다가올 미래를 예측(理)할 수 있다는 것이다.
본서에 나오는 상수리의 사례 등을 읽다보면 '상·수·리'에 대해 어느 정도 감感은 물론, 또 약간의 관심만 가져도 세상을 보는 시야가 넓어지고 깊어질 것이다.
이 책은 『주역』의 다양한 식감을 맛볼 수 있게 여섯 개 부분으로 나누었다. 처음부터 차례로 읽을 필요는 없다. 자기 입맛에 맞는 대목부터 읽어도 전체를 파악하는 데는 전혀 문제될 것이 없다.

우리들은 어떤 미래를 살아갈까?

제1부는 '『주역』에 뿌리를 둔 컴퓨터와 양자역학'에 관한 내용이다. 이 책에서 첫 번째로 현대 디지털문명을 다루는 이유는 앞으로 인공지능(AI)과 양자컴퓨터(QC)가 대세가 되기 때문이다. 디지털문명은 물론 퀀텀문명의 선두 주자가 되기 위해서는 기본적으로 『주역』을 알아야 한다.

대부분의 사람들은 동양의 고전 『주역』과 디지털문명이 무슨 관련이 있느냐고 반문할 것이다. 컴퓨터와 핸드폰 등 현대 디지털문명의 첨단기계들이 『주역』에 뿌리를 두고 파생되어 나왔다. 왜냐하면 컴퓨터 등 디지털문명의 핵심 원리인 라이프니츠(G. W. Leibniz)의 '0과 1'의 이진법 체계가 『주역』의 '음효(--)'와 '양효(—)'에서 나왔기 때문이다.

그리고 산업의 쌀로 불리는 반도체를 탄생시킨 양자역학의 아버지, 닐스 보어(Niels Bohr)는 『주역』 음양론의 다른 이름인 「상보성원리」로 1922년에 노벨물리학상을 수상하였다.

닐스 보어가 얼마나 『주역』에 심취했으면 노벨상 수상식장에서 팔괘가 그려진 예복을 입었으며, 또 귀족 작위를 받았을 때도 태극마크를 가문의 문장紋章으로 삼았겠는가?

그리고 스티븐 호킹(Stephen Hawking)은 "양자역학이 지금껏 해놓은 것은 『주역』의 기본개념(태극, 음양, 팔괘 등)을 과학적으로 증명한 것에 지나지 않는다."고 말했을 정도였다.

앞으로 인류는 4차 산업혁명을 넘어 '영성靈性 혁명시대'를 맞이할 것이다. 제조업 중심의 산업시대에서 '신神이 되려는 인간(Homo Deus)'를 추구하는 영성시대가 열릴 것이다.

그 조짐이 바로 인공지능(AI)과 양자컴퓨터(Quantum Computer)이다.

인공지능(AI)은 인간의 지능을 모방한 기능을 갖춘 컴퓨터 시스템이며, 양자컴퓨터(QC)는 양자의 얽힘과 중첩 등 양자역학적 현상을 이용한 미래의 컴퓨터다.

그러므로 『주역』원리 등에 정통해야 인공지능과 양자컴퓨터 등이 주도하는 퀀텀문명시대의 퍼스트 무버(first mover)가 될 수 있다.

제2부는 '이것이 『주역』이라고?'이다.
우리 일상 속의 『주역』과 관련된 이야기들을 살펴본다.
우리들에게 너무나 친숙하여 당연하다고 생각하였던 것들이 의외로 역易에서 나왔다. 예컨대, 술자리에서 첫잔은 왜 소주에 맥주를 섞어 마시는 소맥으로 시작하는가? 왜 치맥이 야식의 제왕으로 등극하였는가? 우리 몸의 장기는 왜 5장6부며, 사람 얼굴에는 7개의 구멍이 있는가?
한국인들의 의식주와 생활 풍습 등은 『주역』과 관련된 것들이 많다. 『주역』을 공부하면 할수록 대한민국은 『주역』의 나라이고, 한韓민족은 『주역』의 민족이라는 확신이 든다. 그만큼 한국인들은 태생적으로 역易의 DNA를 타고나서 우리들 삶은 태극과 음양오행 등 '역易' 그 자체이다.
그리고 동서양의 특징들을 음양론으로 살펴보면 재미있고 신기하다. 왜 춘향이와 엘리자베스 테일러는 동서양을 대표하는 미인일까? 어떻게 우사인 볼트는 총알 탄 사나이가 될 수 있었는가? 춤추는 방식 조차 동서양은 확연하게 다른 이유를 알 수 있을 것이다.
왜 서양은 쾰른 대성당처럼 뾰족한 첨탑의 고딕 양식이 많은데, 우리는 한옥의 처마 곡선을 버선코 모양으로 지었을까?

제3부는 '**팔자 고치는 법**'에 대해 설명한다.

여기서는 누구나 궁금해 하는 '사람 팔자' 이야기다.

사람이라면 누구나 돈 많이 벌고 건강하게 오래 살기를 원한다.

특히 고단한 삶을 살아가는 사람들은 어떻게든 팔자 한번 바꿔보려고 무던히도 애쓴다.

타고난 팔자야 바꿀 수는 없겠지만 개운改運은 가능하다.

예로부터 개운법으로써 많이 활용되었던 공과격功過格을 소개한다. 공과격은 인생을 살아가면서 '공덕(功)과 과실(過)을 기록한 집계표(格)'이다.

공과격으로 가장 성공한 케이스인 원료범袁了凡의 사례를 알아본다. 그리고 조선 제일의 지관인 남사고가 돌아가신 아버지를 명당에 모시려고 산소를 아홉 번을 옮기고도 끝내 명당에 모시지 못해서 통곡을 했다는 '구천통곡九遷痛哭 남사고南師古'의 고사도 가슴에 새겨볼 만 한 이야기이다.

이와 관련한 '남에게 적선을 한 집안은 경사스런 일이 넘쳐난다'는 '적선지가積善之家 필유여경必有餘慶'이라는 말도 『주역』에서 나왔다. 그만큼 후손들이 큰 복을 받고 잘 사는 길은 자신의 공덕 못지않게 집안 구성원 전체의 적선에 있음을 『주역』은 알려주고 있다. 또 재미있는 숫자 이야기를 해본다. 사람은 태어나면서 죽을 때까지 숫자와 떼려야 뗄 수 없는 운명이다. 한마디로 인생은 '숫자놀음'이다. 그 단적인 예가 숫자로 된 연·월·일·시의 사주四柱이다. 즉 숫자가 그 사람의 운명을 결정짓는다고 한다. 그리고 『주역』에서는 중도를 지켜 처신하면 흉凶한 것은 피避할 수 있으며 길吉한 것을 취趣할 수 있다는 '피흉취길避凶趣吉'의 길까지 제시해 주고 있다.

생·멸(生滅)의 시대를 넘어서

제4부에서는 '**『주역』과 미래**'이다.
이 책의 주제이자 핵심내용이다.
거대한 변혁의 물결이 밀려오고 있다.
누구나 이 세상이 급변하고 있다는 데는 공감하지만,
누구도 그 변혁의 본질을 명쾌하게 설명해주지는 못한다.
지금 인류는 어느 때를 살아가고 있는가?
『주역』에서는 지금의 시운時運에 대해 '선·후천론先後天論'으로 명쾌하게 설명해준다. 『주역』의 선·후천을 알아야 왜 세상이 혼란의 도가니로 빠져드는지? 미래는 어떻게 흘러가는지에 대해서도 알 수 있다. 『주역』에서는 오늘날을 우주 시간대의 전반기인 '선천시대'가 끝나고 후반기의 '후천시대'로 넘어가는 문명의 대전환기로 보고 있다. 일 년으로 보면 여름의 끝자락에서 가을로 철이 바뀌는 '**환절기換節期**'인 것이다. 정확히 말하면 더위가 극성을 부리는 삼복더위 중 말복末伏에 해당한다.
그래서 지금 시대를 『주역』에서는 두 개(重)의 불(火)기운이 내뿜고 있는 태양(離)이라는 '중화리괘(重火離卦,☲)'시대라고 말한다. 활활 타오르는 태양이 한 개도 아니고 두 개나 되니 우주(천·지·인)가 뜨거운 불 속에서 헤어나지 못하고 있는 시운이다.
하늘에는 지구 온난화(Global Warming)를 넘어 지구 열대화(Global Boiling)시대로 들어섰고,
땅에서는 하루가 멀다 하고 지진과 화산폭발이 지구촌 곳곳에서 발생하며, 또 불기운(火氣)이 응축된 폭탄들이 터지는 전쟁터와 경북 의성지역의 산불처럼 초대형 산불들이 비일비재하게 일어난다.
그리고 이런 하늘·땅의 불기운(火氣)을 받고 사는 세상 사람들은 "아!

열 받아!" "뚜껑이 열려 버리는" 화병火病에 시달리고 있다.
지금은 말복의 끝자락이라서 '화극금火克金'이라는 상극相克이 극성을 부리고 있다. 음양오행으로는 여름철의 화火기운에서 가을철의 금金 기운으로 바뀔 때는, 즉 불 속에 쇠가 들어가면 녹아버리듯이 인류의 생존을 위협하는 엄청난 대환란이 엄습해 온다. 그래서 『주역』은 세속에 너무 탐닉하여 **"우주의 여름에서 가을로 철[節]이 바뀌는 것도 알지[知] 못하는[不] 철부지[節不知]로 살지 말라."**고 우리들에게 절규하고 있다.

지금 우리들 코앞에는 현실적인 위기들이 너무나 많다.
예컨대, 내일 당장 일어나도 이상하지 않을 일본의 난카이 대지진과 한반도에 끼칠 쓰나미의 충격, 러시아-우크라이나 간의 전쟁은 이스라엘-팔레스타인을 넘어 언제 불똥이 동북아로 튈지 모르는 전쟁 문제(중국-대만), 이미 기후변화의 마지노선 1.5℃를 넘어 인류 생존을 위협하는 기후재앙, 그리고 코로나19 보다 더 센 신종 팬데믹의 대발 가능성 등은 우리들을 긴장하게 만든다. 그러나 너무 두려움에 떨 필요는 없다. 모든 병病에는 반드시 약藥이 있는 법인지라. 선천의 마지막 괘인 『주역』「중화리괘」에서 그 처방전을 알려주고 있으니 안심하시라.

제5부는 '**『주역』과 인물편**'이다.
여기서는 『주역』과 관련 있는 성현들의 이야기들이다.
가죽 끈이 세 번 끊어질 정도로 『역경易經』에 심취했던 공자孔子와, 원元나라에서 『주역』을 통째로 외워 고려로 가져와 역동易東이라는 칭호를 받은 우탁禹倬 선생 등 역학의 금자탑을 세운 역학자易學者들의 흥미진진한 이야기들이 기다리고 있다. 또 일제 강점기 때 얼마나 『주역』에 통달했으면 '이주역李周易'이라 불리었던 이달李達 선생과 또한 '세기의 기증'으로 불린 이건희 컬렉션에 전시되었던 정선鄭敾의 진경산수화에 담긴 『주역』 원리를 알아보는 것도 고품격 미술강좌로 기억에 남을 것이다. 그리고 25살에 중국선교를 위해 들어온 후, 동서양 교류의 다리를 놓은 최초의 세계인이었던 마테오 리치(Matteo Ricci) 신부 이야기는 깊은 감동을 준다.

과연 대한민국의 운명은?

끝으로 **제6부는 '『주역』으로 풀어보는 대한민국의 국운國運**'이다.
사람의 운명이 궁금하면 그 사람의 사주四柱를 보듯, 나라의 운명 또한 마찬가지다. 그런데 사람이야 태어난 사주라도 있지만, 국가는 무슨 사주가 있는가? 그럼 어떻게 해야 하나? 그 나라에 해당하는 '괘卦'를 찾아보면 알 수 있다.
따라서 우리나라의 운명을 알아보려면 『주역』에서 대한민국의 괘卦를 찾아보면 된다. 『주역』에서 우리나라는 간괘(艮卦, ☶)에 해당하며, 그 간괘가 하늘로부터 부여받은 운명을 '간도수艮度數'라고 한다.
여기서는 우리나라의 운명인 '간도수'에 대해 '간절곶'과 '계룡산'을 통해서 설명해주고 있다.
그러면 우리나라 국운은 어떻다는 것인가?
결론부터 말하면 대한민국의 국운은 아주 희망적이다(단, 앞으로 수년간 고난을 겪겠지만). 곧 닥칠 통일 한국의 청사진과 미래 세계의 중심지에 대해서도 알아본다. 그리고 백범 김구와 탄허 스님, 두 사람의 연결고리가 되어 준 근대사의 비사祕史도 살펴본다.

이 책은 그동안 기고나 강의 등에서 다루었던 역易의 지혜가 담긴 일상사부터, 풍수지리, 상수학, 양자역학 등에 이르기까지 전 영역에 걸쳐 『주역』과 관련된 다양한 식재료들로 음식을 만들어보았다. 처음에는 그 맛이 거칠고 딱딱하여 입에 안 맞을 수도 있으나, 한국인이라면 일상에서 축적된 역易의 미각세포를 갖추고 있어 꼭꼭 씹다보면 부드러운 미각을 느낄 수 있을 것이다.

2025년 희망의 봄날에

한 태 일

목 차

머리말 ··· 3

I. 『주역』에 뿌리를 둔 컴퓨터와 양자역학

1. 왜 다시 『주역』인가? ·· 17
2. 컴퓨터가 『주역』에서 나왔다고? ····································· 21
3. 노벨상 수상식에 팔괘 가운을 입고 등장한 닐스 보어 ······· 24
4. 오펜하이머와 오행五行 ·· 33
5. 양자컴퓨터와 사상四象 ·· 36
6. 바코드(Barcode)가 음양이네! ·· 41
7. 신기한 숫자 배열, 매직스케어(Magic Square) ············· 44
8. 팔만대장경과 디지털(digital) ·· 47
9. 『주역』에서 찾은 바이오혁명 ··· 50

II. 이것이 『주역』이라고?

1. 춘향이와 엘리자베스 테일러 ··· 57
2. 치·맥 Vs 삼·소 ·· 60
3. 오리엔탈과 옥시덴탈 ··· 64
4. 신선로와 음양탕 ·· 69
5. 그 점괘 참 용하네! ··· 72
6. 사람은 소우주 ··· 78
7. 참성단과 지천태괘 ·· 81
8. 일월오봉도와 마이산 ··· 85
9. 경복궁의 좌향坐向에 얽힌 이야기 ·································· 90
10. 하늘은 원만하고 땅은 방정하니 ··································· 94

Ⅲ. 팔자 고치는 법

1. 날마다 공·과功過 포인트를 쌓는다면? ······················ 101
2. 겸손하게 자리 잡은 겸암정謙菴亭 ······················ 108
3. 산소를 아홉 번 옮기고도 통곡한 남사고南師古 ············ 111
4. 비둘기 세 마리가 날아 온 이유는? ······················ 114
5. 수數가 돈이다 ······················ 118
6. 부시맨(Bushman)과 코카콜라 ······················ 123
7. 남들이 열 번 하면, 나는 천 번을 해서라도 ············ 126
8. 서경덕과 종달새 ······················ 130

Ⅳ. 『주역』과 미래

1. 세상이 왜 이래? ······················ 135
2. 매화로 점괘를 뽑으니 ······················ 139
3. 선천과 후천(1). 지금은 선천의 상극相克시대 ············ 143
4. 선천과 후천(2). 우주의 말복末伏 더위가 기후변화 ········ 149
5. 선천과 후천(3). 우주 환절기의 비밀, 소 울음소리(牛鳴聲) ··· 154
6. 제발 철부지節不知는 되지 말아야 ······················ 161
7. 『주역』으로 풀어보는 시대 담론: 기후변화, 일본 대지진, 지축이동 ······················ 167
8. 앞으로 펼쳐질 세상은? ······················ 181

V. 『주역』과 인물

1. 세곡선을 정지시킨 관찰사, 이담명李聃命 ·············· 187
2. 이주역李周易이라 불리었던 이달李達 ················· 190
3. 『우주변화의 원리』를 지은 한동석韓東錫 ············· 196
4. 칼을 찬 선비, 조식曺植 ······························· 202
5. 삼성의 이건희와 정선鄭歚 ···························· 208
6. 하늘 아래 모르는 것이 없었던 소강절邵康節 ········· 213
7. 중국에서 『주역』을 통째 외워 가져온 우탁禹倬 ······ 216
8. 후천 세상이 오는 이치를 밝힌 김일부金一夫 ········· 222
9. 경복궁의 오리지널 설계자, 정도전鄭道傳 ············· 227
10. 『역경』의 괘사와 효사를 지은 문왕文王과 주공周公 ··· 232
11. 가죽 끈이 세 번 끊어질 정도로 『역경』에 심취한 공자孔子 240
12. 24절기와 마테오 리치 신부 ························ 244

VI. 『주역』으로 풀어보는 대한민국의 국운

1. 대한민국의 국운(1), 우리나라의 타고난 운명은? ········· 251
2. 대한민국의 국운(2), 손(手)에 관해선 대한민국이 최고 ········ 255
3. 대한민국의 국운(3), 한반도는 개자리(狗席) ············ 259
4. 대한민국의 국운(4), 간절곶과 계룡산의 비밀 ········· 263
5. 땅 이름처럼 이루어진 예언 지명 ······················ 271
6. 팔괘八卦훈장을 아시나요? ···························· 276
7. 항일투사들이 부적처럼 소중히 다룬 천부경天符經 ···· 279
8. 태극의 나라, 대한민국 ······························· 283
9. 머지않아 회복함이라 ································ 287
10. 백범 김구와 탄허 스님 ······························ 292
11. 달 탐사선 '다누리호'와 『주역』 ····················· 297

제1부
『주역』에 뿌리를 둔 컴퓨터와 양자역학

1. 왜 다시 『주역』인가?
2. 컴퓨터가 『주역』에서 나왔다고?
3. 노벨상 수상식에 팔괘 가운을 입고 등장한 닐스 보어
4. 오펜하이머와 오행五行
5. 양자컴퓨터와 사상四象
6. 바코드(Barcode)가 음양이네!
7. 신기한 숫자 배열, 매직스케어(Magic Square)
8. 팔만대장경과 디지털(digital)
9. 『주역』에서 찾은 바이오혁명

1부에서는 현대 디지털문명의 핵심인 컴퓨터가 『주역』의 음양론에서 비롯된 역사적 배경을 살펴본다.
디지털문명은 라이프니츠(G. W. Leibniz)가 『주역』의 음효(--)와 양효(—)에서 착안한 '0과 1'의 이진법 체계에서 나왔다. 현대물리학의 두 거인, 아인슈타인과 보어가 이룩한 「상대성이론」과 「상보성의 원리」는 양자과학의 시대를 열어 놓았다. 미래 과학문명은 인공지능(AI)과 양자컴퓨터(QC)의 쌍두마차가 이끌어 나갈 것이다. 여기서는 양자의 얽힘과 중첩 등 양자역학적 현상을 『주역』의 태극太極, 사상四象 등과 비교 검토하였으며, Bio혁명 또한 『주역』의 음양론陰陽論 등을 접목시켜 그 발전 가능성을 모색해 보았다.

I. 『주역』에 뿌리를 둔 컴퓨터와 양자역학

1. 왜 다시 『주역』인가?

세상은 하루가 다르게 급변하고 있다.
날로 심각해지는 기후위기와 참혹한 전쟁, 팬데믹 등으로 현대문명은 절체절명의 위기 속으로 빠져들고 있다. 그 속도가 어찌나 빠른지 미래에 대한 두려움마저 든다.
각 분야의 전문가들이 절망의 수렁에서의 벗어나고자 노력하고 있으나 만족할만한 답은 얻지 못하고 있다. 한 치 앞을 내다볼 수 없는 때일수록 『주역周易』을 알고 있어야 한다.
혹자는 21세기 최첨단 시대에 무슨 고전 타령이냐고 반문할 수도 있으나, 그것은 『주역』의 진가를 제대로 몰라서 하는 말이다. 『주역』처럼 세상 변화에 대해 방향을 제시해 주는 것도 없을 것이다. 왜 그런가 하면 서양의 서점들에 가 보면 수많은 『주역』 번역서들의 책표지에는 한결같이 'the Book of Changes(모든 변화들에 대한 책)'라는 부제副題가 표기되어 있다(아래 사진 참조)[1].
그리고 우리가 매일 쓰고 있는 '변화'라는 단어도 『주역』에서 나왔다. 원래 변화變化는 『주역』에 나오는 '음변양화陰變陽化'의 줄임말이다.

---

[1] Rudolf Ritsema외 2인 『The Original I Ching Oracle or the Book of Changes』, Watkins Publishing. 2018.(좌측 사진). Brian Browne Walker, 『I Ching, Or, Book of Changes』, Piatkus Books, 2011.(우측 사진).

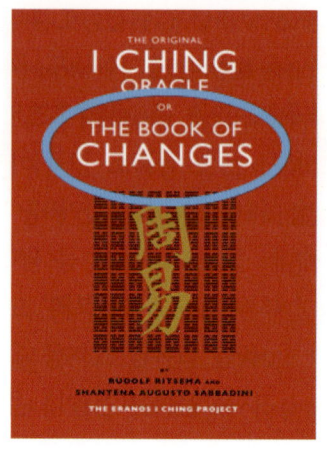 

음변양화陰變陽化는 '음陰이 극성하면 양으로 변變하고, 양陽이 극성하면 음으로 화化한다'는 뜻이다.
그야말로 『주역』은 '변화의 바이블(bible)'이라 말할 수 있다.
또 역易(=日+月)자에는 해(日)와 달(月)이 붙어 있어 일월이 만들어내는 시간에 따른 변화를 담고 있어 『주역』을 읽어보면 모든 변화의 본질을 꿰뚫어 볼 수 있는 것이다.

그리고 『주역』은 '시중時中'의 학문이라고도 말한다.
정확한 타이밍을 아는 데는 『주역』만 한 것이 없다는 뜻이다.
세상만사가 '때(時)'와 관련되어 있지 않는 것이 어디 있겠는가!
지금이 나아갈 때인지?, 물러날 때인지?, 아니면 기다려야 할 때인지? '그 때만 정확히 알 수' 있다면 모든 성공은 따 놓은 당상이다.
하지만 '그 때'를 몰라서, 혹은 타이밍을 놓쳐서 일을 그르친 경험이 누구나 한 번쯤은 있을 것이다.
지나간 역사를 보더라도 역발산 기개세하는 천하의 영웅이라도 때를 못 만나 역사의 뒤안길로 사라진 영웅호걸들이 얼마나 많았던

가. 그런데 『주역』을 공부해보면 한 개인의 길흉사는 물론, 거대 담론인 천지의 틀이 바뀌는 천지개벽의 시운時運까지도 알 수 있다.

지금 인류는 전대미문의 대전환기에 살고 있다.
불확실한 미래를 개척하는 노하우는 사람마다 다를 것이다.
그런데 『주역』에서는 한치 앞도 내다볼 수 없는 미래를 살아가는 우리들에게 '이견대인利見大人'이라는 힌트를 주고 있다.
'대인大人을 만나봄이 이롭다'는 말은 우리 시대에 올바른 삶의 길을 제시해줄 수 있는 대인을 만나야만 난제를 극복할 수 있다는 뜻이다.
여러분의 대인大人은 누구인가?
필자가 생각하는 그 대인은 오늘날에도 여전히 유효한 『주역』이 아닐까 생각한다. 왜냐하면 『주역』은 동양의 정치, 사상, 문화의 뿌리로써 동양정신의 원류이기도 하지만, 『주역』은 복희씨의 팔괘, 문왕의 괘사 그리고 공자의 십익十翼 등으로 이루어진 반만년 인류 지성사의 결정체이기 때문이다.

그리고 매일 사용하고 있는 컴퓨터와 스마트폰 등 현대 디지털문명의 첨단 기계들이 모두 『주역』에서 나왔다.
오늘날 디지털컴퓨터의 핵심 원리로 기여한 라이프니츠(G. W. Leibniz, 1646년~1716년)의 '0과 1'의 이진법 체계가 『주역』의 음양이론에서 나왔기 때문이다.
그리고 음양론의 다른 이름인 「상보성相補性원리」로 노벨물리학상을 수상한 양자역학의 아버지, 닐스 보어(Niels Bohr, 1885년~1962년)는 얼마나 역易에 심취했으면 노벨상 수상식장에서 팔괘가 그려진 예복을 입었으며, 또 작위를 받았을 때도 태극 마크를 가문의 문장紋章으로 썼겠는가?

〈스티븐 호킹, 1942년~2018년〉

이 뿐만이 아니다. 스티븐 호킹(Stephen Hawking, 1942년~2018년, 사진)은 "양자역학이 지금껏 해놓은 것은 『주역』의 기본개념(태극, 음양, 팔괘)을 과학적으로 증명한 것에 지나지 않는다."고 말했을 정도이다.

지금 서양의 유수한 대학교의 영재들이 모여들고 있는 강좌가 다름 아닌 '『주역』 강의'라고 한다. 여러분들도 21세기 '변화의 시대'를 주도하고 싶다면 모든 변화의 원천에 있는 『주역』을 읽어봐야 하지 않겠는가!

2. 컴퓨터가 『주역』에서 나왔다고?

현대생활에서 컴퓨터와 스마트폰 없이는 하루도 살아갈 수 없을 것이다. 그런데 컴퓨터 등 디지털문명이 『주역』에서 비롯되었다는 사실을 사람들은 잘 모른다.

현대 디지털문명을 대표하는 컴퓨터는 '0'과 '1'의 이진법을 이용하여 정보저장과 논리연산 등을 수행하는데, 바로 '0'과 '1'이 『주역』의 음양론에서 나왔다.

그 주인공은 18세기 독일의 철학자이며 수학자인 라이프니츠(G.W.Leibniz.1646년~1716년, 맨 아래 사진(左))이다. 그는 뉴턴보다 앞서 미적분을 발견했으며, 기존 파스칼의 계산기에 곱셈과 나눗셈 기능을 추가한 기계식 계산기인 '라이프니츠 휠'을 발명한 당대 최고의 천재였다. 오죽했으면 라이프니츠를 두고 당시 프리드리히 대왕은 "그 사람 자체가 완벽한 학교"라고 불렀을 정도였다. 라이프니츠의 가장 큰 업적은 모든 언어를 0과 1로 된 기호시스템으로 단순화시켜 컴퓨터시스템의 기반인 '이진법 체계'를 정립한 것이다. 그는 세상의 모든 개념을 보편적 기호들의 조합으로 바꿀 수 있다는 신념하에 이를 찾기 위해 고민하던 중, 1701년 중국에 파견 된 예수회의 부베(J. Bouvet) 선교사가 보내준 「64괘 방원도方圓圖」(사진 참조)에서 음효(--)와 양효(—)를 보고 0과 1의 이진법 체계를 발명하였다.

현재 사용하는 디지털컴퓨터는 『주역』의 음효(--)와 양효(—)를 두 개(0,1) 숫자로 나타낸 이진수로써 전기회로의 스위치(on/off) 특성을 이용하여 컴퓨터에 적용한 것이다.

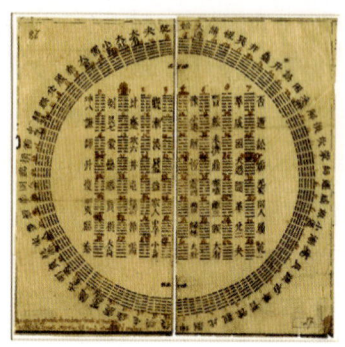

〈부베가 라이프니츠에게 보낸 64괘 방원도〉

나중에 라이프니츠는 "나의 불가사의한 이진법(0,1)의 새로운 발견은 5천여 년 전 고대 동양의 복희 왕의 철학서이며 문학서인 『주역』의 원리에서 나왔다."고 토로하였다.

그의 이진법은 후대 괴델, 앨런 튜링 같은 수학자들에 계승 발전되어 튜링(Turing)에 의해 최초의 컴퓨터(Computer), 즉 '계산하는 사람'이 나왔다. 그리고 컴퓨터의 설계자로 불리는 노이만(J. Neumann)이 데이터를 저장할 수 있는 중앙처리장치의 기억장치를 개발함으로써 단순한 계산기에 불과했던 컴퓨터가 오늘날의 슈퍼컴퓨터까지 발전할 수 있게 된 것이다.

이처럼 오늘날의 디지털혁명은 동서양을 대표하던 당대 최고 지성인들의 만남으로 이루어졌다. 유럽의 수학자 라이프니츠는 수만 리 떨어진 중국 황제 강희제[康熙帝, 1654년~1722년, 맨 아래 사진(中)]의 도움으로 음양(--,—)이라는 디지털 부호로 이진법 체계를 만들 수 있었다. 라이프니츠는 이진법을 정립한 후 황제에게 보낸 감사의 편지에 자신의 논문과 자신이 만든 기계식 계산기를 함께 보냈다. 강희제가 어떤 군주이던가! 중국의 위대한 황제 중의 한 사람으로 61년 간

통치하면서 청나라의 전성시대를 이끌었던 계몽군주였다. 황제는 학구열이 남달라 유럽의 과학기술 등을 적극 수용하였으며 본인 또한 엄청난 공부를 하였다. 특히 수학 분야에 실력이 출중하였다고 한다. 놀라운 것은 지금도 우리가 쓰고 있는 수학 용어들, 예컨대 방정식의 미지수의 값은 '원元', 방정식의 좌·우변을 동등하게 하는 미지수를 '근根', 그리고 최고 차수를 '차次'로 번역했던 이가 다름 아닌 강희제였다는 사실이다.

또 한 사람, 강희제 황제의 수학 개인 교사를 하며 라이프니츠에게 64괘 방원도를 보내준 중국에 파견된 수학자이자 예수회 소속의 부베(J. Bouvet, 1656년~1730년, 맨 아래 사진(右)) 선교사가 있었기에 디지털혁명이 가능했다. 세 사람의 학문에 대한 열정은 수만리 떨어진 동서양의 거리도 막지 못했음을 독일 하노버에 있는 라이프니츠 기록보관소에 보관된 당시의 편지들에서 확인할 수 있었다. 전혀 어울릴 것 같지 않는 세 사람, 즉 '황제(강희제)'와 '수학자(라이프니츠)' 그리고 '성직자(부베)', 이들의 운명적인 만남과 열정이 마침내 인류 최고 발명품인 '컴퓨터'를 만들어낼 수 있었다. 그리고 세 사람을 이어준 것은 다름 아닌 바로 『주역』이었다.

〈라이프니츠, 수학자〉

〈강희제, 황제〉

〈부베, 선교사〉

3. 노벨상 수상식에 괘 가운을 입고 등장한 닐스 보어

현대 물질문명은 서양의 합리주의적 정신에 근거한 자연과학 덕분이었다. 그런데 서구의 과학문명이 발전하는 과정에서 전가의 보검처럼 여겼던 뉴턴의 고전역학이 한계에 부딪쳤다.[2] 지난 세기 초, 미시 세계의 원자 및 아원자 입자에 대한 행동을 뉴턴의 고전물리학으로는 설명할 수 없는 현상들이 나타나면서 양자역학이 태동되었다.

뉴턴 시대의 고전역학이 현대역학으로 바뀌게 된 계기는 빛이 입자라고 받아들인 과학자들(플랑크, 아인슈타인, 하이젠베르그, 슈뢰딩거 등)의 사고 실험 덕분이라고 할 수 있다. 빛이 파동이라고 여기면 설명되지 못하는 자연현상(흑체복사, 광전효과 등)을 이해하기 위해, 만약 '빛이 입자라면'이라는 가정을 통해 발상의 전환을 이끌어냈다. 이에 에너지의 불연속성과 불확실성의 원리 등을 통해 양자역학의 개념이 정립되었다.[3]

그 한계를 극복해준 사다리가 바로 동양의 『주역』과 관련 있는 '양

---

[2] 19세기 말까지 서구의 물리학은 기계론적 세계관(절대 시·공간, 인과율 등)이 지배했다. 그러나 지난 세기 들어와 아인슈타인의 상대성이론과 하이젠베르크의 불확정성의 원리 등으로 뉴턴적 세계관은 존립이 어려워졌다. 그 대안으로 등장한 양자역학은 단순한 물리 현상의 나열이 아니라, 세상을 바라보는 새로운 관점의 시작을 알렸다. 그 후 현대물리학의 영향권은 과학의 차원을 넘어 사상과 문화의 영역까지 확장되어서 우주와 인간의 관계에 대한 우리의 관념에 일대 수정을 가하였다. 특히 1970년대 카프라(F. Capra) 등을 위시한 신과학운동은 현대물리학의 돌파구를 힌두교, 불교, 도교, 역철학 등 동양의 신비주의 속에서 찾았다. 프리초프 카프라(이성범 역), 『현대물리학과 동양사상(The Tao of Physics)』, 범양사, 2010.

[3] 김영훈,「알아두면 쓸모 있는 양자역학 이야기-양자의 세계」, 삼성디스플레이 뉴스룸, 2019.1.17

자역학(量子力學, Quantum Mechanics)'4)이었다. 그렇게 고전역학의 틀 속에 갇혀있던 난제들의 대안으로 양자역학이 부상하고, 양자역학의 관점에서 해결의 실마리를 찾으면서 모두들 양자과학으로 갈아타기 시작하였다.

이렇게 양자역학은 기존 과학계의 패러다임을 바꾼 과학사의 대사건이었다. 그 충격이 얼마나 컸으면 원래 '양자 비약(量子飛躍)'이라는 말은 물리학 용어인데도, 지금도 영어권에서는 사회 전반에 걸쳐 '비약적인 발전' 등을 끼쳤을 때 표현하는 말이 바로 '양자(Quantum)'이 들어간 'Quantum leap' 혹은 'Quantum jump'라는 관용구를 쓰고 있을 정도이다.

경이로운 양자비약을 만들어준 두 과학자가 바로 아인슈타인(A.Einstein, 1879년~1955년)과 닐스 보어(Niels Bohr, 1885년~1962년)였다. 그리고 현대물리학은 두 거인이 토대를 닦아 놓은 상대성이론과 양자역학이라는 두 개의 기둥에 의해 지탱되고 있는 것이다.

---

4) 양자역학(量子力學, Quantum Mechanics)은 양자물리학(量子物理學, Quantum Physics)과 혼용하여 쓰기도 한다. 1924년 막스 보른이 '양자역학'이라는 용어를 처음 사용하였다. '양자(quantum)'라는 말은 '얼마나 많은가(how much)'를 의미하는 라틴어 'quantus'에서 유래하였다. 양자는 물리학에서 물질과 에너지가 가질 수 있는 최소단위를 말하며, 일정한 양(量)을 가졌다는 표현으로 미시세계에서 불연속적인 물리량들을 다루는 역학이다. 그러나 "양자역학을 완벽히 이해한 사람은 아무도 없다"고 말한 R. 파인만처럼 전공자가 아닌 일반인들의 상식이나 언어로는 이해하기가 쉽지 않다. 이처럼 양자역학은 가시화시키기에 아직 무리가 있는 영역이며, 여전히 이론과 가설에 바탕을 두고 있다. 하지만 양자역학은 끊임없이 발전해 가고 있는 영역으로 미시세계인 아원자로 부터 거시세계인 우주의 현상을 이해하게 해주는 학문이기에 동양사상, 특히 역철학(易哲學)과의 상관성이 깊다. 그러므로 양자역학은 과학이론으로 규명하는데 한계가 있다. 과학이 아닌 철학, 정확히 말하면 동양 역철학의 역리(易理)로 봐야만 양자역학의 작동시스템을 이해할 수 있다. 필자註.

〈현대물리학의 두 거인, 닐스 보어와 아인슈타인〉

아인슈타인은 오랫동안 『주역』을 공부한 역학적易學的 지식으로 기존의 절대법칙인 고전역학에서 탈피하여 음양(상대)적 관점에서 물질과 에너지의 상관관계, 즉 「상대성이론」을 발표했다. 「상대성이론」은 물질(-)은 언제든지 에너지(+)로 변하고 에너지(+)는 물질화(-)할 수 있다는 음양법칙을 $E=mc^2$이라는 수식으로 도출하였다.

그는 "『주역』은 우주원리를 표현하는 대수학代數學책"이라고 극찬하였으며, 생을 마칠 때까지 그의 머리맡에는 항상 『주역』이 놓여 있었다고 한다. 그리고 말년에는 「태극이론」에 영감을 받아 「통일장이론」에 심취하기도 하였다.

「통일장이론」에 의하면, 인간이 발견한 자연계에 존재하는 힘의 종류는 '전자기력', '중력(거시세계)', '강력', '약력(원자세계)'의 4가지가 있다. 과학자들은 이 힘들을 「통일장이론」을 통해 입자들 사이에 작용하는 힘의 형태와 상호관계를 하나의 통일된 개념으로 기술하고자 노력해 왔었다. 그 후 과학자들의 노력에 의해 전자기력, 약력, 강력은 통일되었으나 아인슈타인이 시도했던 중력과의 통일은 아직 이루어지지 않았다. 그런데 이것은 『주역』의 사상四象과도 유사하다. 즉 태양(전자기력), 태음(중력), 소음(강력), 소양(약력)으로 보고, 사상의 뿌리인 음양의 본체인 태극은 우주 만유에 적용하는 통일법칙이 되는데, 이것이 『주역』의 '태극(=통일)론'이기도 하다.

또 다른 거인이었던 닐스 보어(N. Bohr)는 아인슈타인과 같은 길을 걸었던 평생 동지였으나, 아이러니하게도 보어가 죽을 때까지 자신의 이론을 납득시키지 못했던 유일한 사람이 바로 아인슈타인이었다. 그러나 두 사람은 끝까지 선의의 라이벌 관계를 지속하며 학문적 교류를 이어갔다.

닐스 보어와 아인슈타인이 벌인 논쟁 가운데 「불확정성」 논쟁이 유명하다. 일반적으로 양자역학에서 사물은 원자로 구성되어 있고, 그 원자는 원자핵과 전자로 이루어져 있는데 전자의 움직임에 따라 사물의 성질이 확정된다고 한다.

그런데 보어는 전자가 입자와 파동의 양쪽 성질을 다 가지고 있어서 명확한게 없다는 반면에, 아인슈타인은 불확실성을 제거하고 수치로 증명할 수 있어야 한다고 주장했다.

초기에는 아인슈타인의 권위에 눌러 그의 주장에 힘이 쏠렸지만, 결국 보어의 주장대로 전자의 성질은 입자와 파동의 성질을 모두 가진 것으로 보고 있는 것이 일반적이다.

아인슈타인과 보어, 두 사람 모두 양자역학의 발전에 지대한 공헌을 했으나 둘은 정반대의 길을 걸었다. 즉 보어는 양자역학의 교황으로 남게 되었고, 아인슈타인은 끝내 양자역학을 받아들이지 않은 고독한 천재가 되었다.

닐스 보어는 『주역』의 「음양론」에서 영감을 받아 양성자(+)와 전자(-)로 이루어진 원자 모델을 발표하였다. 이 모델은 원자를 구성하는 입자인 원자핵과 전자가 어떻게 존재하는지를 설명한 원자 모델로, 일명 「보어모델(Bohr model)」로 많이 알려졌다. 1921년 보어는 코펜하겐 대학에 '이론물리연구소(일명, 닐스보어연구소)'를 설립하였다. 이 연구소는 전 세계의 젊고 유능한 과학자들을 초청하여 양자물리학의 세계적 중심지가 되었으며, 자연스레 양자역학계의 방향타 역할을 하는 '코펜하겐 학파'가 형성되었다. 특이하게 이 연구소는 덴마크의 맥주회사인 '칼스버그(Carlsberg)사'의 전폭적인 후원금으로 운영되어, 항간에 그들의 기발하고 엉뚱한 아이디어들이 어쩌면 맥주를 마시고 술김에 나온 것일 수도 있었겠다는 우스갯소리도 있었다.

그동안 닐스보어연구소에 근무했던 과학자들 중에 노벨상을 수상한 사람만도 4명이나 된다고 하니 그 연구소의 권위는 실로 대단했다. 닐스보어연구소에 참여했던 주요 과학자들만 살펴봐도 「불확정성의 원리」를 제안한 하이젠베르크(W.K.Heisenberg, 1901년~1976년), 「빅뱅이론」을 제안한 러시아의 조지 가모프(George Gamow, 1904년~1968년), 「맨하튼 프로젝트」를 주도했던 오펜하이머(J.R.Oppenheimer, 1904년~1967년) 등 당대 최고의 양자물리학 대가들로 문정성시를 이루었다.

그리고 세상에 널리 알려진 그 유명한 '코펜하겐해석'5)도 닐스보어연구소에서 밑그림을 그렸다. '코펜하겐해석'을 한 마디로 말하면, 보어의 「상보성원리」와 하이젠베르크의 「불확정성의 원리」를 중심으로 제안한 양자역학의 해석이다.

그 당시 코펜하겐대학교의 '이론물리연구소(닐스보어연구소)'는 전 세계

---

5) 양자역학의 해석 중 하나로 1925년~1929년까지 코펜하겐대학교에서 닐스 보어(상보성원리)와 베르너 하이젠베르크(불확정성의 원리)를 중심으로 제안한 양자역학의 해석이다. 코펜하겐해석이 주목을 받게 된 계기는 세계 최초의 물리학 학회인 솔베이 회의, 특히 1927년 제5차 솔베이 회의에서 코펜하겐해석이 맞는지 아닌지에 대한 토론 때문이었다. 아인슈타인은 하이젠베르크의 불확정성의 원리에 반대하여 "신은 주사위 놀이를 하지 않는다(God does not play dice)."며 코펜하겐해석에 반대하는 입장과 허점을 지적했지만, 보어가 "아인슈타인, 신에게 명령하지 말게나(Einstein, stop telling God what to do)."는 말로 반박하며 결국 코펜하겐해석(양자역학)의 승리로 끝나게 된다.

양자역학 연구의 중심지였다. 드디어 1927년 벨기에의 브뤼셀에서 현대과학사에 한 획을 그은 회의가 열렸다. 바로 그 유명한 제5차 솔베이회의6)이었다. 세계의 수많은 물리학자들이 모여 '전자와 광자'를 주제로 보어와 하이젠베르크가 주장한 코펜하겐해석이 맞는지 아닌지에 대한 토론장이었다. 이 회의에서 아인슈타인은 집요하게 코펜하겐해석의 허점을 지목하고 공격했지만, 보어는 아인슈타인의 논리적 모순을 지적하며 끝내 코펜하겐해석(양자역학)의 승리로 이끌어냈다.

〈1927년 10월 제5차 솔베이 회의, 앞줄 중앙(아인슈타인),
앞줄 왼쪽에서 3번째(마리 퀴리), 두 번째 줄 맨 오른쪽(닐스 보어)
세 번째 줄 오른쪽에서 세 번째(하이젠베르크) 등〉

---

6) 솔베이회의((Solvay Conference)는 벨기에 기업가인 어네스트 솔베이가 1912년 벨기에의 브뤼셀에 세운 물리학과 화학을 위한 국제 솔베이 기구(International Solvay Institutes for Physics and Chemistry)라는 물리학 학회에서 시작되었다. 1911년부터 3년 주기로 개최되는 회의다. 솔베이회의는 세계 최초의 물리학 학회로 초청자로만 구성되어 현재까지 이어지고 있다. 역대 가장 유명한 솔베이 회의는 1927년 10월, 브뤼셀에서 열린 전자와 광자에 대한 제5차 솔베이 국제회의이다. 당시 참석자는 알버트 아인슈타인, 마리 퀴리, 플랑크, 닐스 보어, 슈뢰딩거, 파울리, 하이젠베르크 등 당대 최고 물리학자들이 총출동한 엄청난 규모의 국제회의였다(솔베이 회의 사진 참조).

이 회의에 초청된 학자들의 수준이 어느 정도였느냐 하면, 참석자 총 29명 중 17명이 노벨상을 수상했던 최고의 물리학회 회의였다. 항간에는 제5차 솔베이회의를 가리켜 '인류 역사상 최초이자 최후의 정모'라는 말이 나올 정도였다.

그리고 1927년에 보어는 생애 최고의 걸작인 「상보성相補性원리」를 발표하였다. 이 원리는 『주역』의 「음양론」 원리를 이용한 양자역학 해석의 틀로 '원자(양성자와 전자)는 입자와 파동의 이중성을 보완적으로 이해해야 한다.'는 것이다.

한 마디로 「상보성원리」는 "대립적인 것은 상보적이다."라는 유명한 명언을 탄생시켰다. 그러면서 그는 "『주역』이야말로 모든 학문 중에서 최고의 학문이다."라고 말했다.

이처럼 양자역학에서 『주역』이 주목 받게 된 결정적 이유는 사물의 구성이 근본적으로 원자로 이루어져 있으며, 그 원자를 구성하는 전자는 이중성(음양)을 가지고 있기 때문이다. 『주역』의 기본원리는 '음양'이다. 음양은 절대적인 개념이 아니라 상대적인 개념이며, 우주 자연은 음과 양이라는 상대적인 기운과 음양의 조화에 의해서 굴러간다.

보어는 『주역』의 「음양론」 등을 자신이 연구하는 양자역학의 핵심 논거로 사용하였다. 보어가 『주역』에 대한 애정이 얼마나 대단하였는지 몇 가지 에피소드만 봐도 알 수 있다. 1922년 노벨물리학상 수상식 때 보어는 스웨덴의 왕립과학한림원(KVA)측에 수상식 때 입을 팔괘八卦 문양을 새긴 가운을 구해달라고 요청하였다. 이에 한림원에서는 전 직원들을 풀어 스톡홀름 시내를 구석구석 헤맨 끝에 간신히 구한 팔괘 문양으로 가운을 만들어 입고서야 보어는 노벨상을 받았다고 한다.

또한 1947년 양자역학에 대한 업적을 인정받아 모국인 덴마크 국왕으로부터 최고 훈장인 코끼리훈장과 코끼리기사단의 기사로 임명될 때는 태극 문양이 새겨진 휘장의 예복을 입었을 정도였다. 그뿐만이 아니라 자신이 직접 디자인한 '태극太極' 문양으로 가문의 문장紋章(아래 사진 참조)을 삼았으며, 거기에 「상보성의 원리」를 라틴어로 표기한 "Contraria Sunt Complementa(대립적인 것은 상보적이다)"이라는 글귀를 새겨놓았다. 그리고 나중에 덴마크정부는 그의 업적을 기리고자 덴마크 화폐에 보어 초상화를 도안 하였는데, 특이하게 그 지폐의 배경에는 보어가 그토록 사랑했던 수많은 태극 문양들로 장식된 것을 볼 수 있다(아래 사진 참조).

〈태극문양의 보어(Bohr) 가문의 문장紋章〉

〈보어와 태극문양이 도안된 덴마크 화폐(500Kroner)〉

보어는 『주역』의 정수를 맛보고자 1937년에 일본과 중국으로 강연 여행길에 올랐다. 일본에서는 물리학 관련 과학자들에게 양자역학에 대해서 수차례 강의를 하였으며, 중국여행에서는 당시 서구의 물리학 동향과 『주역』의 「음양이론」 등에 관해서 의견을 나누었다 (아래 사진 참조).7)

〈1937년 보어의 중국 여행. 사진: 코펜하겐 중국문화센터〉

양자과학은 지난 20세기 초 과학계 전반에 걸쳐 혁명적인 변화를 일으켰으며, 앞으로도 IT, 금융, 교통, 바이오 등 미래의 기간산업으로 널리 확산될 것이다. 그만큼 양자과학은 21세기를 주도할 미래과학으로서 가능성을 인정받고 있다. 『주역』의 역리易理에 해박한 대한민국의 인재들이 향후 글로벌 양자과학계를 주도하기를 기대해본다.

---

7) "현대물리학의 제 개념들은 극동의 종교 철학에 표명된 여러 아이디어들과 놀라운 유사성을 보여주고 있다. 중국, 일본 등지에 강연 여행을 다니면서 극동문화에 접촉할 수 있었던 몇몇 위대한 물리학자들에 의해서 주목을 받아왔다. 닐스 보어는 '원자 이론의 가르침에 대응하기 위해서는 (중략) 거대한 존재의 드라마에 있어서 관객이며, 연기자로서의 우리 입장을 조화시키려 한다면, 우리는 부처나 노자(老子)와 같은 사상가들이 일찍이 부딪쳤던 인식론적 문제로 되돌아가야 할 것이다.'" 프리초프 카프라(이성범 역), 『현대물리학과 동양사상(The Tao of Physics)』, 범양사, 2010.

4. 오펜하이머와 오행五行

〈오펜하이머, 1904년~1967년〉

지난 주말에 영화 '오펜하이머'를 보고 왔다.
과연 크리스토퍼 놀란 감독의 이름 그대로 나를 놀라게 만든 영화였다. 미국의 이론물리학자 오펜하이머(J.R.Oppenheimer,1904년~1967년, 사진)의 전기를 다룬 영화로, 원작은 카이 버드가 지은 『아메리칸 프로메테우스』였다.
오펜하이머는 2차 세계대전의 참상을 겪으면서 "원자폭탄은 전쟁억제력을 가질 것이고, 전쟁을 막을 무기이다."라고 생각하여 '맨하튼 프로젝트'에 주도적으로 참여하여 마침내 원자폭탄 개발을 성공시켰다. 그러나 "이제 나는 죽음이요, 세상의 파괴자가 되었다(Now I am become Death, the destroyer of worlds)"라고 실토했듯이 원자폭탄의 끔찍한 인명 살상 위력을 보고, 그 후 원자폭탄의 수천 배의 살상력을 갖춘 수소폭탄 개발에는 적극 반대하여 정부의 탄압까지 받았다. 특이하게 이 영화에는 당대 최고의 과학자들(아인슈타인, 닐스보어, 파인만 등)이 많이 등장한다.

당시 유럽의 과학자들은 뉴튼의 고전역학이 난관에 부딪치면서 새 돌파구를 찾기 위해 노력했다. 그 때 한줄기 빛으로 다가온 것이 '양자역학'이었다.

오펜하이머 역시 예외가 아니었다. "이 술도, 우리 몸도, 텅 빈 공간이고 미세한 에너지 파동들이 얽혀있는 것이죠."라는 대사와 그의 머릿 속에 '수많은 별들의 탄생과 소멸, 에너지의 파동 등이 복잡하게 뒤엉켜 있는' 영화 속 장면을 보면 오펜하이머가 얼마나 양자역학에 심취하였는지를 짐작할 수 있었다.

또한 이 영화를 보면, 인류가 만든 수많은 전쟁무기들이 오행五行의 상극相克이치로 발전해 왔다는 걸 알 수 있다.

즉 아주 먼 원시시대는 돌이나 흙덩이로 싸우다가 나중엔 나무로 만든 뾰족한 창과 활로 싸웠으며[木克土(나무는 흙을 극하고)], 그러다가 나무 무기에서 쇠붙이로 만든 칼과 창으로 싸웠다[金克木(쇠는 나무를 극하고)]. 그 다음엔 뜨거운 불에 쇠가 녹아 버리듯이 불(火)무기가 출현하였다[火克金(불은 쇠를 극하고)]. 불무기, 즉 화약의 발명으로 불을 내뿜는 총과 대포에서 대륙간 탄도미사일까지 발전하였으며, 아직까지도 현대전에서 불무기(火器)류가 주종을 이루고 있다. 특히 지난 세기에 들어와 우주 여름철의 말복末伏 더위가 본격 기승을 부리기 시작하자, 전쟁무기 또한 더 세진 불기운(火氣)에 맞춰 더 강하게 응축된 원자폭탄이라는 이름으로 1945년 7월 16일 세상에 그 모습을 드러낸 것이었다.

영화에서 닐스 보어가 오펜하이머에게 "원자폭탄이 세상의 모든 전쟁을 끝낼 수 있겠는가?"라고 물으면서, "이건 신무기가 아니라, 새로운 세상일세. 세상은 준비되지 않았네."라는 장면이 나온다. 그리고 보어는 앞날을 예견이라도 한 듯 "함부로 돌을 들지 말게나, 돌 밑에 뱀이 있다네!"라는 의미심장한 말을 던진다.

과연 보어의 말대로 미·소 등 강대국들은 경쟁적으로 핵무기를 생산, 비축하여 지구를 수십 번 파괴하고도 남을 1만 3천여 개가 넘는 핵무기들을 보유하고 있다. 이처럼 전 세계는 핵전쟁의 위협에 둘러싸여 있으며, 우리 한반도 또한 북한의 핵개발로 불안감이 점점 커지고 있다.

이제 원자폭탄 보다 수천 배나 강한 수소폭탄水素爆彈(hydrogen bomb)의 등장으로 수극화水克火(물은 불을 극함) 단계까지 개발되었으니 어찌 보면 오행상 나올 무기는 다 나온 셈이다. 그런데 『주역』에서는 마지막 단계의 물 무기(水器)를 인명을 대량 살상하는 수소폭탄으로 보지 않는다. 왜 그렇다는 말인가? 물은 만유 생명의 원천이며 북방의 현무玄武를 상징한다.

현무는 신비로운 조화 기운이다. 『주역』이 인류에게 전하는 미래 메시지는 결코 말세나 멸망이 아니라 새 희망의 복음이다. 그러므로 『주역』에서 말하는 수水는 인류에게 새 생명을 불어 넣어주는 조화의 수기水氣로 본다. 그 조화기운은 불완전한 우리 몸과 마음을 업그레이드 시켜 무병장수와 영성靈性의 길로 인도해줄 것이다. 그렇게만 된다면 인류를 절멸시키는 공포의 수소폭탄이 아니라, 장수[壽]와 웃음꽃[笑]를 터뜨려주는 수소탄壽笑彈이 될 수 있을 텐데 말이다.

5. 양자컴퓨터와 사상四象

이번 세기는 인공지능(AI)과 양자역학量子力學이라는 쌍두마차가 세상을 이끌고 나갈 것이다. 그 시발점이 오픈AI사가 개발한 '챗 GPT'와 양자역학에 근거한 '양자컴퓨터'이다.
양자역학은 원자보다 작은 눈에 보이지 않는 미시세계에서 일어나는 현상을 연구하는 현대 물리학의 한 분야이다.
21세기 과학문명이 어느 방향으로 흘러갈지는 역대 노벨물리학상의 수상자들만 봐도 짐작할 수 있다. 지난 100년 간 노벨물리학상 수상자들의 면면을 살펴보면 '양자'관련 과학자들이 대세였음을 한눈에 알 수 있다.

1918년에는 양자론의 기초를 다진 막스 플랑크M.Planck, 1922년에는 양자역학의 교황이라 불리는 닐스 보어N.Bohr, 1925년에는 원자에 대한 전자 충돌에 관한 법칙을 발견한 제임스 프랑크J.Franck와 구스타프 헤르츠G.L.Hertz, 그리고 1929년에는 드브로이L.Broglie, 1932년에는 불확정성의 원리를 제안한 하이젠베르크W.Heisenberg, 1933년에는 슈뢰딩거E.Schrodinger와 디랙P.Dirac, 1954년엔 보른M.Born, 1964년에는 양자전기역학을 개척한 바소프와 타운스C.H.Townes, 1965년에는 양자전기역학의 기본입자 연구로 신이치로朝永振一郎, 파인만(R.P.Feynman.), 슈윙거J.S.Schwinger가 공동수상하였다. 1999년에는 약한 상호작용의 양자역학적 구조를 발견한 호프트G.Hooft과 펠트만Veltman, 그리고 최근 2022년도의 아스페A.Aspect, 클라우저J.F.Clauser, 차일링거A.Zeilinger 공동수상자들도 양자역학 분야의 과학자들이었다.
뉴턴의 고전역학에서 껍질을 깨고 나온 혁명적 물리학이론이 양자역학이다. 그리고 양자역학의 '얽힘'과 '중첩'을 활용한 것이 바로 양자컴퓨터이다.

양자컴퓨터는 1980년대 파인만(Feynman)이 양자물리학의 원리를 이용하여 물리적 시뮬레이션에 대한 아이디어를 제안하면서 시작되었다. 그동안 반도체 기술은 비약적으로 발전해왔지만, 회로 집적도가 한계에 닿아 디지털컴퓨터가 종말을 고할 날이 다가오자, 이를 대체할 컴퓨터로 등장한 것이 양자컴퓨터이다. 이제 인류는 슈퍼컴퓨터 시대를 넘어 신의 영역인 '양자컴퓨터' 시대를 열어가고 있다.

현재 최고 연산기능을 갖고 있는 슈퍼컴퓨터로도 1만 년이나 걸리는 연산 문제를 양자컴퓨터는 단 200초 안에 해결한다고 하니 상상을 초월한다. 앞으로 양자컴퓨터의 초고속 연산 능력을 활용하면 신약개발, 암호해독, 금융, 교통 등 모든 영역에서 혁신적 해법을 제시할 것이다. 그야말로 양자컴퓨터는 어떤 한계도 없는 '무한시대'를 열 수 있게 해줄 것이다.

〈구글의 시커모어(Sycamore) 양자컴퓨터〉

세계적인 빅 테크 기업들은 물론, 각국 정부까지 발 벗고 나서서 양자컴퓨터 개발에 총력을 기울이는 것은 그만큼 파급력이 엄청나기 때문이다. 양자컴퓨터는 개발방식에 따라 초전도방식, 이온 트랩 방식, 광양자컴퓨터 등 여러 방식들이 개발되고 있으며, 우리나라도 2023년 10월 세계 최초로 '전자스핀'을 이용한 큐비트를 개발하여 전 세계의 주목을 받았다.

그러나 전 세계 최고 연구기관들과 IBM, 구글, 인텔 등 글로벌 기업들이 상용화에 온 힘을 쏟고 있으나 제작사별로 방식이 다르고, 물리적 난제들로 인해 어려움을 겪고 있다. 양자컴퓨터의 상용화는 '코페르니쿠스적인 발상'의 전환 없이는 불가능할 것으로 보인다.

'기발한 발상'이란 다름 아닌 『주역』에서 찾아야 할 것이다. 마치 오늘날 디지털컴퓨터가 라이프니츠(Leibniz)가 『주역』의 음양(--,—)에서 영감을 받아 '0'과 '1'이라는 이진법 체계에서 태동되었듯이 말이다.

양자컴퓨터 시스템은 『주역』의 논리들과 공통점이 많다.
첫째로 『주역』의 「태극론」과 일치한다. 왜냐하면 양자컴퓨터는 정보 단위로 0과 1을 '공존' 즉 양자역학의 중첩(superposition)과 얽힘(entanglement) 상태를 포함하는 확장된 이진법 체계를 사용한다. 이것이 「태극론」과 유사하다는 것이다. 즉 태극의 둥근 원(☯) 안에는 S자 모양의 파란색의 음(陰,0)과 빨간색의 양(陽,1)이 공존해 있다. 그런데 태극이 움직이게 되면, 태극 안에 잠재되어 있던 양과 음이 서로 맞물려 순환시스템으로 작동한다. 이것은 양자역학에서 물질이 파동(陽)의 특성과 입자(陰)의 특성을 동시 갖고 있다는 「파동-입자 이중성」과 흡사하다.

둘째로 『주역』의 사상四象과도 유사점이 발견된다.

양자컴퓨터는 0과 1을 공존하여 4개 정보단위(qubit) 즉 '11, 10, 01, 00'을 처리한다. 큐비트는 양자역학의 기본원리인 양자의 중첩현상을 이용해서 디지털컴퓨터의 비트처럼 0 또는 1의 값 중 하나만 가지는 것이 아니라, 0과 1이 동시에 중첩되어 있는 상태를 가진다. 이는 0 또는 1로 확정되어 있는 것이 아니라, 그 사이 어딘가에 존재하는 것이다.

이것은 『주역』에서 말하는 "역易에 태극이 있으니 태극이 음양을 낳고, 음양이 사상을 낳는다."[8]로 설명이 가능하다. 즉 태극(☯) 안에 공존해 있던 음양이 둘로 분리되면, 두 개의 음(--,0)과 양(—,1)을 낳는 것이 된다. 또 음양(0,1)이 '11, 10, 01, 00'의 4개 큐비트가 된다는 것은 즉, 음양이 사상四象을 낳는 것이다. 왜냐하면 음양(0,1)이 세분되면 '태양(=,11), 소음(=,10), 소양(==,01), 태음(==,00)'이라는 사상으로 분리되기 때문이다(아래 사진 참조).

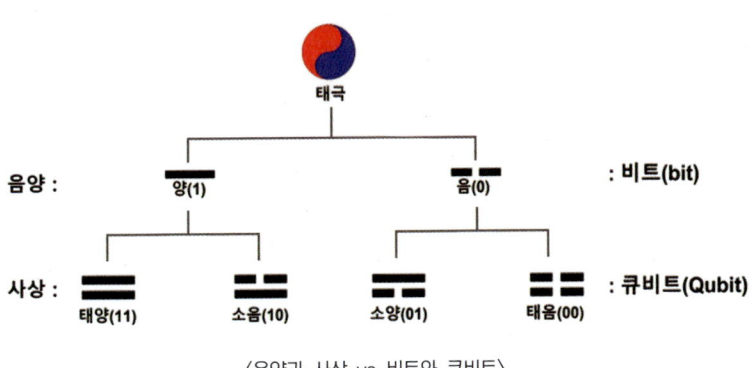

〈음양과 사상 vs 비트와 큐비트〉

---

8) 『주역』「계사전」상, 제11장. "역유태극(易有太極)하니 시생양의(是生兩儀)하고 양의(兩儀) 생사상(生四象)하고 사상(四象)이 생팔괘(生八卦)하니."

일찍이 라이프니츠는 '역에 태극이 있으니, 태극이 음양을 낳고'라는 대목에서 즉, 태극(☯)에서 분리되어 나온 두 개의 '음(--)'과 '양(—)'에서 영감을 얻어 '0'과 '1'이라는 이진법 체계를 정립하였다.

또 닐스 보어(N.Bohr)는 『주역』의 「음양론」에서 아이디어를 얻어 생애 최고의 걸작 「상보성相補性원리」를 발견했다. 이처럼 현대 물리학 이론의 빛나는 연구들은 『주역』에 근거한 것들이 꽤 많이 있다. 오죽했으면 스티븐 호킹(S.W. Hawking)은 "양자역학이 지금까지 해놓은 것은 단지 동양철학, 『주역』의 기본개념(태극, 음양, 팔괘 등)을 과학적으로 증명한 것에 지나지 않는다."고 하였겠나?

사람들은 최첨단 「양자역학이론」이 어떻게 5천여 년 전 동양의 역학易學과 딱 맞아 떨어지는 것에 대해 무척 궁금해 한다. 그 이유는 간단하다. 「우주변화원리」가 『주역』이기 때문이다. 『주역』에 보면 "역易은 천지와 더불어 기준을 정하여서 천지의 도道를 얽어서 짜놓았으니 빈틈이 없다."9)는 말이 있다. 이 말은 우주 안에 존재하는 모든 만물, 예컨대 미시세계든, 거시세계든 그 어떤 것도 '역易'이란 그물에서 벗어날 수 없다는 뜻이다.

현재 미국 등 선진 국가에서는 21세기의 글로벌 이니셔티브(Initiative)를 주도하고자 수재들을 모아 놓고 『주역』원리를 가르친다고 한다. 이제라도 역易의 DNA을 타고난 『주역』의 민족, 대한민국의 과학 꿈나무들에게 태극, 음양, 팔괘 등 『주역』 교육을 시킨다면 양자컴퓨터 등 '양자 과학'의 강국으로 부상할 것이라고 확신한다.

---

9) 『주역』「계사전」상 제4장 "역(易)이 여천지준(與天地準)이라 고(故)로 능미륜천지지도(能彌綸天地之道)"

6. 바코드(Barcode)가 음양陰陽이네!

한마디로 현대문명은 디지털(Digital) 문명이다.

이제 디지털이 없는 세상은 상상할 수 없을 정도이다. 일상日常 그 자체가 디지털이라서 컴퓨터, 스마트폰, AI, 자동차, TV 없이 단 하루도 살 수 있겠는가?

그런데 매 순간 만나는 또 하나의 디지털이 있다. 바로 '바코드(Barcode)'이다. 바코드의 역사는 1949년 우드랜드(N.J.Woodland) 라는 미국 발명가에 의해 개발되었다. 바코드(Barcode)는 '막대(bar)로 된 부호(code)'라는 말로 컴퓨터가 판독할 수 있도록 가늘고 굵은 검은색 막대(bar)와 흰색 막대(공백 부분)를 조합시켜 만든 코드이며, 막대 아래에 적혀 있는 숫자를 스캐너로 읽을 수 있도록 한 것이다. 주로 상품의 겉면이나 태그(tag)에 흑백 막대와 그 아래 숫자로 이루어진 표기방식이다.

바코드의 작동원리는 세계상품코드(UPC) 등의 기준에 따라 부호화한 뒤, 바코드 스캐너와 암호해독기로 구성된 판독기를 통해 정보를 해석한다. 작동순서는 ①스캐너가 상품의 바코드에 빛을 비추면 ②빛이 코드의 흰색부분을 통과하고, 빛이 검은 막대부분에서는 차단된다. ③이러한 패턴이 암호 해독기에 전달되어 판독기를 통해 유용한 정보로 변환된다.

즉 바코드는 굵기가 다른 검은 막대와 흰 막대의 배열 패턴을 광학적으로 판독하기 쉽게 부호화 한 것이다. 데이터를 바코드의 빛을 투과한 한 개 단위를 '1(陽)'로 하고, 빛이 투과하지 못한 검은색의 한 개 단위를 '0(陰)'으로 하여 '0'과 '1'의 2진陳코드로 나타낸 것이다. 이렇게 빛의 투과 여부에 따라 스캐너가 전기신호로 바꿔게 되며, 아날로그인 전기신호의 폭을 디지털인 '0'과 '1'로 나타내어 그 조합에 해당하는 숫자를 판별한다. 이런 점에서 보면 디지털컴퓨터가 '0'과 '1'의 이진수를 이용하여 정보저장과 논리연산 등을 수행하는 것과 같다. 결국 바코드 역시 『주역』의 「음양론」과 일맥상통한다.

바코드는 해당 제품에 정해진 고유의 코드를 부여함으로써 체계적이고 효율적인 관리가 가능하고 관리비용이 저렴하여 많이 이용된다. 바코드의 종류는 크게 막대 모양으로 된 1차원의 '선형線形 바코드'와 좀 더 많은 정보를 담을 수 있는 2차원의 '매트릭스(matrix) 코드'가 있다. 매트릭스 코드는 막대가 아닌 육각형이나 사각형 배열의 점點 형태로 이루어져 있는데 대표적인 것이 바로 'QR코드'이다. 또 바코드는 부호화 방법에 따라 구분된다. 예를 들어, 두 폭(two-width) 바코드와 여러 폭(many-width) 바코드로 나누고, 숫자나 글자를 나타내는 부호의 연속성에 따라 연속 바코드와 불연속 바코드로 나눈다. 바코드 구성 체계는 맨 앞에 국가코드(3자리, 한국은 880-881), 생산자·판매자번호(4~6자리), 상품번호(3~5자리), 체크섬(1자리, 검증 숫자)로 이루어져 있다.

바코드와 음양론을 비교해 보면 재미있는 공통점이 많다.
첫째, 바코드와 음양론은 두 개의 정보단위로 이루어져 있다.
즉 바코드는 흑/백의 막대(▮▮▮▮▮)로, 음양효는 음효(--)/양효(—)라는 두 개의 정보단위로 되어있다. 음양에서 검은색은 음효(--)를, 흰색은 양효(—)를 상징하는데, 이를 아래 그림(왼쪽) 바코드에 적용해보면, 검은 막대는 음陰을, 흰 막대(빈 공간)는 양陽을 상징한다. 또 흑/백의 막대(象) 아래 13자리 숫자(數)는 특정 상품의 정보를 가지고 있다. 그리고 아래 그림(오른쪽)과 같이 음효(--)라 양효(—)로 이루어진

「64괘」를 옆으로 눕혀 놓으면 바코드와 흡사하다.
예컨대 '수풍정괘(水風井卦,䷯,48번째괘)는 음효/양효로 이루어진 괘상(象,䷯)과 숫자(數,48번째 괘)에 「수풍정괘」의 정보가 다 들어있는 것이다.

〈바코드〉

〈수풍정괘〉

둘째, 바코드의 숫자와 음양효陰陽爻의 개수에 따라 정보등록 건수와 괘卦가 달라진다. 즉 바코드에는 그 상품을 만든 회사의 고유번호(4~6자리)가 있듯이, 『주역』에서도 음/양효의 개수에 따라 사상四象, 팔괘八卦, 64괘六十四卦로 나누어진다는 것이다. 쉽게 설명하면, 바코드 밑에는 4~6자리 회사 고유번호가 써져 있다. 숫자가 4자리인 경우에는 100,000개의 상품 등록이 가능하고, 번호가 5자리인 경우에는 10,000개의 상품 등록이 가능하고, 번호가 6자리인 경우에는 1,000개의 상품 등록이 가능하다.

마찬가지로 『주역』에서도 음효(--)/양효(—)의 개수가 2개냐, 3개냐, 6개냐에 따라 다르다. 즉 음/양 효가 2개면 사상(四象, 2^2=4, 태양·소음·소양·태음), 3개면 팔괘(八卦, 2^3=8, 건·태·리·진·손·감·간·곤괘), 6개면 64괘[六十四卦, 2^6=64, 중천건괘(1) ~ 화수미제괘(64)]로 나누어진다.

결론적으로 바코드와 음양은 사물의 정보를 저장·분석·해독하는 기능을 한다. 바코드는 흑/백의 두 막대(▮▮▮)로 모든 상품의 정보들을 생산·저장·처리하고, 『주역』은 음/양의 두 효(--, —)로 우주 만물의 생·성·변화 이치를 밝혀낸다.

7. 신기한 숫자 배열, 매직 스케어(Magic Square)

숫자만큼 재미있는 이야기도 없을 것이다.
마법의 숫자 배열,「마방진魔方陣」이야기다.
'마魔'는 신비롭다는 뜻이고, '방方'은 사각형을 의미하며, '진陣'은 줄지어 늘어선다는 말이다.「마방진」이란 정사각형에다 1부터 9까지 차례로 숫자를 적되, 중복하거나 빠뜨리지 않고, 가로·세로·대각선의 숫자들의 합이 모두 같도록 만들어진 숫자배열이다.
「마방진」의 기원은「낙서洛書」에서 유래하였다.
여기서 말하는「낙서」는 화장실 벽에 낙서하는 그런 '낙서'가 아니다.「낙서」는 우주의 변화원리를 음양오행과 수학적 구조로 밝히고 있는 역易철학의 기본 텍스트이다. 고대 중국의 은殷나라에서는 귀중한 문서를 보관하는 곳을 도서관이라 했는데, 그 중에서도「하도河圖」와「낙서洛書」를 가장 최고의 보물로 여겼다. 오늘날 '도서관圖書館'이라는 어원이 바로「하도」의 '도圖'와「낙서」의 '서書'자에서 따온 명칭이다.

「낙서」의 기원에 대해서는 많은 학설이 있지만, 고대 역사책『태백속경』에 의하면, "단군 왕검께서 희귀한 금 거북의 등에 낙서를 써서 바다에 띄워 보내며 말하기를, 동쪽으로 가든, 서쪽으로 가든, 네가 가는대로 맡기리라. 누구든 이것을 얻는 자는 성인聖人이 되리라 하였다. 그 후 한 어부가 낙수에서 그 금 거북을 잡아 우禹임금에게 바치니 이것이 바로「낙서」였다."고 한다.「낙서洛書」는「하도河圖」와 함께 우주 수학의 원전으로『주역』공부를 하는데 필수과목이다. 금 거북의 등에는 여러 개의 점들이 규칙적으로 배열되어 있는데 가로·세로·대각선의 숫자 합이 신기하게도 모두 '15'로 똑 같다.

즉 「낙서」는 1부터 9까지 숫자를 중복하지 않고, 가로·세로·대각선의 합이 모두 15(=9+5+1=3+5+7=4+5+6=2+5+8)로 같다. 이처럼 가로·세로가 세 칸(3차)으로 되어 있어 '3차 마방진'이라고 한다.

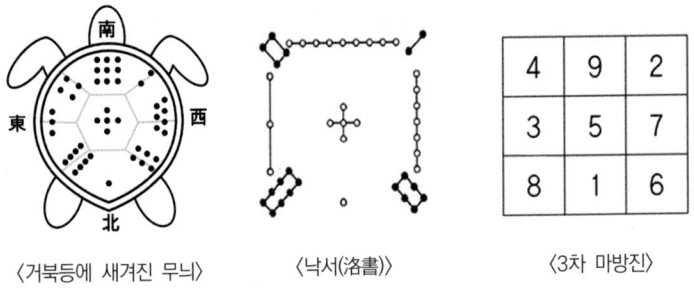

〈거북등에 새겨진 무늬〉　〈낙서(洛書)〉　〈3차 마방진〉

미국의 수학자 스웨트F.Swetz가 쓴 『낙서의 유산』에서는 미국 중학교 교과서에 마방진을 「Magic Square」로 소개하고 있으며, 오래 전 동서양을 왕래하던 아랍인들을 통해 전 세계로 퍼져나가 중동 및 유럽문화에 지대한 영향을 끼쳤다고 한다. 그 후 유럽 수학자들은 이를 근거로 9차 마방진까지 발명해냈다.

「하도」와 「낙서」가 우리 한민족과 인연이 깊듯이 「마방진 역시 그렇다. 왜냐하면 세계 최초로 9차 마방진을 규명한 사람이 조선시대의 최석정이라는 수학자이기 때문이다.

독자들에게 생소한 이름인 최석정(崔錫鼎, 1646년~1715년, 사진)은 조선 후기 문신으로 9세에 『시경』을 암송했고, 12세에 『역경』을 해석할 정도로 신동으로 불리었다. 17세에 초시에 장원을 한 이래 벼슬길에 올라 좌의정과 우의정을 거쳐 '영의정만 10번'을 역임한 입지전적 인물이다.

또한 당시 백성들의 고통과 서얼차별, 그리고 붕당의 폐단을 없애려고 무던히 애를 썼던 혁신 정치가이기도 했다. 그뿐만 아니라 최석정은 『주역周易』의 상수학을 응용하여 훈민정음을 해석한 음운音韻학자였으며, 또 당시 청나라에서 들어온 「시헌력時憲曆」이란 달력을 우리나라 상황에 맞게 고치는 등 천문학의 발전에도 상당한 기여를 했다.

그리고 선생은 역易철학과 수학을 결합하여 『구수략九數略』이라는 수학책을 저술하였는데, 이 책에서 세계 최초로 「9차 직교라틴방진」을 밝혀냈다(아래 사진).

최석정은 이것을 「구구모수변궁양도九九母數變宮陽圖」라고 불렀다. 이는 스위스의 수학자 오일러(L.P.Euler,1707년~1783년)가 발표한 것보다 67년이나 앞선 것으로 학계에서 공식인정을 받았다. 지난 2013년 한국과학기술한림원에서는 선생의 업적을 높이 평가하여 한림원 명예의 전당에 헌정된 위대한 수학자였다.

〈최석정. 전주 최씨 문중 소장〉

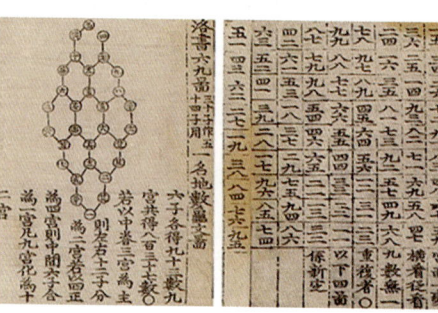

〈구수략 중 직교라틴방진과 지수귀문도. 사진: 위키피디아〉

8. 팔만대장경과 디지털(Digital)

"요즘 디지털이잖아요? 뭐? 돼지털?"이라는 텔레비전 광고가 있었다. 시장에서 화상 전송 스마트폰으로 생선을 고르는 남편과 집에 있는 아내의 대화를 신기하게 바라보던 생선가게 할머니가 놀란 듯 묻는 말에 젊은 남편과 할머니가 나누었던 모 전자회사 스마트폰 광고의 한 장면이었다.

벌써 호랑이 담배 피울 적 이야기가 되었다. 참 세상 많이 변했다. 그 변화에 중심에 바로 디지털(digital)이 있었다.

지금은 뼈 속까지 디지털 시대이다.

컴퓨터와 스마트폰으로 상징되는 디지털문명은 이제 지구촌 전 영역에서 80억 인류의 일거수일투족에 관여하여 디지털을 빼놓고는 생존자체가 불가할 정도이다.

디지털의 영어 'digital'의 어원은 손가락을 뜻하는 라틴어 'digitus'이다. 수를 세는 방법은 손가락 개수인 10을 기본으로 하는 10진법 등 다양하다. 공학에서 주로 사용하는 것은 2진법으로 '0'과 '1'을 기본으로 한다. 2진법은 0과 1로 표현하며 중간 값이 없어 두 개의 상태로 대응시킬 수 있어 어떤 신호의 유/무, 또는 스위치가 연결/끊김 등으로 나타내기 쉽다. 반면에 아날로그는 날씨가 춥고 더움에 따라 오르락내리락하는 온도계의 눈금처럼 그 수치의 중간에 해당하는 어중간한 값이 존재한다.

인간의 감각기관은 아날로그적인데 반해 디지털은 '0/1', 'On/ Off'처럼 중간의 어중간한 정보가 없이 확실하며 단순하기 때문에 혼동될 가능성이 거의 없다.

불과 수십 년 전 디지털이 세상에 등장하기 전까지만 해도, 인류문명은 아날로그 세상이었다. 아날로그는 자연과 물질로 이루어지며, 최소 단위는 원자이며, 물질에서 물질은 연속적 신호로 이루어진다. 이에 반해 디지털은 '0'과 '1'의 이진법을 통하여 0(꺼짐)/1(켜짐)로 된 단절적 신호로 정보를 생산하고 유통 및 전달까지 한다. 현재 사용하는 디지털컴퓨터는 음효(--)와 양효(—)를 두 개(0,1) 숫자로 나타낸 이진수로써 전기회로의 스위치(on/off) 특성을 이용하여 컴퓨터에 적용한 것이다.

'0'과 '1'이라는 단순한 정보단위로 처리하는 디지털의 정보 생산, 전달, 저장 기능은 실로 엄청나다. 일례로 손톱만한 64 기가바이트(GB)의 메모리용량은 일간신문의 400년 치 분량, 단행본 440만권과 DVD영화 40편 그리고 MP3 음악파일 16,000곡 등의 방대한 정보를 저장할 수 있는 엄청난 용량이다.

〈아날로그와 디지털 비교〉

구 분	아 날 로 그	디 지 털
물질과 비물질	물질: 형태와 부피	비물질: 가상공간
재 질	Atoms	Bits
신호 체계	연속적 신호	단절적 신호(0,1)
수단 체계	기계: 손과 발	컴퓨터, 네트웍: 두뇌와 정신
혁명과 문명	산업혁명으로 기계문명 발달	디지털혁명으로 정보통신문명

몇 년 전 경남 합천 해인사를 방문한 적이 있었다.
거기에는 고려 때 만든 팔만대장경을 보관하고 있는 고래 등 같은 기와집인 장경판전[藏經板殿, 아래 사진(左)]이 있다. 유네스코 세계기록유산으로 지정된 81,352매의 경판[經板, 아래 사진(右)]을 보관하고 있는 곳이다. 팔만대장경을 똑바로 쌓아 올리면 3,000M가 넘어 백두산

보다 더 높으며, 목판에 새긴 대장경판을 다 읽는 데만 꼬박 20년이 걸린다고 하니 그 규모에 놀라울 따름이다. 그런데 더 놀란 것은 그 많은 대장경판들을 불과 손톱만한 크기의 64 기가바이트(GB)에 다 저장할 수 있다는 것이다. 과연 디지털의 힘이 대단하다는 것을 새삼 느꼈다.

〈해인사 장경판전〉

〈81,352매의 팔만대장경〉

9. 『주역』에서 찾은 바이오혁명

유전자(DNA)에는 그 생명체의 모든 정보가 다 들어 있다.
사람의 유전자는 부모로부터 물려받은 인체 설계도인 셈이다. 그래서 부모와 자식은 서로 닮은 붕어빵이다. DNA을 통해서 외모나 신체적 특징뿐 아니라 성격이나 버릇까지도 꼭 닮아서 옛말에도 '씨도 둑은 못한다'고 하지 않던가.
코로나19 이후 각 국가들은 미래 전략산업으로써 바이오산업을 집중 육성하고 있다. 『주역』에서는 광활한 대우주大宇宙의 축소판이 바로 소우주小宇宙인 인체라고 한다.
그러므로 우주변화원리를 구성하는 음양陰陽과 사상四象 등을 깊이 연구해보면 인체 유전자 비밀을 푸는데 많은 도움이 될 것이다.

유전자에 대한 연구는 지난 20세기 들어와서 비약적인 발전을 하였다. 그 가운데에서도 1953년 왓슨(J.D.Watson)과 크릭(F.Crick)이라는 두 젊은 과학자가 'DNA 이중나선구조'를 밝혀냄으로써 유전자 분야의 신기원을 열었다[아래 사진(右)].
아래 왼쪽 사진은 중앙아시아의 투루판 아스타나 고분에서 출토된 '복희伏羲와 여와女媧 유물'이다. 만물의 생성원리를 복희와 여와의 하반신이 꽈배기처럼 감겨 있는 것으로 표현된 것이 마치 DNA 나선이 꼬인 것을 연상시킨다. 복희伏羲는 태극기에 그려져 있는 건·곤·감리(손·진·간·태)의 사괘(팔괘)와 우주창조의 설계도인 「하도河圖」를 그렸으며, 혼인제도 등 인류 문명사에 지대한 공적을 끼쳐 흔히 '인문의 시조[人文之祖]'로 불리는 분이다. 그리고 여와女媧는 복희와는 남매 사이로 알려져 있다.

50

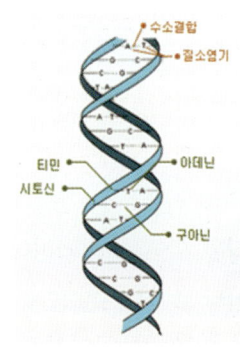

〈복희와 여와. 사진:국립중앙박물관〉　　〈DNA 이중나선구조〉

이 그림을 『주역』의 시각으로 보면, 복희는 '양'을 상징하고 여와는 '음'을 상징하며 서로 꼬여진 하반신은 한 몸이 되었음을 나타내므로 '태극'과 '음양 화합'을 상징한다.

생물학에서 세포의 핵산(DNA, RNA)의 기본단위는 뉴클레오티드인데, 이를 구성하는 물질은 '피리미딘'과 '퓨린'의 두 가지 성분으로 되어 있다.

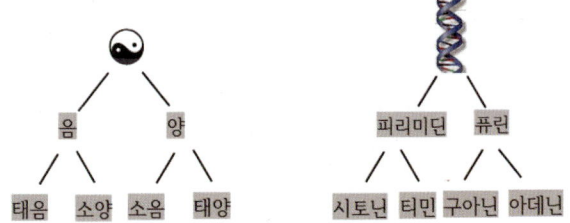

〈사상과 유전자 코드(CTGA)〉

그리고 피리미딘은 '시토닌(C)'과 '티민(T)'으로, 퓨린은 '구아닌(G)'과 '아데닌(A)'의 총 4개의 염기로 되어 있다. 이 4가지 염기의 배열 순서에 따라 지구상에는 수 만 가지의 동·식물들이 생겨났다.

⟨DNA구조와 음양 및 사상과의 유사성⟩

태 극	음 양			사 상		
DNA	형태	이진수	음양부호	염 기	이진수	사상코드
	피리미딘	0	음(--)	C 시토신	0	00 태음(==)
				T 티민	1	01 소양(==)
	퓨린	1	양(—)	G 구아닌	0	10 소음(==)
				A 아데닌	1	11 태양(=)

DNA의 이중나선을 따라서 늘어서 있는 염기들은 서로 연결되어 있다. 이것은 「복희팔괘도」의 '건-곤', '진-손', '감-리', '간-태'가 음양으로 서로 마주보고 있는 것과 같이(사진 참조), DNA 염기도 같은 원리로 음양 짝을 이루고 있는 것이 신기할 뿐이다.

⟨복희팔괘도⟩

이것을 『주역』의 관점에서 유전자 코드를 살펴보면, 태극(☯)은 'DNA 나선구조'이며, 음양(陰--,陽—)은 '피리미딘(--)'과 '퓨린(—)'으로 나눌 수 있고, 사상(四象, ⚏ ⚎ ⚍ ⚌)은 4개 염기(CTGA), 즉 '시토신(C)-태음(⚏)', '티민(T)-소양(⚎)', '구아닌(G)-소음(⚍)', '아데닌(A)-태양(⚌)'을 상징하고 있다고 볼 수 있다.

결론적으로 『주역』에서 말하는 소우주인 인체와 대우주인 천체의 구성시스템이 유사하다는 것을 알 수 있다.

『주역』은 무한한 아이디어 뱅크(Idea Bank) 같아서 인류의 지식창고 기능을 하기 때문에 서양의 유수한 대학이나 연구기관에서는 미래 산업의 도약 수단으로 『주역』을 연구하고 있다.

특히 미래의 황금알을 낳는 생명공학(Biological Engineering)분야에서는 더욱 그렇다. 『주역』에 남다른 재질을 가진 한국인들이야말로 '역易'에서 인사이트(Insight)를 받으면 바이오산업에 두각을 낼 수 있을 것이다.

제2부
이것이 『주역』이라고?

1. 춘향이와 엘리자베스 테일러
2. 치·맥 Vs 삼·소
3. 오리엔탈과 옥시덴탈
4. 신선로와 음양탕
5. 그 점괘 참 용하네!
6. 사람은 소우주小宇宙
7. 참성단과 지천태괘
8. 일월오봉도와 마이산
9. 경복궁의 좌향坐向에 얽힌 이야기
10. 하늘은 원만하고 땅은 방정하니

2부에서는 일상생활에서 『주역』과 관련된 의식주와 생활풍습 등을 알아본다. 한국인들의 생활문화에는 음양오행, 사주팔자, 풍수 등 역易과 관련된 것들이 많다.

왜 술자리에서 소맥을 마시고, 소주 안주에는 삼겹살을, 또 맥주에는 치킨을 먹는지 등 음식궁합 이야기와 체형, 춤, 스포츠 등을 통해 동서양을 비교해 본다. 누구나 궁금해 하는 점괘占卦에 관한 이야기보따리도 풀어 놓았다. 조선의 법궁, 경복궁의 곳곳에 숨어 있는 『주역』의 원리와 경복궁의 좌향을 남쪽으로 앉히자는 정도전과 동쪽으로 정하자는 무학 대사 간의 격렬한 논쟁에 귀 기울려보는 것도 재미있을 것이다.

II. 이것이 『주역』이라고?

1. 춘향이와 엘리자베스 테일러

음양을 모르는 사람은 별로 없을 것이다.
『주역』은 한마디로 음양학이다. 음양이란 말도 『주역』에서 처음 나왔다. 그런데 음양陰陽이라는 두 글자에는 '언덕(ß)'이란 부수가 붙어 있다.
이것은 햇빛이 비치는 언덕을 양陽으로, 햇빛이 비치지 않는 반대쪽 언덕을 음陰으로 본다는 뜻이다. 그런데 해가 비치는 오전엔 '양달'이 되었다가, 오후가 되면 햇볕이 없는 '음달'이 되듯, 음양은 절대적인 개념이 아니라 상대적인 개념이다.
이렇게 우주는 음양의 완벽한 조화로 순환하고 있다.
이를테면 하늘과 땅, 해와 달, 남과 여, 강함과 부드러움 등 두 개의 상호보완적인 힘이 작용하여 삼라만상이 변화해 나간다.
양陽의 성질은 기운이 위로 올라가기 때문에 봄에 초목들이 양기陽氣를 받으면 새싹들이 지표를 뚫고 자라나서, 여름이 되면 양기가 극에 달해 무성한 녹음을 짙게 드리운다. 하지만 위로 솟기만 하는 양기도 가을로 접어들어 음기陰氣를 받게 되면 양기는 꺾여서 뿌리로 내려오니 무성하던 잎사귀와 꽃들이 떨어져 버린다.

사람의 경우도 상대적으로 양기가 많은 남성들은 기운이 위로 뻗쳐서 어깨가 벌어지는 등 상체가 발달하며, 성격도 외향적이고, 가끔 은 양기가 너무 뻗쳐 발을 딛고 있는 현실과 동떨어진 엉뚱한 생각 도 가끔씩한다. 그런 반면에 음기가 많은 여성들은 상체보다는 하 체가 발달하며, 내성적인 성격으로 감성적이며 현실감각이 남성들보 다 뛰어난 편이다. 흔히 '봄 탄다'는 말이 있는데, 봄에는 양기가 강 하므로 그 양陽에 감응하는 음陰인 여성들, 특히 상대적으로 음기가 센 처녀들의 계절이라서 '봄 처녀'라는 말이 생겨났다. 반대로 가을 이 되면 음기가 강해져 그 음陰에 감응하는 건 양陽이라서 가을은 남성의 계절이라 부른다.

또 재미있는 것은 동·서양인들의 얼굴을 비교해보면, 동양인들은 기 운이 위로 올라오는 즉, 양기陽氣가 많은 땅에 살아서 마치 풍선에 바람을 불어 넣은 것처럼 두리뭉실한 얼굴형에, 뭉툭한 코, 쌍꺼풀 이 없는 눈 등이 특징이다.
예컨대 광한루의 춘향이나 촉석루의 논개 초상화를 보면 전형적인 동양 미인을 만나볼 수 있다(아래 사진).
그에 반해 서양인은 어떤가?
상대적으로 음기가 센 지역에 사는 서양인들은 기운이 밑으로 잡아 당겨 마치 풍선에 바람이 약간 빠진 듯한 계란형의 얼굴에 들어갈 곳은 들어가고, 나올 곳은 나와서 오뚝한 코와 쑤욱 들어간 눈 등 이목구비가 뚜렷해 마치 조각상과 같으며, 눈동자와 머릿결 색깔 또한 컬러풀해서 화려해 보인다. 아직도 우리들 가슴을 설레게 만 드는 세기의 미인이라 불렀던 엘리자베스 테일러, 그리고 뭇 여성 들의 마음을 사로잡았던 알랑 드롱과 톰 크루즈를 보면 수긍이 간 다(다음 사진).

〈춘향이 초상화〉　　　　　〈엘리자베스 테일러〉

스포츠분야에서도 동·서양의 주 종목은 확연히 다르다. 동양인들은 기운이 위로 쏠려서 하체보다 상체가 발달하여 유도, 레슬링 등 상체를 쓰는 종목에서 상대적으로 두각을 나타내며, 운동 목적도 단순히 체력단련[陰]만이 아니라 검도劍道, 유도柔道, 태권도跆拳道, 합기도合氣道 등의 명칭에서 보듯 거의 '○○道'의 경지까지 승화시켜 정신수양[陽]차원에서 체격을 단련해왔다.

그런 반면 서양인들은 기운이 밑으로 쏠려 하체 기운이 더 세서 100M, 500M, 마라톤, 높이뛰기 등 하체를 많이 쓰는 육상경기와 축구 등 하반신을 많이 쓰는 구기 종목에 탁월한 두각을 나타낸다. 이를테면 메시, 호날두 등 세계적인 스타플레이어 대부분이 남아메리카 등 서양 선수들이다. 특히 아프리카대륙이나 자메이카 등 중남미 지역은 음 기운이 유달리 세서 트랙경기나 마라톤 대회 등의 우승자들은 이 지역 출신들이 많다.

한 때 '총알 탄 사나이'로 불렸던 우사인 볼트 역시 카리브해에 있는 자메이카(Jamaica) 출신이다. 그리고 서양인들은 체력단련을 정신수양[陽]보다는 멋진 몸[陰]을 만드는데 치중하여 육체미를 과시하는 보디빌딩과 아름다운 몸매를 가꾸는 피트니스 등이 발달하였던 것이다.

2. 치·맥 Vs 삼·소

음식과 관련한 음양 이야기를 해보자.
치·맥(치킨에 맥주)과 삼·소(삼겹살에 소주)에도 음양의 절묘한 조화가 숨어 있다. 뜨거운[陽] 기운의 소주에는 차가운[陰] 성질의 돼지고기 안주가 적격이다.
한국인들이 가장 즐겨 마시는 술은 소주이다.
요즘은 녹색병에 담겨 있는 희석식稀釋式(주정에 물을 타 희석함) 소주가 대중화되었지만 원래 오리지널 소주는 증류식蒸溜式(멥쌀 등을 발효시킨 후 증류함) 소주이다. 소주는 쌀 같은 뜨거운 양기의 곡식(陽穀)으로 제조할 뿐만 아니라, 한자 표기도 '불사른 술'이란 뜻의 '燒酒(소주)'라고 쓰듯 소주는 뜨거운[陽] 기운의 술임에 틀림없다.
그래서 뜨거운 소주에는 차가운[陰] 성질의 돼지고기 안주가 어울린다는 것이다. 돼지가 얼마나 차가운 동물인가를 확인하고 싶다면 돼지껍질을 불판에 올려보면 알 수 있다.
껍질을 올려놓기가 무섭게 돌돌말리는 모습을 볼 수 있을 것이다. 껍질이 오그라들어 돌돌 말린다는 건 음기陰氣가 강하다는 것이다. 또 돼지꼬리를 보면 소나 말의 꼬리처럼 쭉 펴져있는 것이 아니라 꼬리가 감겨있는 것만 봐도 돼지가 얼마나 음陰적인 동물이란 걸 반증해준다.

그리고 대표적 야식거리인 '치맥'은 K-푸드 열풍으로 세계인들의 입맛을 정복한지 이미 오래되었다. 맥주는 찬 성질을 갖고 있는 보리(hop)를 주성분으로 만든 술이다.
보리는 가을에 파종하여 혹독한 겨울의 한파를 견디며 자라는 차가운 곡물이다. 그래서 맥주는 차갑게 마셔야 맥주의 참맛을 제대로 느낄 수 있다. 이처럼 차가운[陰] 맥주에는 따뜻한[陽] 닭고기 안주가 제격인 것이다. 이와 같이 어떤 술을 마시느냐에 따라 안주가 달라지는 것은 누가 알려주지 않아도 우리 몸이 스스로 터득하여 알아낸 음식의 '음양궁합'인 것이다.

이것만이 아니다. 얼마나 한국인들이 '음양의 민족'이냐 하면 술을 마셔도 꼭 음양에 합치되게 마신다. 무슨 말이냐 하면 소위 '폭탄주'라 불리는 '**소맥**'이야기다. 웬만한 술자리에 가보면 대부분 첫잔은 '**소주**에 **맥주**를 섞은' 소맥으로 시작한다. 그만큼 우리는 술 문화에서 조차 뜨거운 양주陽酒(소주)와 차가운 음주陰酒(맥주)를 적절히 섞어 마실 줄 아는 '음양주류陰陽酒類'의 민족이다.

그리고 더운 삼복더위에는 시원한 먹거리를 찾게 되지만 우리나라 사람들은 의외로 한여름에도 뜨거운 탕陽종류의 음식을 선호한다. 그런데 신기하게도 뜨거운 00탕 종류의 음식들이 발달한 곳은 추운 북쪽이 아니라 따뜻한 남도지방이다.

예컨대 전라도 남원의 추어탕과 목포의 민어탕, 경상도 마산의 아구탕 등은 대표적인 여름철 보양 음식이다. 남부지방에서 뜨거운 매운탕이 발달한 이유는 찌는 듯한 삼복더위에 땀은 비 오듯 흘러내리지만, 우리 몸속은 그와는 반대로 차가우며 냉冷하다. 그래서 우리 조상들은 뜨거운 탕陽음식으로 냉한 속을 데워야 몸의 밸런스가 유지된다는 걸 알았기에 여름철에는 뜨거운 탕에다 매운 고추를 넣고, 그것도 부족해 매운맛이 강렬한 청양고추를 고추장에 찍어 먹었던 것이다.

〈삼복에 많이 먹는 민어탕 〉

이와는 반대로 차갑게 먹어야 제 맛을 느낄 수 있는 냉면류는 평양 냉면과 함흥냉면이라는 이름에서도 알 수 있듯 추운 북한지역에서 발달했다. 더운 여름날 먹어야 제 맛인 냉면이 따뜻한 남쪽보다 추운 북한지역에서 발달한 것이 이상하지 않는가? 함경도에서 내려온 실향민 이야기가 생각난다.

〈추운 지방에서 발달한 냉면류〉

어릴 적 추운 겨울날에 살얼음을 씹어가며 먹었던 어머니가 해주신 냉면 맛을 잊지 못한다고 했다. 이처럼 북한지방에서 차가운 음식 문화가 발달했던 이유는 살을 에는 듯한 추위로 몸은 차갑지만, 실제 우리 몸 안에는 열이 나서 뜨겁기 때문에 차가운 냉면으로 몸의 열기를 낮추었던 것이다.

그리고 한국 사람들의 대표적인 곡류는 쌀과 보리이다.
쌀밥과 보리밥을 먹을 때도 음양 이치에 맞게 반찬을 먹었다.
쌀(벼)은 초여름에 심어 뜨거운 불볕에 여물기 때문에 대표적인 양기의 곡식(陽穀)이며 쌀톨을 봐도 하나(1, 陽數)인 통알로 되어있다. 그래서 추운(陰) 겨울철에는 더운(陽) 성질의 쌀밥과 쇠고기국을 먹어야 속이 편하고 든든하였기에 예로부터 '하얀 이밥에 고깃국' 한번 배불리 먹어봤으면 좋겠다고 했던 것이다.
그런 반면에 보리는 쌀을 수확한 직후 가을에 파종하여 추운 겨울을 지나 이듬해 초여름에 수확하는데 그 성질이 매우 차다. 또 보리 씨알을 봐도 한 가운데가 둘(2, 陰數)로 갈라져 있어 음기의 곡식(陰穀)이란 걸 알 수 있다.
따라서 열이 많은 사람은 물론, 더운 열기(陽)가 기승을 부리는 여름철에는 찬(陰)성질을 가지고 있는 '보리밥과 열무'를 넣고 고추장에 비벼 먹으면서 더위를 이겨낸다.
이처럼 오랜 기간 동안 사람들이 먹어도 몸에 해가 되지 않는 경험들이 쌓여서 탄생한 것이 음식문화이다.
한국인들은 한 그릇의 밥을 먹어도 음양 이치에 맞게 자연의 섭리에 순응하며 살아왔다.

3. 오리엔탈(Oriental)과 옥시덴탈(Occidental)

지구촌을 지역적으로 나눌 때 동양과 서양으로 구분한다.
이렇게 동·서東西로 나누는 기준은 '태양이 뜨고 지는' 궤적에 따른 것으로 『주역』의 음양 논리와도 통한다.
음양陰陽 두 글자에는 '언덕(阝)'이란 부수가 붙어 있어, 햇빛이 비치는 언덕을 '양지陽地' 혹은 '양달'이라 하고, 또 반대쪽 그늘진 언덕을 '음지陰地' 또는 '응달'이라 한다.
영어로도 동양은 '해 뜨는 곳'이란 뜻의 오리엔탈(Oriental)에서 나왔다. 영어로는 'the Orient, 혹은 the East'라 한다. 동녘에서 뜨는 태양의 운행 질서에 맞춰 살아온 동양인들은 자연의 신성을 받들어 천지의 질서에 순응하는 삶을 살아왔다. 자연과 더불어 살아가는 삶의 방식에서 신과의 교감을 통하여 기독교, 이슬람교, 불교 등의 3대 종교가 중·근동中近東에서 나왔던 것이다.
동양인들은 우주원리를 직관으로 꿰뚫어 보았기에 하늘의 마음을 읽을 수 있는 천문天文과 땅의 숨소리를 들을 수 있는 지리地理, 그리고 사람의 운명을 볼 수 있는 명리命理가 발달할 수 있었다.

이에 반해 서양은 '해가 지는 땅'으로 옥시덴탈(Occidental)이라 하며, 영어로는 'the Occident, 혹은 the West'라고 한다.
서양인들은 자연과 인간을 별개로 보는 이분법적 사고방식에 익숙해져 자연을 정복의 대상으로 인식하였다. 숲이라는 전체를 보는 것이 아니라 나무 하나 하나를 세밀히 관찰하듯 자연(신)과 인간을 별개로 보았던 것이다.
이런 서양인들은 미시적, 분석적인 방법에 익숙하였으며, 근대 서양의 합리주의적 정신에 근거한 자연과학에 힘입어 산업혁명을 거치면서 인류에게 풍족한 물질문명의 시대를 구가할 수 있게 되었다.

이처럼 동서양의 음양적 특성은 그들만의 독특한 문화양식들을 보여준다. 그 중 몇 가지를 살펴보면 주거·건축문화에서도 확연히 구별된다.

동양인들은 양인陽人이기에 음기陰氣인 지기에 가까워지려 방바닥에 거주하는 온돌문화 등이 발달하였으며, 집을 짓는 터도 우묵한 곳에다 부드러운 곡선[陰]양식의 건축물에서 살았다. 즉 나지막한 언덕배기에 부드러운 곡선의 초가집과 여인의 버선코 모양을 닮은 한옥의 처마곡선을 보면 알 수 있다. 기와(瓦) 또한 암키와와 수키와가 균형을 맞춰가며 지붕을 이루고 있다.

그런 반면에 서양의 주거·건축문화는 어떤가? 서양인들은 음인陰人으로 하늘의 양기陽氣에 가까워지고자 방바닥이 아닌 침대문화와 높은 산위에 첨탑[陽]양식의 철옹성 같은 영주의 성채나 뾰족한[陽] 첨탑을 설치한 고딕양식의 성당들이 특징이다. 유럽의 고색창연한 고도古都들을 둘러보면, 하늘을 찌를 듯한 첨탑의 고딕양식 성당과 광장을 중심으로 뾰족한 지붕의 가옥들로 방사형의 직각[陽]구조로 도시가 형성된 것을 볼 수 있다. 이를테면 독일의 쾰른 대성당(Kölner Dom), 프랑스 파리의 노트르담 대성당(Notre-Dame Cathedral) 등 유럽 전역의 고딕양식(Gothic architecture)의 건축물들을 보면 하늘에 닿을 듯이 뾰족하게 지은 그 바탕에는 하늘[陽]에 계신 신과 가까워지려는 서양인들의 신앙적 염원을 엿볼 수 있다.

〈울름 대성당(Ulmer Münster). 사진: 독일관광청〉

춤추는 방식 또한 동서양이 다르다.

양기가 많은 동양인들은 기운이 위로 쏠려서 어깨, 팔 등 상반신을 주로 움직이는 춤을 춘다. 한국 사람들은 흥이 오르면 저절로 어깨가 들썩이는 어깨춤을 추듯, 인도네시아, 태국 등 동남아 국가들의 춤사위도 팔과 손동작에 치중하여 춤을 춘다.

그러나 음기가 많은 서양인들의 춤들은 발과 골반 등 하반신 위주의 춤들이다. 예컨대, 두 발로 리드미컬하게 박자를 맞춰가며 추는 탭댄스(tap dance)와 스페인의 플라멩코(flamenco), 그리고 브라질 삼바축제에서 섹시한 무희들의 격렬한 춤들은 주로 하체를 이용한다.

〈스페인의 플라멩코, 사진: CARDAMOMO〉

그리고 동서양의 생사관을 들여다봐도 재미있다.

동양에서 이승의 삶이란 잠시 머무르는 것으로 육신의 옷이 해어지고 낡으면, 그 안에 담겨져 있던 혼魂은 원래 자리로 돌아가는 것으로 인식해왔다. 그래서 전생과 현생의 업(業, karma)에 따라 다양한 형태의 삶으로 다시 태어난다는 윤회사상이 있으며, 죽음의 표현도 이승에 오기 전의 본래 자리로 갔다하여 '돌아가셨다'고 하며, 생명의 근원처를 빛으로 인식하여 상복喪服도 광명을 상징하는 흰색 옷을 입었던 것이다. 이런 정서에 근거한 조상 숭배사상은 자연스레 제례祭禮문화로 꽃필 수 있었던 것이다.

이에 반해 서양에서는 이승과 저승의 삶을 별개로 보아 사후세계를 암흑의 세계로 인식하여 그 곳을 벗어날 수 있는 길은 오로지 유일신을 통해서만 가능하다는 믿음이 저변에 깔려 있다. 그러므로 서양에선 윤회란 존재할 수 없으며 저승세계를 암흑으로 봐서 검은색의 상복을 입는다.

그리고 셈할 때도 동양인들은 손바닥을 펴서 엄지부터 곱으면서 셈하지만, 반대로 서양인들은 주먹을 쥐었다가 펴면서 셈을 한다.

글을 쓸 때도 동양은 위에서 아래로, 오른쪽에서 왼쪽으로써 나갔다. 그래서 옛날 한국이나 중국 등 고서들을 보면 전부 위에서 아래로, 오른쪽에서 왼쪽으로 써져있다.

그런데 서양은 좌측에서 우측으로써 나갔다.

지금이야 좌측에서 우측으로 동서양이 통일 되었지만 말이다.

동쪽은 양陽인 정신문화가 발달하였고, 서쪽은 음陰인 물질문명이 발달해왔다. 그래서 동양은 정신문화의 상징인 철학과 종교가 발달하였고, 서양은 물질문명의 상징인 과학과 기계문명이 발달하게 되었다. 이러한 동서양의 장점만을 취해 근대화를 추진하려한 적이 있었다.

즉 19세기 근대화에 뒤떨어진 동아시아 각국들은 동양(東)의 우수한 정신문명(道)은 그대로 두고 서양(西)의 기술문명(器)을 받아들여 근대화를 이루려 했던 조선의 동도서기론東道西器論과 중국(中)의 유교도덕을 체(體)로 하고 서양(西)의 과학기술을 용(用)으로 하는 중국의 중체서용론中體西用論, 그리고 일본(和)의 전통적 정신을 혼(魂)으로 삼고 서양(洋)의 문물을 재(才)로 삼는다는 일본의 화혼양재론和魂洋才論이 그것이다.

동서양이 이렇게 다른 것은 동서양의 '땅기운(地氣)'의 영향이 크다. 사람을 포함한 동·식물 또한 그 땅 특유의 지기의 영향을 받으면서 살아가기 때문에 그 풍토에 맞게 수많은 변종變種과 아종亞種들이 생겨난다. 예컨대, 유독 강화도에서만 알싸한 맛이 나는 순무를 강화다리만 건너 심어도 순무 특유의 그 맛이 나지 않는다. 이와 관련하여 '남귤북지南橘北枳'라는 고사성어가 있다. 즉 남쪽 땅의 귤나무를 북쪽에 옮겨 심으면 탱자나무로 변한다는 뜻이다. 그만큼 땅 기운이 중요하다.

4. 신선로와 음양탕

세계 각국의 행복 순위에서 한국인들의 행복도는 상당히 낮은 순위로 조사됐다. 전반적인 삶의 질을 평가해 매긴 행복 점수에서 핀란드가 7년 연속 가장 행복한 나라에 올랐다. 이어 덴마크, 아이슬란드, 스웨덴 등 북유럽 국가들이 상위권을 지켰다. 한국은 52위로 조사됐다. 대한민국은 괄목할만한 경제성장은 이루어 냈지만 아직도 국민들이 느끼는 행복도는 경제성장과는 비례하지 않는 것 같다. 그래서인지 요즘 사람들은 스트레스에서 벗어나고, 정신건강에 좋다는 명상(메디테이션)에 관심들이 많다. 동양의 수행법들은 대부분 '수승화강水昇火降' 방식이 많다. 수승화강은 '차가운 기운은 올리고 뜨거운 기운은 내려서 건강을 유지한다.'는 수행이다. 원래 수승화강은 '물(水)은 위로(昇), 불(火)은 아래로(降)'라는 뜻으로 음양오행에서 나온 용어이며, 선도나 불교에서 많이 하는 수련법이다.

그런데 『주역』「64괘」 중에도 수승화강과 닮은 괘가 있다. 바로 「수화기제괘水火旣濟卦, ䷾」이다. 괘의 모양이 위에는 물괘(☵)가, 아래는 불괘(☲)가 있어 수승화강과 똑 같은 모양이다(아래 사진 참조). 옛날부터 도인들이 이 방식대로 수행했기 때문에 '수행괘修行卦'라고도 불렀다. 그런데 수화水火를 보면 물(水)의 성질은 아래로 내려와(降) 그 기운이 서늘하고 맑으며, 불(火)의 성질은 위로 올라와(昇) 그 기운이 덥고 탁하다. 사람도 일상생활에서 스트레스를 받으면 불기운이 올라와 머리가 뜨거워지고 정신이 탁해진다. 그런데 수승화강水昇火降 수행법은 이와는 정반대이다. 즉 신장의 물기운(水)을 위로 끌어올려(昇) 열 받은 머리를 식히고, 또 뜨거워진 머리의 불기운(火)은 아래로 내려(降) 정신을 맑게 하고 신진대사를 원활하게 하는 것이다.

요즘 「수화기제괘」의 방식대로 만들어 마시는 소위 '음양탕(陰陽湯)'이 유행이다. 음양탕은 뜨거운 물과 차가운 물을 적절히 섞어 마시는데 건강에 좋다고 소문이 났다.

그 제조법은 먼저 뜨거운 물을 절반 붓고, 나머지 절반은 차가운 물을 섞어 마시는 것으로 밑의 온수(陽)와 위의 냉수(陰)가 순환하는 수승화강 방식을 응용한 것이다(아래 사진).

〈음양탕〉

그리고 「수화기제괘」의 모습을 본떠 만든 우리의 전통음식이 있다. 조선시대 상감마마 수라상에 올랐다는 '신선로(神仙爐, 아래 사진)'이다. 원래 신선로는 그릇의 이름이었으나 '입을 즐겁게 해주는 탕' 즉 '열구자탕(悅口子湯)'으로 불리다가 나중에 음식이름이 되었다.

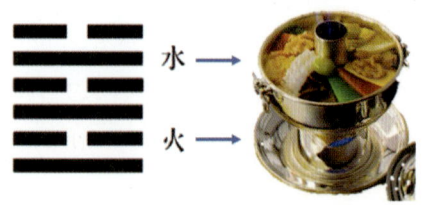

〈수화기제괘와 신선로〉

이 신선로를 만든 오리지널 발명가가 『주역』에 달통한 허암虛庵 정희량(鄭希良, 1469년~1502년) 선생이다.
『해동죽지海東竹枝』에 따르면 연산군 때 정희량이 무오사화로 귀양 갔다 돌아온 후 말하길, "앞으로 더 큰 사화가 터질 것이니 나는 산속에 들어가 중이나 되어야겠다."며 현재 인천에 있는 허암산에 들어가 은거하였다.

선생은 이곳에서 '밤에 앉아 차를 달이다(夜座煎茶)' 같은 시를 지으며, 『주역』 공부에 심취하였다.
『주역』뿐만 아니라 음양학에도 도통하여 어느 날 바람과 함께 사라진 후 숱한 전설을 남긴 도인으로 회자 되었다.
그런데 정희량이 산속에서 수행할 적에 「수화기제괘」의 모양처럼 가운데가 뚫린 기묘한 형태의 화로를 허리춤에 차고 다니면서 산나물 등을 익혀 먹는 삶을 살았다고 한다. 물과 불의 수화水火기운의 조화를 상징한 독특하게 생긴 이 그릇은 마치 신선의 기품이 있다 하여 사람들이 신선의 화로, 즉 '신선로神仙爐'라고 불렀다.
그 후 신선로는 세상에 알려져 처음에는 한양 등지의 양반 집들에 보급되었으며, 이것이 궁중에까지 전해져 음식의 재료 또한 채소만이 아니라 차츰 고기와 해물 등에 갖은 양념과 육수를 넣고 호사스러운 요리로 변해갔다.
그리고 신선로는 다양한 식재료에 맛과 향이 어우러져 '화합을 다지는 음식'으로도 유명하다. 조선 후기 당쟁에 찌든 조정을 안정시키려 탕평책을 모색했던 영조 때는 탕평채蕩平菜와 함께 화합의 음식으로 수라상에 많이 올랐던 음식이기도 하였다. 가끔 신선로를 먹을 때마다 수승화강의 깊은 이치를 생각하며 마음의 건강까지 챙겼던 선조들의 음식문화에 감사함을 느낀다.

5. 그 점괘 참 용하네!

선거 때마다 어느 정당 후보가 당선될지 초미의 관심사다.
선거판에 출마한 사람치고 자신의 당락에 대한 점괘가 궁금하지 않을 후보자는 없다. 『주역』을 점서占書라고 말한다. 점괘占卦와 관련된 이야기다.

복사卜辭와 갑골문甲骨文

'점占을 친다.'는 뜻의 '복卜'자는 갑골문에서 나왔다.
갑골문은 오늘날 한자의 기원이 되는 상형문자이다.
불에 달궈진 쇠꼬챙이를 거북이의 배딱지[甲]나 소의 어깨뼈[骨]에 지져 갈라진 금을 보고 새긴 글자[文]라고 하여 '갑골문甲骨文'이라 불렸다. 거북이 배 껍질이나 소뼈를 불로 지지면 쩍 갈라지면서 구멍과 금이 생기는데 그 갈라진 모양이 바로 '卜'자 인데 이것을 보고 길·흉을 점쳤다는 것이다. 예컨대 "이번 전쟁에 이길까요? 질까요?"라고 물어서 "이긴다!"라는 점괘가 나오면, 그 점친 결과를 적어놓은 글들을 복사卜辭라고 한다.

〈거북이 배 껍질(甲)에 적은 복사〉

〈소 뼈(骨)에 새겨진 복사〉

또 다른 '卜'자의 해석은 천지에 가득 찬(ㅣ) 신의 뜻을 정확히 꼭 찍어(丶) 맞춘다는 것으로 보기도 한다. 그런데 '卜'자는 수 천 년이 지난 요즘도 선거 때마다 등장한다.

무슨 말이냐 하면 현재 각종 선거 때마다 투표용지에 찍는 기표 모양이 바로 '卜'이다. 우리나라는 1994년부터 중앙선거관리위원회가 관리하는 모든 공직선거에는 '원(○)'안에 '복(卜)'자 모양의 기표봉을 사용하고 있다.

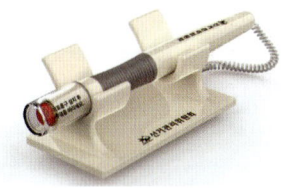
〈중앙선거관리위원회 기표봉〉

〈기표봉 도장 인영(印影)〉

귀신같은 점괘占卦

점占자는 '卜(점 복)+口(입 구)'자가 합쳐진 글자로, '점을 친 그 결과(卜)를 점쟁이의 입(口)을 통해 말하는 것'을 형상화한 글자이다. 예로부터 점치는 방법은 여러 가지가 있었다. 『주역』에서 치는 점은 시초蓍草라는 풀의 줄기를 점대로 사용해 '시초점蓍草占'이라 한다. 시초점은 「64괘」 중에서 괘와 효를 뽑아 장래 일과 길흉에 대해서 점을 친다. 우리가 흔히 "그 점괘 참 용하네!"라고 할 때의 '점괘'는 『주역』「64괘」에서 '점占'을 쳐서 뽑은 '괘卦'를 말하며, 그 괘를 풀이하여 길흉을 판단한다.

원래 점괘占卦에서 괘卦자는 손 수(扌)가 붙어 있는 '걸 괘掛'자를 썼다고 한다. 참고로 '괘掛'자는 초등학교 시절이나 군대 있을 때 괘도를 걸어 놓고 한 장씩 넘기던 괘도掛圖의 괘掛자이다. 그런데 후대에 와서 세상 만물을 어떻게 사람의 손(扌)에만 국한해서 걸 수 있겠느냐 해서 손(扌)을 떼어낸 '卦(괘)'자로 바뀌어졌다고 한다.

또 '산통 깨다'는 말도 점占치는데서 나왔다. 즉 점을 치기 위해서는 대나무 가지[산算가지]들을 산통(算筒,아래 사진 참조) 속에 넣고 흔들어서 괘를 뽑아야 하는데, 괘를 뽑기도 전에 이 산통을 깨트린다면 어떻게 되겠는가? 당연히 점을 칠 수 없는 것 아닌가. 그래서 '산통 깨다'는 말은 '잘 되던 일을 중간에 그르치게 하다'는 뜻이다.

혹은 산통계算筒契에서 나온 말이라는 주장도 있다. 산통계의 산통은 목돈을 모을 목적으로 조직한 산통계에서 계말을 넣고 곗돈을 탈 사람을 뽑는 통을 말한다. 계원들은 한번씩 곗돈을 타야 끝나지만 중간에 깨지는 경우가 종종 있어 곗돈 타는 일이 무산되기 때문에 이를 두고 어떤 일이 중간에 뒤틀려 성사되지 못했을 때 '산통 깨다'라고도 한다.

〈산(算)가지와 산통(算筒)〉

샤머니즘과 무巫

인류의 원시 신앙 중에는 샤머니즘이 있다. 샤먼은 주술사를 의미하는 샤만(Shamam)에서 유래되었다고 한다. 샤머니즘을 뜻하는 무巫자를 파자해보면 쉽게 이해된다.

무(巫, 아래 그림 참조)자는 '하늘(-)과 땅(_)을 이어주는 영적 매개체(|)를 사이에 두고 두 사람(人人)이 마주 보고 있는' 글자이다. 즉 두 사람 중 한 사람(人)은 궁금한 것을 물어보러 온 사람이며, 또 한 사람(人)은 샤먼(무당)으로 하늘(-)과 땅(_)을 잇는 영적 매개체(|)를 통해서 계시 받은 것을 말해주는 모습이다.

또 다른 해석은 하늘의 신(-)과 지상의 인간(_)을 연결해주는 영적 매개체(|) 주변에 사람들이 모여서 춤추며 신神을 내려 받는 모습을 본뜬 글자로 보기도 한다. 여기서 하늘(-)과 땅(_)을 이어주는 영적 매개물(|)은 흔히 신목神木을 가리킨다. 신목은 하늘과 땅, 그리고 신령과 인간을 연결해주는 거룩한 매개체로 흔히 우주목(宇宙木, cosmic tree)의 의미를 가진다. 예컨대 지금도 시골의 마을 입구에 있는 당산목堂山木이나 성황목城隍木 등이 그러한 흔적들이다. 또 우주목은 영화 '아바타'에 등장했던 신비롭고 영롱한 빛들이 반짝이던 거대한 신목神木이나 단군사화에 나오는 신단수神檀樹(신령스런 박달나무) 등 각국의

건국신화에 단골로 등장하는 영목靈木이다. 이처럼 무巫자는 샤머니즘과 깊은 관련이 있다.

점占치는 법

요즘은 주역점을 칠 때 대나무 가지를 점대로 사용한다. 산통에서 점대를 빼내고 잡기를 반복하여 '수數를 세어본다(算)'고 하여, 점치는 대(竹)가지를 '산算가지' 혹은 '서죽筮竹'이라 부른다.
또 점치는 대나무 가지를 뜻하는 '서筮'자는 대나무(竹)와 무당(巫)이 합쳐진 글자로 '샤먼이 댓가지로 점을 쳤다'는 의미를 가지고 있다. 옛날에는 시초蓍草라는 풀을 사용하여 점을 쳤다. 시초는 날카로운 톱니를 닮아서 '톱풀' 또는 '가새풀'이라고 불리며 예로부터 중국에서는 신비한 힘을 가지고 있어 신神과 소통하고 신의 뜻을 전달하며, 오래 동안 먹으면 신선이 될 수 있다는 약초로 전해온다.

『주역』의 「계사전」을 보면 공자가 점치는 법을 설명해 놓은 대목이 있다. 본래 주역점은 50개의 시초에서 태극에 해당하는 한 개를 제

외한 49개의 시초로 점을 친다.

그런데 이 점법은 무려 18번의 단계를 반복해야 겨우 하나의 괘를 얻으므로 시간이 오래 걸리고 번거롭다. 그래서 오래 전부터 민간에서는 엽전으로 점을 치는 '척전법擲錢法'이나 윷으로 점을 치는 '척자점擲字占'을 주로 사용해왔다.

임진왜란 때 이순신 장군도 척자점을 주역점과 함께 쳤다는 기록이 『난중일기』에 나온다. 참고로 주역점을 통계적 수치인 확률로 잘못 알고 있는 사람들이 의외로 많다. 그것은 주역점을 몰라서 하는 말이다. 주역점은 확률과 전혀 무관하다. 「64괘」와 「384효」 중에서 괘와 효를 뽑아서 그 괘의 괘사卦辭와 그 효의 효사爻辭를 해석할 뿐이다. 예로부터 점占은 정신수양의 하나로 몸과 마음을 다스려 미래의 일을 알아보는 것이다.

『주역』에서도 "지극히 정미精微로운 자만이 점을 칠 수 있다"는 경책의 메시지를 전해주고 있다.

6. 사람은 소우주

얼마 전 뉴스를 보고 깜짝 놀랐다.
중년층의 당뇨병 발병률은 감소하는 반면에 20,30대 젊은 층의 발병률은 높아졌다는 것이다. 『주역』에서 바라보는 인체의 진면목을 통해 현대인의 건강증진에 도움을 주고자 적어본다. 우리 몸은 참 신비롭다. 동양학, 특히 전통 한의학에서는 우리 몸을 '소우주小宇宙'라 한다. 저 끝없는 대우주를 축소시킨 소우주 말이다. 한 사람, 한 사람이 살아 있는 우주 그 자체라는 것이다. 지구라는 아름다운 녹색별에 80억 개의 소우주가 살아간다는 사실이 경이로울 뿐이다.

과연 사람과 천지는 떼려야 뗄 수 없는 관계일까?
몇 가지 사례만 봐도 그렇다. 우리 몸에 두 팔과 두 다리, 즉 사지四肢가 달려있는 것은 1년 사계절四季節에 상응해서 그렇고, 24마디 척추는 24절기의 순환에 부응해서 그런 것이다.
또 몸속의 기와 혈이 12경맥과 365혈로 되어 있는 것은 1년이 12달, 365일로 순환하는 이치이며, 우리 몸의 장부가 5장 6부인 까닭은 하늘에는 5운運 6기氣, 땅에는 5대양大洋 6대주大洲에 대응해서, 몸속에는 5장臟 6부腑로 되어 있다. 머리가 둥근 것은 하늘의 둥근 천구天球를 닮았기 때문이며, 눈(目)이 두 개인 것은 해와 달의 두 광명 기운에 응해서 그런 것이다.

그리고 사람 얼굴에 7개구멍(눈2,귀2,코2,입1)이 있는 것은 북두칠성의 7개별에 응해서 그런 것이다. 그런데 북두칠성을 자세히 보면 국자 모양의 끝에 좌보(존성)와 우필(제성)이란 2개별이 더 붙어 있어 예로부터 '북두구진北斗九辰'이라 불러왔다. 이렇게 북두구진의 2개별은 눈에 잘 보이지 않듯 인체에서도 전음(前陰, 요도)과 후음(後陰, 항문)의 2개 구멍은 옷으로 가려져있어 안 보인다.

태양계 중심에는 불기운을 내뿜는 태양이 있고, 지구 중심에는 불덩어리 핵이 있듯이 사람 몸속에는 뜨거운 심장이 있다. 그리고 지축이 23.5도 기울어져 있듯 심장도 거기에 맞춰 왼쪽으로 치우쳐 있으며, 또 지축의 경사로 인해 춘·하·추·동 사계절 변화가 생기듯 사람 체질도 태양·소음·소양·태음의 사상四象체질로 나눠진다. 여성의 월경주기는 달의 공전주기와 같다는 것은 잘 알려진 사실이다.
인체의 세포 수와 우주의 별들의 수가 같다고 하며, 세포와 별의 탄생과 죽음의 원리도 둘 다 똑같다고 한다.
이렇게 만물의 영장인 사람과 광활한 우주는 크기와 시간의 사이클만 다를 뿐, 본질은 똑같다. 마치 부모와 자식이 붕어빵처럼 그대로 닮듯, 천지와 인간 또한 똑같은 복사판이다. 그래서 공자는 『주역』에서 말하길 "가까이에서는 우리 몸에서, 멀리서는 천지만물에서 우주변화원리를 찾을 수 있다."10)고 하였다.

미국 브랜다이스 대학교(Brandeis University)의 마크 밀러(Mark Miller)가 발표한 것을 보면, 인체 뇌 속의 아주 극미의 신경계구조와 광활한 우주 사진은 너무나 닮아서 보는 사람들로 하여금 놀라게 한다(사진 참조).
이처럼 소우주(인체)와 대우주(천지)는 서로 통한다는 의미이다. 요즘 시대의 화두는 '소통'이다. 모두들 간과하고 있지만 어쩌면 가장 필요한 소통은 자기 몸과의 소통일 것이다.

---

10) 『주역』「계사전」 "근취저신(近取諸身)하고 원취저물(遠取諸物)이라."

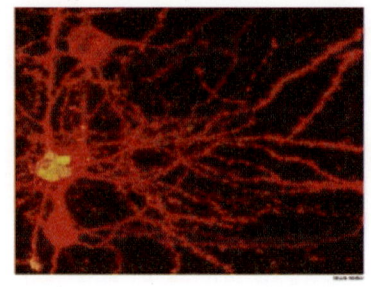 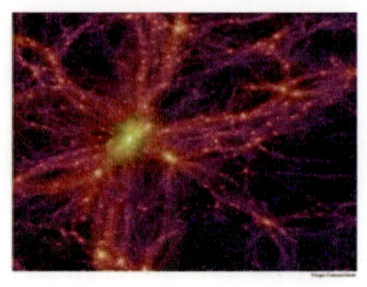

〈뇌 속의 신경계 구조(左)와 수 십 광년의 우주 모습(右)이 똑같다〉

왜냐하면 내 몸과 자주 소통해야 건강을 유지할 수 있음에도 불구하고, 우리들은 몸이 울부짖는 소리에 귀를 닫고 살아간다. 날이면 날마다 폭탄주를 들이키면서 간(肝)에게, 혹은 매일 아우슈비츠의 독가스에 버금가는 수 십 개비의 담배 연기를 폐(肺)에게 내뿜어대면서도 우린 간과 폐에게 전혀 미안해하지 않는다. 그것으로 끝이 아니다. 밤늦게까지 허리띠가 채워지지 않을 정도로 폭식을 하면서도 위장(胃)에게 괜찮느냐고 진지하게 물어 본적이 있었던가?

오죽했으면 우리 몸은 고칼로리의 영양 만점인 산해진미를 먹여주는 주인에게 당뇨와 비만이라는 '병(病)'으로 반란을 일으키겠는가?

이제라도 몸이 하는 말에 귀 기울이고 애정을 갖고 돌봐주어야 한다. 어쩌면 나의 진정한 반려자는 아내와 남편 못지않게 내 몸일 수도 있다. 나와 생로병사를 같이하기 때문이다.

오늘부터라도 단 한 순간도 쉬지 않고 일하는 나의 심장에게 따뜻한 감사의 말 한마디 해주는 건 어떨까?

7. 참성단과 지천태괘

각 민족마다 성산聖山으로 받드는 산이 있다. 그리스인들에겐 올림포스산, 유대인들에겐 모세가 십계명을 받은 시내산, 일본인들에겐 후지산이 있듯이 한국인들에게는 백두산이 있다. 백두산은 한韓민족의 시원始原이자 국난위기 때마다 구심점 역할을 해온 성산이다. 한국인만큼 산을 좋아하는 민족도 없을 것이다.

『주역』을 보면 우리나라는 팔괘 중 간괘(艮卦, ☶)에 해당하며, 간괘의 방위(艮方)는 동북방이며, 또 간괘는 산으로 풀이한다(艮爲山). 예로부터 간방에는 산들이 많아서 거기에 사는 사람들은 '선(仙=人+山)'의 기질을 갖고 있어 신선들이 산다고 하였다. 그래서일까 한국의 웬만한 산들은 신선봉, 선녀봉, 산신각 등 신선과 산신山神신앙의 흔적들이 많이 남아있다. 이처럼 한국인에게 산은 단순한 암석이나 흙덩어리가 아니라 살아있는 생명체이며, 영혼을 치유해주는 신약神藥이나 다름없다.

우리나라에는 수많은 명산이 있지만 그 중에서 선산仙山을 꼽으라면 백두산과 한라산, 그리고 마니산을 꼽겠다.

세 산은 인체의 머리(백두산), 배꼽(마니산), 발(한라산)에 해당하며 이 산들은 한반도의 삼등분 지점에 있다. 선도仙道 차원에서 보면 백두산은 신선도神仙道의 뿌리가 되는 산이며, 한라산 역시 삼신산三神山의 하나인 영주산瀛洲山으로 불렸으며 진시황이 애타게 불로초를 찾아 나섰던 산이다.

마니산도 역시 꽤 영험이 많은 산이다. 특히 마니산은 한민족 정신문화의 뿌리인 신교神敎 유적이 남아있는 성산이다.

신라의 최치원은 신교를 가리켜 유불선의 삼교를 아우르는 풍류風流

라고 불렀다. 지금은 일제의 식민사관에 의해 단군조선을 위시한 상고사가 많이 왜곡되고 신교 또한 저급한 미신으로 오인받고 있지만, 최근 민족사학자들의 연구와 옛 사서史書들에 의하면, 그것은 간악한 일제의 조작되고 날조된 역사로 국통맥國統脈의 뿌리를 잘라버린 거짓 역사였다는 것이 속속 밝혀지고 있다.

대한민국의 최고 보물은 마니산에 있는 '참성단塹星壇'이라고 생각한다. 마니산의 진가는 참성단에 있으며, 그것은 역도易道의 눈으로 봐야 제대로 알 수 있다.

왜냐하면 참성단은 『주역』의 「지천태괘地天泰卦」와 동아시아의 우주관인 「천원지방天圓地方」으로 이루어져 있기 때문이다.

첫째, 「지천태괘地天泰卦」가 무엇인가?

「64괘」 중에서 인류가 바라는 평화와 화합을 상징하는 괘는 「지천태괘,☷」이다.11) 지천태가 무엇인가? 위에는 땅(地,☷)이 있고, 아래는 하늘(天,☰)이 있는 괘인데 이것이 태평한(泰)세상을 상징한다는 것이다. 왜 그런가 하면 아래에 있어야할 땅(☷)이 위에 올라가 있고, 높기만 한 하늘(☰)이 아래로 내려와서 음양이 화합하게 되니 천하가 태평해진다는 뜻이다.

이런 이유로 오래 전부터 유교에서 추구해왔던 이상세계인 대동세계大同世界가 곧 '지천태'였던 것이다. 상하가 소통하여 화합하는 미래의 상생시대를 「지천태괘地天泰卦」로 본다.

참고로 지금 같은 상극세상은 「64괘」에서 하늘은 위에 있어 높기만 하고, 땅은 아래에 있어 하늘과 땅이 따로 놀아 소통이 이루어지지 않는 「천지비괘天地否卦,☷」의 세상으로 본다.

---

11) 서영대, 『강화도의 참성단에 대하여』, 「한국사론」, 제41·42합집, 서울대국사학과, 1999, 231~232, 238쪽.

둘째, 『주역』의 우주관은 한마디로 「천원지방天圓地方」이다. 즉 하늘은 원만(○)하고 땅은 방정(□)하여 하늘(天)은 둥글게(圓), 땅(地)은 네모(方)로 형상화한다.

이러한 천원지방사상은 전통조경에 투영되어 연못의 형태는 네모나게(□), 안에 있는 섬은 둥글게(○) 조성하는 경우이다.

이제 참성단을 「천원지방天圓地方」과 「지천태괘地天泰卦」의 관점에서 보자. 참성단은 천원지방 형태로 쌓았다.

그런데 여기에 놀라운 반전이 있다.

원래 천원지방은 말 그대로 위에는 하늘이 있고, 아래에는 땅이 있다는 말인데 그 형태를 거꾸로 뒤집어서 땅은 위에, 하늘은 아래에 배치했다는 점이다.

즉 참성단은 '위쪽은 땅을 상징하여 네모나게(上方)하고, 아래쪽은 하늘을 상징하여 둥근(下圓)모양'으로 조성한 것이다.

이를 두고 대한민국 임시정부 제2대 대통령을 지낸 박은식(朴殷植, 1859년~1925년) 선생은 마니산 참성단이 '상방하원上方下圓'의 형태로 『주역』의 「천원지방」사상을 담고 있다고 하였다.

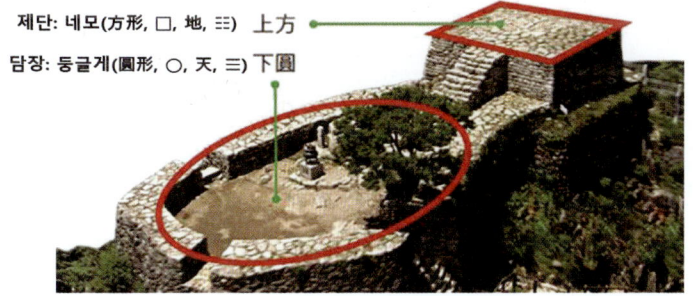

〈상방하원 형태의 참성단〉

위 사진에서 보듯 참성단은 위쪽 제단은 네모난 방형(方形, □, 地, ☷)으로, 아래 담장은 둥글게(圓形, ○, 天, ☰) 쌓아 지천태괘(☷☰)의 모습과 똑같게 축조하였다. 이러한 참성단의 상방하원上方下圓'의 형태는 힘들게 살아가는 민초들을 이롭게(弘益) 만들려는 의지표현을 「지천태괘」의 형상으로 나타낸 것이다.

잘 알려진 바와 같이 참성단은 약 4,300여 년 전 초대 단군 왕검께서 하늘에 천제를 올렸던12) '개천開天'의 성소이며, 하늘의 가르침을 받아내려 홍익의 나라를 열었던 '개국開國'의 성지이며, 널리 인간세상을 이롭게 하려는 홍익弘益정신의 결정체인 것이다. 그 후 참성단은 역대 왕조에서도 직접 관리할 정도로 소중히 여겨왔던 민족의 성지였다. 일제 강점기 이후 지금은 사적(제136호)에 불과하지만, 이제 참성단은 대한민국을 넘어 인류의 귀중한 문화유산인 유네스코 세계문화유산으로 등재하여 세계인들과 함께 홍익가치弘益價値를 공유해야 할 것이다.

---

12) 복기대, 『시론 강화도 참성단 유적을 통해 본 단군 관련 제사 유적』「東아시아 古代學」제23호, 東아시아 古代學會, 2010, 134~135쪽.

8. 일월오봉도日月五峰圖와 마이산馬耳山

일월오봉도(日月五峰圖,아래 사진)는 글자 그대로 '해(日)와 달(月) 그리고 다섯(五) 봉오리(峰)를 그린 그림(圖)'이란 뜻이다.
현재 만 원권 지폐 앞면에 세종대왕 초상화와 함께 그려져 있다.
조선시대 궁궐에서 주로 병풍으로 사용되었으며 임금이 앉던 어좌의 뒤편에 설치했다. 지금도 경복궁의 근정전, 창덕궁의 인정전, 창경궁의 명정전, 경희궁의 숭정전, 덕수궁의 중화전 등 왕이 정사를 봤던 정궁의 어좌 뒤편에 일월오봉도가 놓여있다. 그림 속에 다섯 개 산들이 그려져 있어 일월오악도日月五嶽圖 또는 일월곤륜도日月崑崙圖라고 부르기도 한다.

〈일월오봉도 병풍. 사진: 국립고궁박물관〉

일월오봉도의 가장 큰 특징은 '좌우 대칭형'이다.
즉 그림을 보면 짙은 청자색 하늘에 오른쪽에 해(日), 왼쪽에 달(月)과 네그루의 소나무들이 좌우로 각각 두 그루씩 그려져 있다. 중앙의 가장 큰 산봉우리를 중심으로 좌우로 두 개 봉우리가 있으며, 양쪽의 두 봉우리들 사이로 두 개의 폭포가 흘러내린다. 그리고 오방색(五方色: 東-靑, 南-赤, 中央-黃, 西-白, 北-黑)의 색채를 써서 매우 컬러풀

하고 장엄한 느낌을 준다.

그리고 일월오봉도에는 '음양오행사상'이 깔려 있다.
그림에서 음양은 해(陽-日-王-左)와 달(陰-月-王妃-右)로 묘사하였다. 일월의 배치도 '좌양우음左陽右陰'원칙에 부합되게 해와 달을 배치하였다. 또 오행五行은 오봉五峰으로 오악五嶽을 상징하며, 다섯 봉우리의 배치를 보면 중앙에 가장 큰 산봉우리를 중심으로 좌우로 두 개 봉우리가 보필하는 모습으로 그려져 있다. 다섯 개 봉우리는 역수易數에서 오황극五皇極을 상징한다. 또 전체 채색은 오방색五方色에 부합하려 맞추었다.

그리고 네 그루의 소나무들은 사상四象을 상징하여 좌우로 배치하였고, 소나무의 줄기는 붉은색(陽)으로, 솔잎은 청색(陰)으로 채색하였다. 일월오봉도의 모티브는 『시경詩經』「천보天保」라는 시의 내용을 그림으로 표현했다는 설도 있지만, 일월오봉도의 실제 배경은 전북 진안에 있는 '마이산馬耳山(아래 사진)'이라는 의견이 지배적이다.
왜냐하면 일월오봉도의 산봉우리 등이 마이산과 유사하기 때문이다. 일월오봉도 산봉우리들의 특징은 꼭대기에서부터 아래까지 산 전체가 다 드러나고, 첩첩이 쌓인 바윗돌로 된 짙은 질감의 돌산으로 나무나 풀이 없다는 것이다. 마이산도 이와 비슷하다. 우뚝 솟은 암·수 마이봉을 주축으로 인근 산들을 묘사하면 일월오봉도와 비슷한 구도가 나온다.
또 국가지질공원인 마이산은 지질학적 특성인 역암 절벽에 벌집처럼 드러난 '풍화혈' 또는 '타포니(Taffoni)'라 불리는 구멍들로 덮여있어 나무와 풀이 자라기 어렵고 멀리서 보면 짙은 돌산으로 보여서 일월오봉도의 산봉우리와 비슷한 질감을 준다.

〈진안 마이산(馬耳山)〉

또 하나 일월오봉도의 배경이 '마이산'일 것이라고 주장하는 근거는 조선왕조 창건과 관련이 있다.

왜냐하면 암마이봉(687M)과 숫마이봉(680M)이 봉긋하게 솟아있는 마이산은 이성계와 관련이 깊은 산이기 때문이다.

고려 말 이성계가 남원 운봉(황산대첩)에서 왜구를 무찌르고 개경으로 돌아가던 중 마이산을 본 순간, 신인神人으로부터 왕조 창업의 신표인 금척金尺(금으로 된 잣대)을 받은 꿈속의 그 산과 너무나 흡사하여 자신도 모르게 말에서 내려 멈춰섰다.

그리고 나서 이성계는 새 나라 건국에 대한 계획을 세우고 백일기도를 올렸다. 지극정성으로 기도를 드린 후 왕이 될 계시를 받은 이성계는 그 증표로 마이산 아래 한 그루의 나무를 심었는데, 그것이 바로 수령 600년 된 청실배나무(천연기념물 제386호)이다.

지금도 마이산에 가보면 태극전太極殿의 외벽에 그려진 일월오봉도와 이성계가 꿈에 본 장면을 그린 '몽금척수수도(夢金尺授受圖, 아래 사진)'와 '금척金尺'의 복제품을 만나볼 수 있다. 이성계의 금척설화에서 유래한 '금척'은 대한제국 시절에는 최고 훈장인 대훈위금척대수장大勳位金尺大綬章의 명칭으로 사용되기도 하였다.

또 이것을 소재로 개국공신 정도전은 가사와 악보를 만들었고 국가 의례 때는 몽금척이라는 춤과 노래로 공연하였다. 그리고 마이산馬耳山이라는 명칭은 태종 이방원이 남행을 하면서 아버지 이성계가 금척을 받은 꿈을 기념하고, 또 산의 형상이 말의 귀를 닮았다고 하여 '마이산'으로 지은 데서 유래되었다고 한다. 이런 연유로 마이산은 조선왕조 오백년 동안 왕실차원에서 매우 신성시해왔던 산이었다.

〈이성계의 몽금척수수도〉

조선의 일월오봉도는 삼라만상을 상징하며 왕의 전유물로써 지존至尊을 상징하는 조선시대 왕권의 아이콘(Icon)이었다.

그래서 왕이 있는 곳이라면 어디든 반드시 설치되었으며, 새로운 왕이 즉위하면 새로운 일월오봉도 병풍을 만들어 사용하다가 왕이 승하하면 같이 매장하였다. 동시대 전제 왕권 체제였던 중국과 일본에도 없었던 조선왕조만의 독특한 궁중회화로 자리 잡았다. 이런 역사적 배경으로 보건대, 음양오행은 한민족의 고유사상의 기층문화 요소로써 작용하여 왔음을 추정해 볼 수 있다.

그리고 일월오봉도는 실내·외 궁중 행사에 주로 사용되었으며, 궁중의 주요 연회를 그린 의궤(儀軌) 등을 보면 왕이 앉았던 빈 의자로 그려진 어좌에는 일월오봉도로 대체하였다. 또 어진(御眞: 왕의 초상화) 봉안 시에도 일월오봉도 병풍을 설치하였다. 지금도 태조 이성계의 어진을 모신 전북 전주에 있는 '경사스러운 터에 지은 전각'이라는 뜻을 지닌 경기전(慶基殿)에 가보면 1872년(고종9년)에 청룡포를 입고 있는 이성계 어진과 함께 제작된 일월오봉도를 만나볼 수 있다.

결론적으로 일월오봉도는 해와 달로 상징되는 천도(天道: 음양)에 순응하고, 지덕(地德: 동·서·남·북·중앙)과 인도(人道: 五常-仁·義·禮·智·信)의 중심에 있는 임금이 천지의 도와 음양오행의 정신으로써 백성을 다스려 국태민안을 염원하는 조선만의 독특한 궁중회화였다.

9. 경복궁의 좌향坐向에 얽힌 이야기

조선의 법궁法宮, 경복궁이 지금과 같은 방향으로 자리 잡게 된 재미있는 야사野史가 있다. 잘 알다시피 이성계는 조선 개국 후 송악에 있던 수도를 처음에는 계룡산(신도안)으로 옮기려하였으나, 우여곡절 끝에 한양으로 결정하였다.

사실 한양은 풍수상으로 흠잡을 데가 없었다. 특히 경복궁의 터는 북악산을 주산으로 삼아 낙산과 인왕산을 좌우로 두고, 앞에 남산을 안산으로 두면 궁궐을 앉히기에는 적격이었다.

즉 풍수상 북현무(북악산), 남주작(남산), 좌청룡(낙산), 우백호(인왕산)의 사신산四神山으로 둘러싸인 터에 자리 잡은 경복궁은 최고의 명당임에 틀림없다. 그런데 문제는 경복궁을 '어느 방향으로 앉힐거냐?'였다. 즉 좌향坐向13)을 두고 격론이 벌어진 것이다. 그 격론의 중심에 정도전과 무학대사가 있었다.

불교계를 대표하는 무학대사(無學大師, 1327년~1405년) 등 기성세력들은 서쪽에 있는 인왕산을 주산으로 해서(인왕산을 등지고) 동쪽에 있는 낙산駱山을 마주보게 '동향東向으로' 경복궁을 지어야 한다고 주장하였다.

그의 논리는 동東은 장자長子를 상징하므로 향후 무난한 왕권승계로 이어져 왕실의 안정과 나라발전에도 기여하고, 또 화산火山인 관악산과도 마주하지 않게 되므로 화재 등 재난에서도 벗어 날 수 있다는 것이다.

그런데 만약 정도전 측 주장대로 관악산을 바라보는 남향으로 앉힌

---

13) '좌향坐向'에서 '坐'는 집터나 묏자리의 등지는 방위, '向'은 집터나 묏자리에서 전면을 바라보는 방위. 필자註.

다면 불기운으로 인해 궁궐에 화재가 빈번하게 발생함은 물론, 활활 타오르는 불기운에 의해 왕권쟁탈로 골육상잔이 일어나 왕권의 적통승계가 어려울 것이라며 반대하였다.

이런 무학의 주장에 반해, 개국의 주도세력이며 주자학을 통치이념으로 받아들인 정도전(鄭道傳, 1342년~1398년)측 주장은 경복궁은 법궁이므로 북쪽의 북악산을 주산으로 하고 관악을 마주보게 '남향(南向)으로' 지어야 한다고 주장하였다.

그들의 논리는 이러했다. 천자나 군왕은 남쪽을 바라보며 정사를 펼쳐야 한다는 『주역(周易)』과 『주례(周禮)』에 근거하여, 임금이 거처하는 정궁은 당연히 남향으로 지어야 한다는 것이다. 정도전의 『삼봉집(三峯集)』에도 "옛날부터 제왕(帝王)은 모두 남면(南面)하고 정치를 하였지, 동쪽을 향했다는 말은 듣지 못했다."14)라고 적혀있다.

그런데 수 천 년 동안 내려 온 관례를 무시하고 동향을 바라보게 궁궐을 지으려면 인왕산 아래에다 궁궐터를 잡아야 하는데 그 터는 너무 협소하고, 또 마주보는 낙산(駱山, 동대문 인근 구릉)의 지세가 약해서 왕권이 약화될 것이라며 결사적으로 반대하였다.

그러면서 정도전은 무학의 주장대로 관악의 불기운이 세다면 그 방책으로, 1)도성의 남쪽에 있는 숭례문 앞에다 수극화(水克火)원리로 연못(南池)을 파서 불기운을 누르고, 설혹 화재가 난다해도, 2)불길이 옆으로 번지지 못하도록 하는 의미로 숭례문의 현판을 세로로 세우고, 3)경복궁의 정문인 광화문 앞에다 불을 잡아먹는 해태(해치)석상을 세우는 등 풍수상 자세의 결함을 인위적으로 보완해주는 풍수상의 조

---

14) 정도전. 『삼봉집(三峯集)』권14. 부록 "자고제왕개남면이치(自古帝王皆南面而治) 미문동향야(未聞東向也)."

치인 비보풍수裨補風水로 보완하면 별 탈이 없다고 주장하였다.

그리고 무학의 주장대로 우백호인 인왕산(340M)에 비해 좌청룡左靑龍에 해당하는 낙산(125M)의 허약한 지기에 대한 보완책도 제시하였다. 즉 낙산駱山은 낙타의 등과 닮았다하여 낙타산駱駝山으로도 불리는데, 여기에 옹성을 쌓아 지기를 보완해주면 된다는 것이었다.

이뿐만이 아니라 좌청룡의 부족한 지기를 보충하고자 동대문의 명칭에도 나름대로 신경을 썼다. 즉 한양의 서·남·북의 사대문이 모두 세 글자인데 반해, 유독 동대문의 명칭은 네 글자인 '흥인지문興仁之門'으로 지었다. 그 이유는 '갈 之(풍수에서 之자는 山과 같은 의미)'자 한 글자를 더 넣어서 부족한 낙산의 지기地氣를 보완해주려는 비보풍수의 일환으로 그렇게 한 글자를 더 추가하였던 것이다(아래 사진, 붉은 원).

〈네 글자로 된 흥인지문(興仁之門)〉

위에서 설명한 것과 같이 정도전은 경복궁의 좌향을 남면南面 배치에 따른 풍수상 결함을 비보풍수로써 보완하였다.

결국 이성계는 정도전의 손을 들어주어 경복궁이 오늘날과 같은 좌향(坐向)15)으로 자리 잡게 되었다(아래 사진 참조).

〈정도전의 주장대로 좌향을 잡은 경복궁〉

그런데 우연의 일치인지 아니면, 무학 대사의 예언인지는 모르겠지만, 활활 타오르는 불산(火山)인 관악산을 마주한 경복궁은 조선 왕조 5백 년 동안 빈번한 화재로 많은 전각들이 불타버렸다. 또 조선조 27명의 왕들 가운데 단 7명만이 장자가 승계한 적통계승이었다고 하며 그나마 천수를 누린 임금은 숙종 한 명뿐이었고 나머지 왕들은 젊은 나이에 요절했다고 하니 무학 대사의 예지력이 신비롭기만 하다.

---

15) 경복궁의 좌향에 대한 논의는 실제 측정한 좌향과 옛 기록과의 불일치 등 아직도 경복궁의 좌향에 대해서는 다양한 좌향 논리가 있음을 밝힌다. 필자註.

10. 하늘은 원만하고 땅은 방정하니

2023년 5월, 세계 최고의 정원 박람회인 영국 첼시플라워쇼(Chelses Flower Show)에서 황지해 작가가 지리산에서 영감을 얻은 정원, '백만 년 전으로부터 온 편지(A Letter from a Million Years Past)'로 금상을 수상했다.
대체 '첼시플라워쇼'가 무엇인가? 2백년 역사를 자랑하는 영국 왕립원예학회(RHS)에서 주관하는 첼시플라워쇼는 전 세계 정원예술가들의 꿈의 무대이다. 이번 수상작은 '지리산에 서식하는 나도승마, 더덕 등 토종 산약초들이 자라고 있는 산자락과 작은 개울 그리고 약초 건조장을 설치한 작품(아래 사진)'으로 찰스 3세 국왕이 직접 정원을 둘러보고 극찬을 할 정도로 큰 관심을 보였다. 황 작가는 이전에도 '해우소 가는 길'로 금메달을 받아 'K-정원'의 위상을 전 세계에 알린 바 있었다.

세계적인 권위를 자랑하는 첼시플라워쇼에서 수차례에 걸쳐 수상의 영광을 차지한 K-정원의 저력은 무엇일까?
그것은 한민족의 혼속에 살아 숨 쉬는 자연과 인간의 조화를 강조하는 우리의 전통정원 사상에서 나왔다고 생각한다. 우리 전통정원은 자연지형을 인위적으로 변형시키지 않고, 있는 그대로의 지형과 지세를 이용하여 자연 그대로의 정원을 조성하였다. 우리의 정원은 사계절 내내, 봄이면 초록과 꽃들이 피고, 여름에는 울창한 숲과 녹음으로 시원하고, 가을이 되면 풍성한 열매와 아름다운 단풍을 볼 수 있고, 겨울에는 눈 내린 설경을 느낄 수 있는 무위자연無爲自然의 정원을 꾸민다.

〈'백 만 년 전으로부터 온 편지', 사진: 영국 왕립원예학회〉

자연과 인간의 완벽한 조화를 추구하는 전통정원의 뿌리사상은 유·불·선의 모태가 되는 「신교神敎」이다.

신교문화는 상고시대부터 내려 온 우리 민족의 시원문화로서 그 핵심은 「천원지방天圓地方」으로 압축된다.

그런데 「신교」와 「천원지방」 모두 『주역』과 깊은 관련이 있다. 신교는 「64괘」의 「풍지관괘風地觀卦」에 나오는 '신령스런 도로써 가르침을 베푼다.'는 '신도설교神道設敎'에서 유래되었다.

또 「천원지방」은 '하늘은 원만하고 땅은 방정하다'는 뜻으로 동북아의 우주론이면서 『주역』의 우주관이기도 하다. 이런 「천원지방」의 영향으로 전통정원에서 연못의 형태는 직선형의 방지方池로, 못 속의 섬은 둥근 원도圓島로 조성하였던 것이다.

누구나 한번쯤 가봤을 창덕궁의 부용지와 강진에 있는 다산초당의 연못(사진 참조)을 비롯한 전통정원의 연못형태가 대부분 '방지원도方池圓島'형태로 조성되어 있다.

〈다산 초당의 방지(청색선) 원도(붉은선) 연못〉

그리고 자연을 살아있는 생명체로 보고 순리에 순응하여 사람 또한 자연의 일부로 간주하여 예천의 초간정草澗亭처럼 지형을 허물지 않고, 자연을 최대한 이용하여 있는 그대로의 아름다움을 표출하였다 (아래 사진 참조).

〈암반 위 자연스레 자리한 초간정〉

또한 우리 전통조경에는 '차경借景기법'이라는 것이 있다.
주변의 멋진 자연 풍경을 주거 공간으로 끌어들이는 기법이다.

예컨대 저 멀리 있는 무등산의 멋진 풍광을 방안에서 즐기는 담양 소쇄원의 차경과 담장에 살창을 설치하여 담장 밖의 계곡의 경치를 즐기는 경주 독락당의 차경 등이 있다(아래 사진 붉은 선 참조).

〈담양, 소쇄원의 차경〉　　　　　〈경주, 독락당의 살창〉

그리고 서양의 정원들과 구별되는 조영造營기법은 자연이법에 순응하여 가급적 인공미를 배제시켜 '소박하게 정원을 가꾼' 점이다.
한국 전통정원의 백미라고 일컬어지는 담양 소쇄원瀟灑園의 조영기법들, 예컨대 계류의 흐름을 자연스레 연출한 오곡문 담장의 하부 처리(사진 속 붉은 원)와 통행을 위해 담장을 오픈(사진 속 노란선)한 사례는 자연에 순응하려는 선인들의 흔적을 느낄 수 있다.

〈소쇄원, 오곡문〉

한국의 전통정원은 여기에서 그치지 않고 심지어 햇빛, 달빛, 비(雨), 눈(雪), 바람소리 등 비 생물적 요소까지 정원소재로 활용하여 인간의 오감五感을 자극하는 자연정원을 조성하였다. 결론적으로 이러한 무위자연의 정원은 하늘·땅·인간이 조화를 이루는 『주역』의 천인天人합일론과도 일치한다.

제3부
팔자 고치는 법

1. 날마다 공·과功過 포인트를 쌓는다면?
2. 겸손하게 자리 잡은 겸암정謙菴亭
3. 산소를 아홉 번 옮기고도 통곡한 남사고南師古
4. 비둘기 세 마리가 날아 온 이유는?
5. 수數가 돈이다
6. 부시맨(Bushman)과 코카콜라
7. 남들이 열 번 하면, 나는 천 번을 해서라도
8. 서경덕과 종달새

3부에서는 누구나 꿈꾸는 부귀영화에 대한 이야기다.
고단한 삶을 살아가는 민초들은 한번쯤 팔자 바꿔보기를 원한다. 여기서는 개운법改運法으로써 활용되었던 공과격功過格과 조상의 체백을 명당明堂에 모셔 발복을 비는 풍수風水 이야기를 해본다. 그리고 미래를 예측해보는 '상·수·리象數理'를 소개한다. 세상 만물은 각자 고유한 형상[象]이 있으며, 또 그 만물은 수[數]로 이루어져 있어, 그 상과 수로써 이면에 담긴 이치[理]를 풀 수 있다는 것이다. 그래서 『주역』을 공부하게 되면 '상수리'를 터득할 수 있다. 상수리의 기본지식과 관심을 가진다면 일상생활 속에서 일어나는 상수리의 맛을 만끽할 수 있을 것이다.

III. 팔자 고치는 법

1. 날마다 공·과(功過) 포인트를 쌓는다면?

좋은 일이 생겼을 때 해주는 덕담 중에 "삼대가 적선해야 가능한 일!"이라는 말을 하곤 한다. 듣기 좋아라고 하는 말이겠지만 충분히 공감이 간다. 소위 '팔자八字 고치는 법'에 대해 알려드리겠다. 만약 팔자를 고치고 싶다면 이 방법대로 해보시라. 돈 한 푼 안들이고 팔자를 고칠 수 있으리라! 몇 년 전 국립중앙박물관에서 개최한 '한국의 도교문화道敎文化' 전시회에 갔었다.

도교라는 말은 많이 들어 봤지만 기껏해야 '신선', '불로장생' 혹은 '노자老子' 정도만 알고 있었다. 그런데 도교의 속살을 들여다보고 깜짝 놀랐다. 대부분의 전시물들이 '돈 많이 벌게 해달라거나', '병들지 않고 장수하게 해 달라'는 등 현세적인 것들이었기 때문이다. 어쩌면 도교는 고단한 삶을 살아가는 민초들에게 부적, 주술 등을 통해 부귀영화를 추구하는 기복신앙 같다는 느낌이 들었다.

그 중에서 눈에 띈 게 하나 있었다. 바로 **'공과격功過格'**이다.

즉 '공덕(功)과 죄과(過)를 기록한 집계표(格)'이다.

구체적으로 공덕은 플러스(+)로 죄과는 마이너스(-)로 계산해서 점수를 합산해 놓은 것이다.

원래 공과격은 도교의 한 종파인 정명도淨明道에서 만든 것으로서 초기에는 주로 도사道士들이 해왔으나 후대에 와서 일반인들에게까지 대중화 되었다고 한다. 모든 종교가 다 같겠지만 착한 일을 많이 하면 복을 받고, 죄를 지으면 벌을 받는다는 평범한 진리를 실생활에 적용시킨 기발한 아이디어였다.

공덕과 죄과를 종류별로 각기 점수를 매겨 놓았는데 구체적으로 알아보자.

〈1점짜리 공덕〉은 "착한 일을 한번 칭찬하는 것, 한번 싸움을 그치게끔 말리는 것, 배고픈 것을 한번 구제해 주는 것, 돌아갈 곳이 없는 사람에게 하룻밤 재워주는 것"이다.

〈3점짜리 공덕〉은 "귀에 거슬리는 말을 듣고도 화내지 않는 것, 책망 받을 사람을 용서해 주는 것"이며,

〈5점짜리 공덕〉은 "한 사람의 소송을 그치도록 권유하는 것, 약이나 의술로 가벼운 질병을 한번 고쳐주는 것, 남의 악행을 퍼뜨리지 않도록 권하는 것" 등이다.

〈10점짜리 공덕〉은 "덕망 있는 사람을 나라에 천거하는 것, 성인의 경전과 법문을 편찬하는 것, 재력과 권세가 있음에도 사치를 부리지 않는 것" 등이다.

〈30점짜리 공덕〉은 "비행을 저지른 자를 교화해 행실을 바꾸게 만드는 것, 부부의 별거·이혼 등을 화해시켜 다시 살게 하는 것" 등이다.

〈50점짜리 공덕〉은 "낙태를 면하게 하는 것, 한 사람의 깊은 원한을 밝혀주는 것, 의지할 데 없는 사람을 거두어 양육하는 것" 등이다.

그리고 가장 높은 점수 〈100점짜리 공덕〉은 "한 사람을 죽음에서 구해주는 것, 한 여자의 정절을 지켜주는 것, 한 사람의 후손을 이어주는 것" 등이다.

그리고
〈1점짜리 죄과〉는 "싸움을 한번 선동하는 것, 한번 약속을 어기는 것, 마음속에 남을 해칠 악의를 품는 것, 걸인의 구걸을 거절하는 것, 남에게 빌린 물건을 돌려주지 않는 것"이며,
〈3점짜리 죄과〉는 "말로써 남을 이간질시키는 것, 남의 근심과 걱정을 보고 통쾌히 여기는 것, 일이 안 풀리면 하늘이나 남을 탓하는 것, 분수 밖의 것을 탐하고 구하는 것" 등이다.
〈5점짜리 죄과〉는 "병자가 구해달라고 청하는데도 구해주지 않는 것, 미풍양속을 해치는 글과 말을 만들어 퍼뜨리는 것, 험담으로써 좋은 사이를 깨뜨리는 것" 등이다.
〈10점짜리 죄과〉는 "나쁜 사람을 천거하여 등용시키는 것, 남을 해칠 수 있는 독약 등을 제조하는 것" 등이며,
〈30점짜리 죄과〉는 "근거 없는 비방으로 타인의 명예를 훼손·모함하는 것, 사이좋은 친족 간을 이간질 시키는 것" 등이다.
〈50점짜리 죄과〉는 "한번 낙태하는 것, 한 쌍의 결혼을 깨뜨려 버리는 것, 한 사람에게 중죄를 짓게 만드는 것" 등이다.
가장 나쁜 죄를 짓는 〈100점짜리 죄과〉는 "한 사람을 살인하는 것, 한 사람의 자손 줄을 끊게 만드는 것" 등이다.

즉 착한 일을 하나 하면 '일공—功'이라 하여 플러스 1점으로 기록하고, 반대로 나쁜 일을 하면 '일과—過'라 하여 마이너스 1점을 날마다 기록해서, 월말이 되면 한 달 집계를 내고, 연말에 가서는 총계를 낸단다.
요즘처럼 동네 슈퍼 등에서 물건 많이 팔아주면 포인터를 적립해주듯, 그렇게 매일 자신의 공과功過를 다스려 평생을 살아가면서 '3천 점'을 쌓게 되면 신선이 될 수 있다는 것이다.

결국 인간의 화복禍福이라는 것은 그 사람이 쌓은 선·악에 따라 결정된다는 인과응보因果應報와 통하는 것 같다.

〈공과격: 공·과 포인트제〉

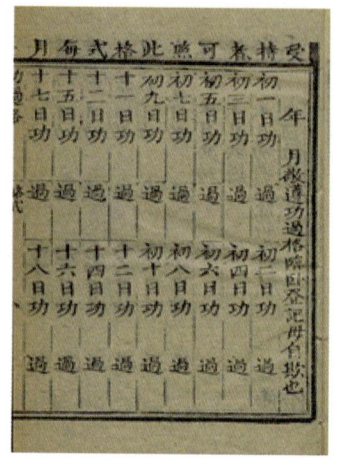
〈한 달치의 공·과 집계표〉

평범[凡]한 삶은 살지 않겠노라[了] 결심한 원료범袁了凡

과거 수많은 사람들이 공과격을 개운법改運法으로써 활용하였으며, 공과功過 포인터를 적립해 팔자를 고친 대표적인 케이스를 꼽으라면 원료범(袁了凡, 1533년~1606년)일 것이다.

원료범은 중국 명나라 때 문신으로 본명은 황黃이며 임진왜란 때 이여송과 함께 조선에도 왔었던 인물이다. 젊은 시절 요범이 어느 절에 놀러 갔다가 상수학의 대가인 공孔선생을 만나 장래 운명을 점쳐봤는데 "당신은 현縣시험에서 14등을 하고, 부府시험은 71등을 하며, 제학提學시험은 9등을 할 것이다"라고 말했는데 과연 그가 말한 그대로 되었다. 그 뿐만이 아니라 어느 벼슬까지 올라간다는 것과 팔자에 아들이 없는 것, 심지어 죽는 해와 날짜까지 알려주는 것이 아닌가!

공선생이 말한 대로 그렇게 되는 것을 보고, 요범은 모든 것은 타고난 팔자라고 생각하였다.

그렇게 철저한 숙명론자인 요범에게 뜻하지 않은 인생반전이 일어났다. 그것은 다름이 아닌 운곡雲谷 대사라는 고승을 만나 운명은 스스로 바꿀 수 있다는 것을 깨달았기 때문이다. 그래서 여태껏 사용해오던 학해(學海, 끝없는 배움의 바다)라는 아호를 버리고, 그저 운명에만 맡기는 '평범[凡]한 삶은 이제부터는 살지 않겠노라[了]'고 굳게 결심하고서 '요범了凡'으로 호를 바꾸었던 것이다.

〈운곡대사에게 개운(改運)에 대해 듣고 있는 요범〉

이때부터 요범은 자신의 언행에 대해 자기만의 공·과를 기록하며 스스로 반성하는 기회로 삼으면서 자신을 단속해 나갔다.
그러자 확실히 달라졌다. 사람이 진중하고 겸손해졌으며 남이 비방

해도 개의치 않을 만큼 포용력도 커졌다. 이렇게 몸과 마음을 고쳐 먹고 처신하고부터는 옛날에 족집게 같았던 그 점쟁이의 점괘들이 하나둘씩 틀리기 시작하였다. 즉 나쁘게 말했던 운명들이 이상하게 좋게 변하기 시작하는 것이 아닌가! 이에 자신감을 얻은 요범은 더욱 분발하여 선악을 구별하여 자신을 반성하고 잘못을 고쳐나갔으며 선행을 쌓아갔다. 그렇게 하고부터는 팔자에도 없다는 아들까지 얻었으며, 벼슬은 더 높이 올라갔고, 53세에 죽는다는 예언도 틀려 잔병치레 하나 없이 74세까지 장수할 수 있었다.

그 후 원료범은 자신의 운명을 바꾼 경험들을 담아 "운명은 스스로 개척할 수 있다"는 교훈을 바탕으로 '요범사훈了凡四訓'을 지어 자손들에게 전해주었다. 한 사람의 길흉화복은 이처럼 마음먹기에 따라 얼마든지 바꿀 수 있다는 것이다.

인생살이에서 끝이 보이지 않는 터널 속에 갇혔어도 적선을 쌓아가면 운명은 반드시 개운改運 될 수 있다는 것이다.
그런데 특이하게 『주역』에서는 개인의 선악 못지않게 '집안 전체'로 선악을 평가한다.

"積善之家 必有餘慶하고 積不善之家 必有餘殃이라"16)
　적선지가　필유여경　　　적불선지가　필유여앙

'선을 쌓은 집안에는 반드시 경사스런 일이 넘쳐나고,
선을 쌓지 않는 집안에는 반드시 재앙이 넘쳐난다.'

쉽게 말해 조상들이 음덕蔭德이라는 씨를 잘 뿌려 놓아야 후손들이 복록福祿이란 열매를 따먹을 수 있다는 뜻이다.

---

16)『주역』「중지곤괘(重地坤卦,☷☷)」문언전.

우리 근현대사는 일제강점기와 6·25전쟁 등 숱한 격변들의 연속이었다. 생사의 갈림길에서 얼마나 많은 사람들이 희비의 쌍곡선을 넘나들었겠나? 어렸을 적에 들은 이야기인데 6·25 때 어느 동네 부자 집은 평소 이웃들에게 선행을 베풀어 그 부잣집의 3대 독자가 인민군들에게 총살 직전에, 그 부잣집의 도움을 받았던 이웃사람들이 다함께 나서서 극적으로 3대 독자를 살려낼 수 있었다고 한다. 흔히 옛날엔 선악 심판이 3대가 지난 후에 내렸다던데 요즘은 세상이 빨라져 당대에 죄 값을 받는다고 한다.

우리 조상들은 선악의 인과관계를 잘 알고 있었기에 말 한마디에도 '언덕言德'을 붙여 말했다. 예컨대 애들에게 야단을 칠 때도 "데끼 이 놈!" 즉 '대기大器할 놈'[크게 될 놈]이라고 말言에다 덕德을 붙여줬다. 이렇게 덕을 붙여 말을 하면 그 말이 씨가 되어 차츰 자라나, 그 사람의 몸과 마음을 변화시켜 결국 말대로 되는 것이다.

여러분도 팔자를 고치고 싶으면 자신만의 '공과격'을 작성해보시라. 하루가 쌓여 한 달이 되고, 또 몇 년이 흐른 후 어느새 좋게 변해 있는 자신을 발견할 수 있을 것이다. 게다가 덤으로 자식들까지 복을 받게 된다고 한다.

『주역』은 한마디로 중정지도中正之道 이다. 즉 중도(中)를 지켜 올바르게(正) 처신하면, 살아가면서 흉凶한 것은 피避할 수 있고, 길吉한 것을 취取할 수 있다(避凶趣吉). 그런 사람에겐 하늘조차도 어떻게 할 수 없으며 굳이 점占 칠 필요조차 없다고 『주역』은 말하고 있다.

2. 겸손하게 자리 잡은 겸암정謙菴亭

사회생활, 특히 인간관계에서 가장 중요한 덕목이 무엇일까?
사람에 따라 다르겠지만 그 중 하나가 '겸손'이라고 생각한다.
겸손과 관련 된 괘가 바로 『주역』의 「64괘」 중 15번째 괘인 「지산 겸괘地山謙卦」이다.

겸괘의 괘상(䷎)을 보면 '땅 위에 높이 솟아 있어야 할 산(☶)이 땅(☷) 밑에 내려와 자신을 낮춰 겸손하게 자리 잡고 있는 모습'이다. 또 숫자 15는 역수易數에서 의미 있는 숫자이다.

왜냐하면 15수數는 역易의 뿌리가 되는 「하도河圖」에서 가운데 있는 10(무극)과 5(황극)를 합한 '15황극수皇極數'로 우주변화의 추진력이며 생명의 근원이기 때문이다.

또 달의 모양이 초승달(☽)에서 그믐달(☾)로 변할 때 보름달(☉,15일)을 정점으로 줄어드는 모양이 겸손한 모습을 닮았다고 하여 숫자 15는 겸허함을 뜻하는 숫자로 인식하기도 한다. 그리고 지산겸괘는 「64괘」 중 유일하게 나쁜 표현이 없는 모두 좋은 말로만 써져 있어 사람들이 가장 좋아한다. 그 뿐만이 아니라 「64괘」 중에서 '천도天道', '지도地道', '인도人道', '신도神道'를 언급한 괘는 오직 「지산겸괘」 밖에 없다. 그만큼 겸손함은 천·지·인을 넘어 신도 세계까지 그 가치를 인정받는 최고의 덕목이다.

우리 역사에서 겸괘의 정신을 실천한 인물로 겸암謙菴 류운룡(柳雲龍, 1539년~1601년) 선생을 꼽을 수 있다. 겸암은 임진왜란 때 나라를 구한 명재상으로 왜란 때 겪은 후회와 교훈을 후세에 남긴 『징비록』을 남겼던 서애西厓 류성룡(柳成龍, 1542년~1607년)의 친형이기도 하다.
겸암은 한국을 대표하는 전통마을로 유네스코 세계문화유산에 등재

된 안동 하회마을에서 태어났다. 하회마을은 풍수적으로 완벽하게 산태극山太極과 수태극水太極이 겹치는 곳에 자리 잡은 명당이다(하회마을 사진 참조). 그리고 하회마을에는 입암고택立巖古宅으로 알려진 양진당養眞堂이 있는데 겸암 선생이 살았던 집으로 풍산豊山 류씨柳氏의 유서 깊은 종가집이다.

겸암은 어릴 적부터 총명하였으며 학식이 높은 대학자뿐만 아니라 천문, 풍수, 복서, 특히 『주역』에 달통한 도인으로 그와 관련한 전설 같은 이야기들이 지금도 많은 사람들의 입에 회자되고 있다.

겸암은 15살 되던 해, 퇴계退溪 이황(李滉, 1501년~1570년) 선생의 문하에 들어갔으며 퇴계가 도산서당을 처음 열었을 때 겸암이 제일 먼저 찾아가 배움을 청하였고, 퇴계 또한 겸암의 학문적 자질과 성실함에 감복하여 각별히 총애하였다고 한다. 또 겸암이 하회마을 건너편 부용대 산자락에 학문연마를 위해 정사를 지었을 때, 퇴계 선생은 『주역』의 「지산겸괘」에 나오는 "군자는 자신을 낮춰 겸손한 마음으로 유종의 미(有終美)를 거둔다."는 뜻이 담긴 '겸암정謙菴亭'이라는 현액을 친히 써주었으며[아래 사진(右) 참조] "그대가 새 집을 잘 지었다는데 가보지 못해 아쉽다."라는 편지까지 손수 적어 보내주었다.

그때부터 선생은 퇴계가 지어준 '겸암謙菴'을 소중히 여겨 자신의 호號로 삼고, 평생토록 자신을 낮춰 겸허한 마음으로 살았다고 한다.
그 단적인 예가 바로 겸암정이다. 운룡이 겸암정을 지을 때 하회마을을 내려 다 보는 부용대의 꼭대기도 아니고, 그렇다고 탁 트인 전망 좋은 곳은 더욱 아니며, 사람들 눈에 잘 띄지 않는 곳을 택해 정자를 지은 것만 봐도 겸손하게 살라는 겸괘謙卦의 정신에 따르려고 애쓴 흔적을 느낄 수 있다[아래 사진(左)참조].

〈겸손하게 자리 잡은 겸암정(붉은 원), 퇴계 친필(右)〉

그리고 하회마을의 부용대 중간 지점에는 1786년에 건립 된 겸암 류운룡 선생을 모신 화천서원花川書院이 있다. 그런데 특이한 것은 서원 안에 있는 2층짜리 누각의 이름이 다름 아닌 '地山樓(지산루)'이다. 즉 누각의 이름 또한 '地山謙卦(지산겸괘)'에서 따왔다는 것을 눈치 챌 수 있을 것이다.

우리는 전망 좋은 산의 정상도 아닌 자신을 낮춰 자리 잡은 겸암정 謙菴亭을 통해서 '겸손'은 인간사는 물론 하늘과 땅 그리고 신도세계 에게까지 울림을 줄 수 있는 덕목이라는 걸 배울 수 있다.

자신의 운명을 바꾸고자 하는 자! 항상 '겸손'과 '배려'라는 양 손으로 타인의 손을 따뜻하게 잡아주시라!

■ 겸암(謙菴) 류운룡(1539~1601) 관련 유적

〈하회마을 안내도. 사진: 안동하회마을보존회〉

3. 산소를 아홉 번 옮기고도 통곡한 남사고南師古

조상은 뿌리이고 후손은 열매이다. 조상을 좋은 땅에 모셔 뿌리가 번성하면 가지가 무성해지고 열매가 제대로 여물 수 있다. 조상과 자손은 기운이 같으므로 조상이 편안하면 자손이 편안하고, 조상이 불편하면 자손 또한 편치 않다(同氣感應). 조상의 음덕으로 내가 입신양명해서 보은하게 되면 부모와 조상의 명예와 지위가 올라가서 자손을 더 도와주는 선순환이 되므로 그 가문은 날로 번창해지고 좋은 명문가로 이름을 높일 수 있다.

가끔 명문가의 종가 집을 방문해 보면 "적덕지가積德之家 필유여경必有餘慶(덕을 쌓은 집안에는 반드시 경사스런 일이 넘쳐나고) 적악지가積惡之家 필유여앙必有餘殃(악을 쌓은 집안에는 반드시 재앙이 넘쳐난다)"17)는 글귀를 볼 수 있다.

'명당明堂'과 '적덕지가積德之家'에 관한 재미있는 이야기다.
조선시대에 남사고(南師古, 1509년~1571년)라는 『주역』과 「풍수지리」에 통달한 분이 있었다 『대학』에 나오는 '격물치지格物致知'에서 깨달은 바가 있어 자신의 호를 '격암格庵'이라 지었으며, 또 『격암유록』이라는 유명한 비결서도 쓴 당대에 뛰어난 기인奇人이었다.
선생은 워낙 풍수에 도를 통하였기에 조선 최고의 명당에다 자기 아버지 묫자리를 쓰려고 했다. 왜냐하면 좋은 땅에 백골을 묻으면 주변 지기가 잘 감싸 주어 자손들이 부귀영화를 누릴 수 있기 때문이다.

---

17) 『주역』「중지곤괘(重地坤卦, ䷁)」 문언전에 나오는 "적선지가(積善之家)는 필유여경(必有餘慶)하고, 적불선지가(積不善之家)는 필유여앙(必有餘殃)(선을 쌓은 집안에는 반드시 경사스런 일이 넘쳐나고, 선을 쌓지 않는 집안에는 반드시 재앙이 넘쳐난다)."의 구절을 변용하여 "적덕지가(積德之家)~"로 말하기도 한다.

〈남사고, 1509년~1571년〉

남사고는 그걸 알고 있기에 명당에다 조상을 모시려고 조선팔도를 찾아 다녔다. 다음 이야기는 이수광의 『지봉유설』 등에 나오는 일화이다.

어느 날 산길을 걸어가는데 아홉 마리의 용이 여의주를 놓고 다투는 소위 '구룡쟁주九龍爭珠'의 명당이 한 눈에 들어오는 것이 아닌가! 천하의 명당을 보자말자 남사고는 하늘이 내려준 명당으로 생각하고 즉시 부친의 묘소를 이장하기로 맘먹고 밤 새 옮겨 놓았다.
그런데 이게 어찌된 일인가? 날이 밝고 그 자리를 보니 '구룡쟁주九龍爭珠'의 명당이 아니라 '구사쟁와九蛇爭蛙'의 터였던 것이다. 즉 아홉 마리 뱀이 개구리를 놓고 다투는 별 볼일 없는 못자리였다.
이처럼 막상 못자리를 쓰고 나면 좋은 자리가 아니었던 것이다.
이러기를 아홉 번이나 힘들게 이장을 하였다. 아홉 번을 옮기고 나니 지쳐서 쉬고 있는데 어떤 노인이 지나가면서 "남사고야, 남사고야, 사사괘지死巳掛枝가 웬 말이냐?"라고 말하는 것이 아닌가! 즉 '죽은 뱀을 나뭇가지에 걸쳐놨구나.' 결국 '네가 본 못자리들은 명당이 아니다'라는 뜻이다.
그래서 후대에 '구천통곡九遷痛哭 남사고南師古라!'
즉 '남사고가 돌아가신 아버지를 명당에 모시려고 산소를 아홉 번을 옮기고도 끝내 명당에다 모시지 못해서 통곡을 했다.'는 말이 생겨났다.
비록 아들인 남사고는 천하제일의 지관地官이었으나 그의 아버지가 저지른 악척惡隻으로 인해 신명들의 저주로 좋은 묫자리에 들어갈 수가 없었다고 전해진다. 또 남사고는 슬하에 아들, 딸 하나씩 두었는데 아들은 어린 나이에 요절해 자손 줄이 끊어졌다고 하니 조상들의 선악이 얼마나 후손의 앞길에 영향을 끼치는 것을 알 수 있다.

"天藏地祕해서 以待其人이라"
　천 장 지 비　　　이 대 기 인

'하늘이 감추고 땅이 비밀로 한 명당자리는 그 땅을 쓸 수 있는 주인을 기다린다.'

예로부터 명당明堂 자리는 반드시 그 주인이 있다고 했다.
그 땅에 어울리는 임자를 기다리는데 살아서 못된 짓을 저지른 백골은 산신山神이 결코 받아줄 리가 없다.
'남의 눈에 눈물 나게 하면 내 눈에는 피눈물 난다'는 속담처럼 내가 손해 보더라도 남들에게 잘해주고, 착하게 살아야 자식들과 후손들이 잘 살 수 있는 것이다.

4. 비둘기 세 마리가 날아 온 이유는?

 왜 『주역』을 공부하는가? 미래를 대비하기 위해서다.
어떻게 미래를 알 수 있나? 역학에서는 **'상·수·리(象數理)'**로써 가능하다는 것이다. 도대체 상수리란 무엇인가? 우리들이 먹는 도토리(상수리)가 아니라 앞일을 미리 보여주는 **'징조[象]'**와 그 징조에 담겨 있는 비밀 코드인 **'숫자[數]'**, 그리고 상과 수를 바탕으로 미래를 해석하는 **'이치[理]'**를 말한다.
이 세상 모든 만물은 각자 고유한 형상[象]이 있으며, 또 그 만물은 수[數]로 이루어져 있어, 그 상과 수로써 이면에 담긴 이치[理]를 풀 수 있다는 것이다. 그래서 『주역』을 다른 말로 '상수학(象數學)'이라고 부르며, 『주역』을 공부하게 되면 '상수리'를 터득할 수 있다.
비록 역(易)이 '쉽고[易] 간단[簡]하다'고 하여 '이간(易簡)'이라고 하며, 또 자연은 수많은 '상(象)'들을 보여 주고 있지만 우리들은 그 시그널을 해독하지 못한다. 기본적인 '상·수·리'의 원리만 터득하면 어려운 것도 아니다. 그럼 일상생활에서 몇 가지 상수리 사례들을 알아보자.

어느 지인 이야기다. 아침 출근길에 부인이 계란프라이를 하려고 계란을 깨뜨리자 거기에 피가 보였다. 그 장면을 본 순간 지인은 그 상(象)이 암시하는 걸 알아차리고, 부인에게 오늘 하루 동안 아이들 행동에 각별히 조심하라고 당부하였다.
아니나 다를까 오후가 되자 집에서 전화가 왔단다. "큰 애가 방금 전 교통사고를 당해서 피를 봤다."는 것이다. 지인이 그렇게 눈치챌 수 있었던 것은 병아리로 부화되기 전의 계란들을 애들로 보았으며[象], 첫 번째[數]로 집어들은 계란의 피를 보고 그 날 장남[數]이 피를 흘리게 될 것[理]로 해석하였던 것이다.

이번에는 승진사례다. 직장 동료가 승진심사를 며칠 앞두고 출장을 가고 있었는데 운전 중에 갑자기 새 한 마리가 자동차 앞 유리창에 꽝하고 부딪치지 않은가. 순간적으로 이번 승진에서 미끄러질 것 같다는 감感이 왔다고 한다. 그런데 몇 달 뒤 그 동료의 얼굴에 화색이 돌아 그 이유를 물어보니, 이번엔 틀림없이 승진할 것 같다는 것이다. 왜냐하면 며칠 전 일요일 아침 늦잠을 자고 있는데 자기 집 아파트 베란다에 비둘기 세 마리가 날아와 재잘거려 잠에서 깼다는 것이다.

그것이 승진과 무슨 상관이 있느냐고 물어보니, 동료 왈, "자기가 살고 있는 대단지 아파트에서 왜 하필 자기 아파트에만 갑자기 비둘기 세 마리가 날아와 재잘거렸겠냐?"는 것이다.

동료의 풀이에 따르면, 승진이란 직급이 올라가는 것이니 하늘 위로 높이 나는 새야말로 승진을 상징하는 상[象]이 아니겠냐는 것이었다. 지난번에야 하늘을 날던 새가 하강하여 충돌한 것이니 승진에서 떨어질 걸[象] 보여줬다면, 이번에는 아파트 베란다에 세 마리[數]나 지저귄 것은 승진이 될 걸 암시[彛] 한다면서 마치 승진이 된 것마냥 들떠있었다.

그런데 신기하게도 며칠 후 지인의 예측대로 3급으로 승진이 확정되었다는 통보를 받았다.

근대 한국 불교계의 최고의 학승으로 존경받는 탄허 스님도 상수리에 밝은 선승이었다. 스님의 많은 예언 중에서 6·25전쟁 이야기다. 1949년 어느 날 탄허는 오대산 월정사 앞뜰에서 개미들끼리 싸워 수 백 마리가 죽은 것을 보고 앞으로 동족상잔의 전쟁이 발발할 것을 예견하여 스승인 방한암(方漢巖, 1876년~1951년) 선사에게 경남 양산에 있는 통도사로 피난을 가자고 했다. "하늘은 하늘의 상象을 보이고, 땅은 땅의 상象을 보입니다. 어찌 사람의 상象만 다르겠습니까? 미물인 개미들도 난리의 조짐을 보이고 있습니다."라며 스승을 설득하였다. 하지만 한암 선사가 따르지 않자 탄허는 할 수 없이 스승을 남겨둔 채 통도사로 향했다. 결국 이듬해 6·25전쟁이 터졌으며 그 때 한암 선사는 탄허의 예견에 무릎을 쳤다고 했다. 결국 한암 선사는 전쟁 중 가사 장삼을 정제하고 단정히 앉아 참선하듯이 열반에 드는 좌탈입망坐脫立亡 하였다.

그리고 구한말 때 조선 팔도에 격물치지格物致知로 이름을 날린 박만수 도사의 다음 이야기는 상·수·리(象數理)의 압권이다.

"박만수가 화창한 봄날 제자들과 글방에 앉아 있는데 마침 한 노파가 무언가를 머리에 이고 지나가고 있었다. 제자들이 선생에게 묻기를. '저 노파의 보따리에 무엇이 들어있습니까?' '아마도 밤(栗) 같다.' 그럼 '밤이라면 몇 개나 될까요?' '아마 예순 네 톨일 게다.' 그래서 노파의 보따리를 확인해 보니 과연 64개의 밤톨이 들어있는 것이 아닌가. 제자들이 어떻게 그걸 맞췄느냐고 물으니 '너희들이 보따리에 뭐가 들었냐고 물어볼 때, 까치가 집을 짓기 위해 나무를 물고 서쪽으로 날아가는 것[象]을 보았으니, '서녘 서西밑에 나무 목木'을 하면 밤 율栗자가 아니더냐[理]. 게다가 그 까치가 날개를 팔팔[數]치며 날아갔으니 팔(8)팔(8)은 64 아니냐. 그래서 밤들이 예순 네 톨임을 알았다[理]는 것이다."18)

---

18) 김석진, 『스승의 길 주역의 길』, 한길사, 2009, 217쪽.

5. 수數가 돈이다

수數가 돈이다! '숫자'에 도통하면 부자가 될 수 있다.

무슨 말이냐 하면 사람 팔자를 다른 말로 운수運數라 하는데, 흔히 운수는 인간의 의지나 노력과는 상관없이 어쩔 수가 없다고들 말한다. 그러나 운수라는 글자를 보면 '얼마나 수(數)를 잘 핸들링(運) 하느냐'에 달려있다고 볼 수 있다.

그러니 너무 미리 정해진 운명이라고 위축될 필요가 없다.

이 세상 모든 사람들이 피해갈 수 없는 것 중 하나가 숫자(數)이다. 사람은 태어나면서 죽을 때까지 숫자에서 벗어날 수 없다. 즉 태어나자마자 하늘에서 숫자를 받는다. '생·년·월·일'이라는 '사주四柱'이다. 받기 싫어도 받아야 하는 운명의 숫자이다. 그래서 명리학에서는 '생·년·월·일'의 4개 기둥[四柱]에 2글자로 된 간지(干支: 갑자, 을축 ~)로, 즉 4×2=8字로써 그 사람의 운명이 결정된다는 것이다. 또 태어나자마자 국가에서도 오직 하나뿐인 '주민등록번호'를 부여해 주며, 성장하여 학교에 입학하면 '학번'과 군대에 입대하면 '군번'을, 회사에 입사하면 '사원번호'를 받는다. 그리고 핸드폰, 차량, 그리고 예금통장에도 고유 번호가 있다. 심지어 내 집에 들어가는 것조차 현관 키 번호가 있어 깜빡하여 숫자를 잊어버리면 집에도 들어갈 수 없는 것이 현실이다.

결국 이 세상은 **'숫자놀음'**이다. 어떻게 보면 우리 인생은 숫자 하나 더 받으려고, 혹은 이왕이면 하나라도 더 큰 숫자를 받아 보려고 죽을힘을 다해 애를 쓴다.

한 달, 일 년 열심히 일한 성과도 결국 '숫자'로 된 월급과 연봉으로 나타난다. 그리고 부동산과 주식 등 이재理財를 하는 것도 결국

통장 잔고의 숫자를 8자리(천만 단위)에서 9자리(억 단위), 10자리(십억 단위)로 더 키워 보려고 발버둥치는 것 아닌가.
그런 반면 더 작은 숫자를 받기 위해 노력하는 경우도 있다.
예컨대 좋은 대학에 들어가기 위해선 대학입시 석차席次가 15등 보다는 3등이 낫고, 또 회사에서 승진하기 위해선 승진서열(3→2→1) 숫자가 작아야 유리하다.

그런데 숫자만 잘 '골라도' 팔자를 고칠 수 있다.
바로 로또복권이다. 숫자 6개만 잘 고르면 팔자를 고칠 수 있지만 그게 어디 쉬운 일인가.
얼마 전 TV를 보니까 보통 사람도 돈벼락 맞을 수 있다는 걸 알았다. 단 쇠가죽처럼 질긴 고집만 있다면 말이다. 한 미국인이 25년 간 매주 똑같은 번호만 줄기차게 찍어서 결국 3,800억 원의 잭팟을 터뜨린 뉴스를 보았다.
그나마 로또복권 번호야 내 마음대로 고를 수 있다지만,
타고난 팔자八字, 즉 태어난 사주四柱(年柱·月柱·日柱·時柱)는 어떻게 해 볼 도리가 없어서 인생은 '숫자놀음'이라고 했던 것이다.
그래서 옛사람들은 "세상만사 이미 다 정해져 있거늘 덧없는 인생이 공연히 바쁘기만 하구나!"

萬事分已定이거늘 **浮生空自忙**하구나.
만 사 분 이 정   부 생 공 자 망

라고 하였던 것이다. 그렇지만 세상이치라는 것이 꼭 운명의 덫에만 걸려 있진 않다. 왜냐하면 인생은 항상 '선택'이라는 외줄에 올라타 있기 때문에 어떤 길을 선택하느냐에 따라 충분히 운명을 개척[開運]해 갈 수 있다.

그런데 그 선택이라는 것이 대부분 숫자로 되어 있어 어떤 숫자(예: 번호, 시간, 금액, 수량 등)를 선택하느냐에 따라 희비의 쌍곡선이 갈린다. 이처럼 성공의 승패에는 항상 '숫자(數)'가 결정적 역할을 한다.

시중에 나와 있는 『성공학』 책들을 보면 '끌어당김의 법칙'이란 것이 있다. 소원하는 바를 간절하게 마음에 각인시키면 원하는 것이 나에게로 끌려온다는 것이다.

여기에 필자는 한마디 조언하자면, 꼭 이루고 싶은 것은 가급적 '숫자'로 끌어당겨보시라, 그것도 아주 '구체적인 숫자'로 간절하게, 지속적으로 끌어당겨야 한다.

사람마다 좋아하는 숫자가 있듯이, 각 민족도 좋아하는 숫자가 다르다. 한국인들은 숫자 '3'을 좋아하며, 서양 사람들은 럭키 세븐(Lucky Seven)이라 하여 숫자 '7'을 좋아한다.

그리고 중국인들이 가장 좋아하는 숫자는 '8'이다.

숫자 8(八)의 발음이 [fa] 즉 '재물이 핀다(发财)'와 비슷하여 부자가 되고픈 마음에 핸드폰 번호나 차량 번호에 숫자 '8'을 받으려고 엄청난 돈을 지불한다는 이야기를 들었다.

또 지난 베이징 올림픽 개막식을 2008년 8월 8일 오후 8시 8분 8초에 맞추어서(?) 했다는 우스갯소리가 있다.

이것 하나만 보더라도 얼마나 중국인들이 숫자 '8'을 좋아한다는 걸 알 수 있다.

간혹 역수(易數)에 밝은 재력가는 숫자 '9'에 집착하기도 한다. 역수의 기본수는 1에서 10까지 인데, 그 중 9는 극수(極數)라 하여 홀수(陽數) 가운데 제일 큰 수이며, 양(陽)기운이 제일 센 수라서 태양의 수(太陽之數)가 된다. 국내 모 재벌 회장의 차량번호가 '9999'였던 것은 극수의 위력을 알고 있었던 게 분명하다.

『주역』은 상수학象數學이라 말하는데 주관적인 상象 못지않게 어쩌면 객관적인 숫자(數)가 더 중요할 때도 있다.

요즘 같은 디지털문명을 기반으로 한 4차 산업혁명시대는 숫자(數)의 중요성이 더욱 부각된다. 사실 디지털문명의 바탕 자체가 독일의 라이프니츠가 『주역』「64괘」의 음효(--)와 양효(—)를 보고 창안해 낸 '0'과 '1'이라는 이진수二進數 아니던가! 앞으로 역수易數 공부를 잘 해두면 AI, 양자과학 등에 많은 보탬이 될 것이다.

동서고금을 막론하고 철인哲人이나 현인賢人들은 모두 숫자에 도통하였다. 그 한 예로 『주역』에 통달하여 이주역李周易이라 불리던 야산也山 이달(李達,1889년~1958년) 선생 이야기다.

야산은 헐벗고 굶주린 조선 백성들을 도와주려고 미두장(米豆場, 미두취인소)에 뛰어들어 역수易數의 내공을 유감없이 보여주었다. '미두'란 '쌀(米)'과 '콩(豆)'을 말하는데 요즘으로 말하면 미두시장은 현물 없이 쌀을 거래해 지금의 선물시장과 같은 개념이다. 쌀은 100석石 단위로 거래하였고, 거래는 장래의 일정 시점에 특정 가격으로 사고팔기로 계약하여 가격이 떨어졌을 때 매입했다가 올랐을 때 팔면 떼돈을 벌 수 있어 전국의 투기꾼들이 미두장으로 벌떼처럼 몰려들었다. 1896년 인천 미두취인소(미두시장)가 처음 설립된 이후 1932년에 군산, 부산, 대구 등지로 확대되었다.

야산은 워낙 역수에 능통했으니 그 실력이 오죽했겠나?
야산은 짧은 시간에 미두장의 일약 스타로 부상하면서 엄청난 돈을 벌었다. 그렇지만 야산은 끼니조차 못 잇는 궁핍한 가족들의 원망에도 불구하고 사적으론 단돈 한 푼도 손대지 않았으며, 미두장에서 번 돈을 독립운동 자금과 광산사업에 투자하여 공동체사업을 통해 많은 민생들을 구제하였다.

〈인천항에서 수출하는 미곡.
사진: 인천광역시〉

〈인천미두취인소.
사진: 인천광역시〉

6. 부시맨과 코카콜라

세상을 바라보는 시각은 천차만별이다.
보는 사람에 따라 달라지기 때문이다. 역학易學에서 미래 예측의 방법 중 하나가 '상·수·리(象數理)'다. 이 말은 유·무형의 상象과 그 형상 속에 담긴 수數를 파악하여 다가올 일을 예측理한다는 것이다.
형상에 대한 설명은 〈부시맨〉이라는 영화 이야기로 해보겠다.
〈부시맨〉은 남아프리카 칼라하리 사막에서 살아가던 부시맨 부족 마을에서 생긴 이야기다. 어느 날 경비행기 조종사가 아무 생각 없이 버린 '빈 콜라병' 하나로 인해 갖가지 해프닝이 벌어지는 코미디 영화이다. 난생 처음 보는 문명세계의 물건인 코카콜라병을 보고 부족민들은 "무엇에 쓰는 물건인지?" 격론을 벌인 끝에 하늘에서 떨어졌다는 이유로 '신의 선물'이란 결론을 얻었다. 하지만 그 콜라병으로 인해 마을 주민들 간에는 그것을 차지하려고 평화롭던 마을이 어느새 대립과 갈등으로 금이 가기 시작했다. 마침내 주인공 부시맨은 마을의 평화를 깨트리는 그 콜라병을 신에게 돌려주기 위해 세상의 끝이란 곳으로 여행을 떠난다는 내용이다. 영화의 원제는 'The Gods Must Be Crazy(神이 미치지 않고서야!)'이다.

〈영화 부시맨(1980년 개봉)〉

영화에서 재미있는 장면은 부시맨이 콜라병을 나름대로 분석한답시고 두들겨 보고, 또 입으로 불어도 보고, 요리저리 콜라병을 뜯어보는 장면들이 나온다. 그러나 어떤 이치를 파악하기 위해서는 유·무형의 상[象]만으로는 안 되고, 그 내면에 담긴 숫자[數]까지 알아야 제대로 그 이치[理]를 알 수 있는 것이다. 그런데 영화 〈부시맨〉은 상象에만 집중하다가 수數는 커녕 그 용도(理)조차 규명도 하지 못한 채 해프닝으로 끝난 케이스이다.

특히 유형물은 오직 숫자로써 그 정체성을 드러낸다. 예를 들면, 볼펜의 경우는 길이, 두께, 볼펜심의 지름, 외부 곡경 등을 수치로 나타낼 수 있다. 이렇게 수치로 나타낸 설계도만 있다면 요즘 같은 시대엔 3D출력기에 입력시키면 한 치의 오차도 없는 똑같은 볼펜이 나온다.

그렇다고 모든 상象들이 숫자로 나타낼 수 있는 것은 아니다. 유형의 상이야 숫자로 전환이 쉽지만, 무형의 상은 쉽지 않다. 왜냐하면 무형의 상(징조, 느낌, 감정)은 숫자로 객관화시키기가 어렵기 때문이다. 예를 들면 얼굴에 나타난 기쁜 표정이나 화난 표정을 보고 '25'인지? '74'인지? 어떻게 수치화數值化할 수 있겠는가?

우리들은 이전보다 높은 교육수준과 문명의 혜택으로 옛사람들보다 더 똑똑해졌고, 풍부한 지식들을 갖고 있으며, 하루에도 수백만 건씩 쏟아지는 정보의 바다 속에 살고 있다.

하지만 대부분의 정보들은 수치화된 데이터도 많지만, 반면에 계량화할 수 없는 주관적인 데이터도 많다보니, 풍요 속의 빈곤이라는 말처럼 실제 도움이 될 만한 정보를 찾는 것도 쉽지 않다.

그러면 계량화된 정보만 있으면 만사 OK인가? 꼭 그렇다고 볼 수 없다. 예를 들면, 시시각각으로 수치화된 투자정보들을 제공받아 주식투자를 하지만 실제 성공투자로 이어지는 경우는 드물다. 성공적인 주식투자는 현재가, 기업관련 데이터, 차트, 매수·매도 시점 같은 수치정보도 중요하지만 투자심리 같은 주관적인 변수들에 의해 좌우될 때도 더 많기 때문이다.

그리고 상수리와 '징크스Jinx'를 혼동하기도 한다.
어떻게 보면 예감(象)이나 특정 숫자(數)와 연관된 것은 비슷할지 모르나 정확히 말하면 같다고 할 수 없다. 왜냐하면 비록 상과 수는 같다 할지라도 징크스는 예측(理) 결과가 개인의 주관적 판단인 사리私理이며, 주로 불길한 일을 지칭한다면, 상수리는 누구나 공감할 수 있는 공리公理이며, 행·불행을 모두 포함하기 때문이다.

상·수·리의 지향점은 유교철학에서 말하는 '격물치지格物致知'이다.
사서四書의 하나인 『대학』에 나오는 말로 '사물이나 현상 속에 깃든 이치를 탐구하여 자신의 지식을 완전하게 이룬다.'는 뜻이다. 옛 성현들은 "경서經書를 깊이 연구하는 것은 실용實用하기 위한 것이다."라고 설파한다.
상·수·리를 공부하는 목적도 '격물치지'를 하기 위해서다.
"다가오는 미래를 알아서 그에 대비를 하는 것"이다. 그런데 그 앎(知=理)이란 손에 잡히는 구체적이고, 현실 적용이 가능한 지식이 될 때만 유용한 지식이 되는 것이다.

7. 남들이 열 번 하면 나는 천 번을 해서라도

새해가 되면 누구나 멋진 계획을 세운다.
하지만 며칠 지나다보면 작심삼일이 되어 버리는 경우가 많다.
그럴 때마다 심지心志가 굳지 못한 걸 후회하며 되새기는 글귀가 있다.

" 人一能之어든 己百之하며
　인 일 능 지　　　기 백 지

'남들은 한 번에 할 수 있는 일도 나는 백 번을 하겠으며,

人十能之어든 己千之니라."
인 십 능 지　　　기 천 지

남들이 열 번하면 나는 천 번을 해서라도 그렇게 하겠다.'

『중용中庸』에 나오는 글귀이다. 사실 이렇게 한다는 것이 말처럼 쉽지 않다. 그런데 이 글귀를 몸소 보여준 인물이 있었으니 조선시대 전설적 독서광인 김득신(金得臣, 1604년~1684년) 선생 이야기다.
조선시대 유명한 풍속화가인 김득신과 이름이 똑같은 동명이인이다. 선생은 어렸을 때 천연두를 앓아서 죽을 고비를 넘기며 간신히 살아남았으나 그 후유증으로 지적능력이 떨어졌다고 한다. 겨우 10살이 되어서야 글을 깨우쳤으나 금방 들었던 것도 돌아서면 잊어버릴 정도였으니 심하게 말하면 바보였던 것이다.
그러나 "읽고 또 읽어서 부단히 독서하면 대문장가가 될 수 있다."는 아버지의 격려에 힘입어 책을 한번 잡으면 수 없이 반복하여 읽는 것으로 극복해나갔다. 그가 책 한권을 잡으면 몇 번 읽었는지 그 횟수를 기록한 「독수기讀數記」를 보면 충격 그 자체다, 『노자전』

과 『중용』「서문」은 2만 번, 가장 즐겨 읽었다는 사마천의 『사기』에 있는 「백이전」은 자그마치 1억 1만 8천 번(당시 1억 번은 현재의 10만 번에 해당)이나 읽었다 한다. 오죽했으면 서재의 이름까지 '억만재億萬齋'로 지었을 정도였다. 그나마 『장자』 등도 많이 읽었으나 그 횟수가 1만 번을 채우지 못해 「독수기」 목록에는 포함시키지 않았다고 한다.

이런 전설적인 이야기도 전해 내려온다.
하루는 말을 타고 가며 시를 읊는데 마지막 구절이 도무지 생각이 나지 않았다. 그런데 어찌 된 일인가? 고삐를 잡고 말을 몰던 마부가 태연스레 그 구절을 읊는 것이 아닌가. 얼마나 감동하였던지 득신은 얼른 내려 마부를 곧장 말에 태우고 자신은 고삐를 잡고 가는데 마부 왈 "나으리께서 늘상 읊으시던 당시唐詩가 아닙니까?" 하며 웃자, 그때서야 "아차 그렇지!"라며 무릎을 쳤다고 한다.

어쨌든 선생은 피나는 노력으로 당시로는 상上노인에 해당하는 환갑이 되어서야 과거에 급제하여 정선군수를 거쳐 동지중추부사까지 벼슬을 하였다니 이 얼마나 대단한 인간승리인가!
당대 정약용도 선생을 평하길 "문자가 만들어진 이래, 세상에서 독서를 가장 열심히 하신 분 가운데 선생을 으뜸으로 쳐야 할 것이다."라고 칭송하였다. 선생의 묘비명에는 이렇게 적혀있다.

"배우는데 재능이 남보다 못하다고 스스로 한계를 짓지 말라. 나보다 어리석고 우둔한 사람도 없겠지만 결국에는 이룰 수 있었다. 모든 것은 힘쓰는데 달렸을 따름이다."

〈독서왕 김득신(1604년~1684년) 선생〉

요즘 세상 돌아가는 것을 보면 올해 살림살이도 좋아질 것 같지 않다. 앞으로 몇 년 동안은 우주 여름철의 불기운[火氣]으로 인해 기후전쟁, 질병전쟁, 경제전쟁 등으로 지구촌을 더 옥죄일 것이다. 그렇다고 기죽을 필요는 없다.
항상 고난의 연속이었지만 우린 능히 극복해내지 않았던가.
김득신처럼 소원하는 바를 수 천, 수 만 번 읊조리다 보면 꿈은 반드시 이루어질 것이다. 결국 말이 씨가 되어 열매를 맺을 수 있으니까. 지난 카타르월드컵 때 포르투갈 전 때, 역전승의 환희를 맛보지 않았던가? 그 때 다들 외쳤다. "중요한 건 꺾이지 않는 마음(중격·마)!"이라고. 그 말을 화두로 삼아 절망이란 장벽을 힘껏 날려버리자.

어려울 때 힘이 되는 좋은 글이 있어 소개한다.
『맹자』「고자장」에 나오는 글로 주문처럼 읽다보면 용기와 자신감을 북돋아 주는 글이다.

"天將降大任於斯人也인대
 천 장 강 대 임 어 사 인 야

必先勞其心志하고 苦其筋骨하고 餓其體膚하고
 필 선 노 기 심 지   고 기 근 골   아 기 체 부

窮乏其身行하여 拂亂其所爲하나니
 궁 핍 기 신 행   불 란 기 소 위

是故는 動心忍性하여 增益其所不能이니라."
 시 고 동 심 인 성   증 익 기 소 불 능

'하늘이 장래 이 사람에게 큰 임무를 맡기려 할 때에는
반드시 먼저 그 심지를 지치게 하고
육체가 감당해내기 힘든 고통을 당하게 하며
그 몸을 굶주리게 하고
그 생활을 궁핍하게 하여 하는 일마다 어지럽게 하느니라.
이것은 그의 마음을 단련시켜 참을성을 길러주어
이제까지 할 수 없었던 일도 할 수 있게 하기 위함이니라.'

8. 서경덕과 종달새

세상 이치를 파악하는 것 중의 하나가 상·수·리(象數理)이다.

상수리는 앞일을 미리 보여주는 '징조[象]'과 비밀코드를 풀 수 있는 '숫자[數]' 그리고 상과 수를 바탕으로 그것을 해석하는 '이치[理]'를 말한다.

즉 세상만사는 유·무형을 막론하고 각자 고유한 상(象)이 있으며, 그것은 수(數)로 이루어져 있어 상과 수를 알게 되면 그 이면에 담긴 이치(理)를 알 수 있다는 말이다. 그래서 『주역』의 별칭이 상수학(象數學)이라 한다. 이런 이유로 『주역』을 공부하게 되면 세상 이치에 도통한다고 말하는 것이다.

그런데 상(象)과 수(數)도 알기 어렵지만 이치(理) 또한 만만치 않다.
이치만 터득하면 그야말로 도사급 반열에 오를 수 있다.
상수리의 다른 표현이 바로 '격물치지(格物致知)'이다.

즉 '격(格)'은 이를 격, '물(物)'은 만물 물, '치(致)'는 이를 치, '지(知)'는 알지자로 『대학(大學)』에서 설명하기를, '사물의 이치를 깊이 궁구하면 완전한 지식에 이를 수 있다'는 뜻이다. 이 말은 사물을 가까이 그리고 세밀하게 들여다보고 사유함으로써 깨달음을 얻을 수 있다는 것이다. 이렇게 "사물의 이치를 알아야(格物) 완전한 지식에 이르게 되고(致知), 완벽한 앎에 이른 후에야 뜻을 세워 정성을 들일 수 있으며(誠意), 성의를 다해야 마음이 바르게 되며(正心), 마음이 바르게 되어야 자신을 수신(修身)할 수 있다. 또 수신이 되어야 집안이 가지런해지며(齊家), 집안이 가지러진 뒤에야 나라가 다스려지며(治國), 나라가 다스려진 연후에 평천하(平天下)를 할 수 있다."고 한다.

격물치지하면 누구에게도 뒤지지 않았던 화담(花潭) 서경덕(徐敬德, 1489

년~1546년) 선생이 떠오른다. 선생은 재색才色을 겸비한 황진이의 유혹을 물리친 일화로도 유명하며, 박연폭포, 황진이와 더불어 송도삼절松都三絶19)로 일컬어진다. 선생은 그의 어머니가 공자의 사당에 들어가는 꿈을 꾸고 낳아서인지 어릴 적부터 총기가 남달랐다고 한다. 선생의 『화담집』에 나오는 이야기다.

"어렸을 적 나물을 캐러 가면 매번 늦게 돌아오는데 정작 바구니에는 반도 못 채워져 있는 것이 아닌가? 이상하게 여긴 어머니가 그 까닭을 물으니 '종달새에 정신이 팔려 나물을 캐지 못했습니다.' 그러면서 하는 말이 '이틀 전에는 어린 종달새가 한 치쯤 날아오르더니, 어제는 두 치를 날아올랐습니다. 그리고 오늘은 세 치쯤 날아올랐습니다. 왜 그런지 그 이치를 생각하느라 나물 캐는 것도 잊어버렸습니다.'라고 말하는 것이 아닌가?

---

19) 송도삼절이란 송도(松都, 지금의 개성)의 3대 명물로 박연폭포, 서경덕과 황진이를 일컫는 말이다. 뛰어난 미모를 자랑하는 황진이의 매력 앞에 10년 동안 벽만 바라보고 수도했다는 지족선사(知足禪士)도 파계하고 말았지만, 서경덕은 그녀의 온갖 유혹에도 넘어가지 않았다는 이야기는 유명하다. 소설가 최인호의 「황진이」에 잘 묘사되어 있다. 편집자 註.

나중에 선생은 종달새가 가벼운 깃털로 하늘을 날아오를 수 있었던 이유에 대해, 이는 봄날의 지기(地氣, 땅에서 솟아오르는 기운) 즉 봄날의 따뜻한 상승기류(아지랑이)에 의해 어린 새가 쉽게 날아오를 수 있다고 그 이치를 설명하였다." 이처럼 선생은 모든 사물을 그냥 지나치는 일 없이 관찰하고 깊이 궁리하였던 것이다. 그리고 14세 때 이야기이다. 서당에서 태음력의 일(日)·월(月) 운행도수에 관한 『서경』의 구절을 읽는데 훈장 자신도 이를 배우지 못했고, 또 그 이치를 아는 자가 드물 것이라며 그냥 지나치는 것이 아닌가. 그러자 선생은 며칠 밤낮 침식조차 잊은 채 몰두하더니 보름째 되던 날 그 역법曆 法의 이치를 깨달아 주위 사람들을 놀라게 했다고 한다.

18세 때는 『대학』의 「격물치지」를 읽다가 "학문을 하면서 먼저 격물을 하지 않으면 글을 읽어서 어디에 쓰리오!" 라고 탄식하고, 천지만물의 이름을 벽에다 써 붙여 두고는 날마다 힘써 연구하였다고 한다.

이처럼 서화담은 사물을 탐구하는 격물에 치중하여 앎의 궁극에 이르는 「격물치지」로 자신만의 학문세계를 완성하여 갔다. 그런데 중요한 것은 객관적 사물을 올바로 보기 위해서는 먼저 선입관을 버리고 정심正心으로 집중하는 마음가짐일 것이다.

제4부

『주역』과 미래

1. 세상이 왜 이래?
2. 매화로 점괘를 뽑으니
3. 선천과 후천(1). 지금은 선천의 상극相克시대
4. 선천과 후천(2). 우주의 말복末伏 더위가 기후변화
5. 선천과 후천(3). 우주 환절기의 비밀, 소 울음소리(牛鳴聲)
6. 제발 철부지節不知는 되지 말아야
7. 『주역』으로 풀어보는 시대 담론: 기후변화, 일본 대지진 등
8. 앞으로 펼쳐질 세상은?

4부는 앞으로 맞이할 '생멸生滅의 파도' 이야기다.

인류의 생존을 위협하는 기후위기 등 자연재해가 지구촌 곳곳에서 발생하고 있다. 그 대안을 '우주변화이치'를 담고 있는 자연의 교과서인 『주역』에서 찾을 수 있다.

앞으로 오는 대변환기의 원인과 전개과정, 위기대응에 관해서는 『64괘』중 선천의 마지막 괘인 「중화리괘」에 잘 설명되어 있다.

지금은 선천시대에서 후천시대로 넘어가는 터닝 포인터(Turning Point)이며, 인류문명의 대전환기이다. 우주의 여름에서 가을로 철이 바뀌는 '환절기換節期'이기도 하다.

그래서 『주역』은 우리들에게 우주의 여름철에서 가을철로 철(節氣)이 바뀌는 것도 모르는 어리석은 '철부지節不知'로 살지 말라고 신신당부하고 있다.

IV. 『주역』과 미래

1. 세상이 왜 이래?

가끔 "테스형! 세상이 왜 이래?"라는 노래가 생각난다.
몇 년 전 한 유명가수가 불러 폭발적인 인기를 얻었던 대중가요이다. "세상이 왜 이렇게 살기 힘든지, 그 이유나 속 시원하게 알려달라"고 소크라테스형에게 하소연하는 노랫말이 사람들의 심금을 울렸다.
"세상이 왜 이러지?"에 대해 정확한 답변을 듣고 싶으면 저 멀리 있는 그리스의 소크라테스에게 물어볼 것이 아니라,
바로 이 땅에 살았던 김일부金—夫에게 물어봐야 할 것 같다.
왜냐하면 『정역正易』이 명쾌한 답변을 제시해 주니까 그렇다.
『주역周易』은 한마디로 「우주변화원리」를 설명해주는 인류 지성사의 최고 걸작이다. 그런데 『주역』에서조차 밝히지 못한 '천지의 시공時空질서의 변화'와 그 변화에 따른 '21세기 대변환기'가 어떻게 전개되는가를 명쾌한 역易의 논리로써 설명한 것이 바로 『정역』이다.

1885년 일부는 계룡산 국사봉 토굴에서 역易의 최종 버전인 『정역』을 완성했다. 그 내용은 "1년이 360일이 되고, 360도의 정원궤도로 바뀐다."는 것이다.
현재 지구의 시·공간은 23.5도 기울어진 지축 경사로 인해 천지질

서가 뒤틀려 있다. 그래서 시간질서가 1년 360일 정도수正度數 외에 5¼일이라는 윤도수閏度數의 꼬리표가 붙어 있어 음력과 양력이 불일치하고, 공간질서 또한 타원형의 공전궤도로 불안정하게 돌아간다.
이런 비정상적인 시·공간 속에서 살아가니 인간 세상은 당연히 선善보다는 악惡이, 정의正義보다는 불의不義가, 행복幸福보다는 불행不幸이 판칠 수밖에 없는 구조가 되어버린 것이다.
이러니 한평생 상극相克이라는 고통의 늪에서 허우적거리며 살아야 했던 것이다. 언제까지 이 힘든 세상을 살아가야 하는가? 여기에 대해 일부는 단호하게 말하고 있다. "아! 천지가 말씀을 해주지 않으면 일부가 무엇을 말 하리오? 천지가 말씀하시니 일부가 감히 말하노라."20)

선생이 전한 내용은 장래에 '360일의 바른 시간(正時)과 360도의 공전궤도인 바른 공간(正空) 속에서 사람들은 정상(正常)의 질서 속에서 행복을 누리게 된다.'는 것이다.
이렇게 비뚤어진 하늘·땅이 바로 서게 되면 일 년 360일의 정력正曆과 360도의 정원正圓 세상이 되니 이런 환경에서 살아간다면 당연히 참사람(眞人)이 되지 않겠는가.
그럼 언제쯤 좋은 세상이 온다는 것인가?
지구의 시간 마디는 연·월·일·시로 순환하듯 소강절(邵康節, 1011년~1077년)은 '원(元,년)·회(會,월)·운(運,일)·세(世,시)'라는 우주 순환의 시간 단위를 밝혔다. 우리가 살고 있는 지구에 1년이 있듯 우주에도 1년이 있다는 것이다.

---

20) 『정역』「십오일언(十五一言)」일세주천율려도수(一歲周天律呂度數), "오호(嗚呼)라 천지무언(天地无言)이시면 일부하언(一夫何言)이리오 천지유언(天地有言)하시니 일부감언(一夫敢言)하노라."

지구 1년은 365일 주기지만, 우주 1년은 129,600년의 주기로 순환한다. 흔히 1세대世代를 30년으로 보는데, 이것은 원회운세의 '세世'에서 나왔다(즉 지구의 30년은 우주의 1시간).

그런데 지구에 사계절이 있듯 우주 역시 그렇다는 것이다. 우리들이 명심해야 할 것은 지금이 우주 여름에서 가을로 철이 바뀌는 **'우주의 환절기'**라는 것이다.

정확하게는 환절기 중에서도 우주의 여름철, 말복末伏의 끝자락이다. 고작 365일로 순환하는 지구 일 년 주기에서도 삼복엔 항상 불볕더위에 시달리고 있는데, 약 13만년으로 순환하는 우주 말복 더위의 강도는 얼마나 세겠는가! 지금 우주의 말복 더위를 80억 인류는 뼈저리게 경험하고 있지 않은가!

즉 하늘에서 내리 쬐는 폭염으로 남북극 빙하의 해빙 속도는 상상을 초월하여 녹고 있으며, 뜨거워진 지구 속에선 불덩어리가 폭발하여 화산과 지진이 발생하고 있다. 그리고 하늘과 땅 사이에 살고 있는 인간들 역시 불기운(火氣)을 감당하지 못해 말끝마다 '열 받아서 뚜껑이 열리는 화火난' 사람들로 넘쳐나고 있다.

대부분의 역학자易學者들은 지금이 우주 여름의 정점이라고 말한다. 이제 곧 여름(火)에서 가을(金)로 철이 바뀌는 '화극금火克金'이라는 현실적인 상극현상이 일어날 것이다. 여러 불길한 징조들 가운데 특히 병란病亂의 낌새가 심상찮다. 요즘 뉴스에서 경고하는 엠폭스(Mpox, 옛 명칭 원숭이두창)는 아프리카에서 시작하여 유럽을 넘어 전 세계로 확산되고 있다. 이제 그 확산세가 아시아권으로 침투하고 있어 신종 팬데믹이라는 악마로 다가오는 것은 아닐까? 라는 두려운 마음이 든다. 왜냐하면 과거 팬데믹들을 보면 먼저 동물에게서 전

兆_{前兆}가 나타나고 곧바로 인간을 공격해오지 않았던가! 그래서 두렵다. 지금의 '원숭이두창'에서 '원숭이'라는 세 글자를 떼어내면 '두창 痘瘡' 즉 '천연두'가 되니까 말이다.

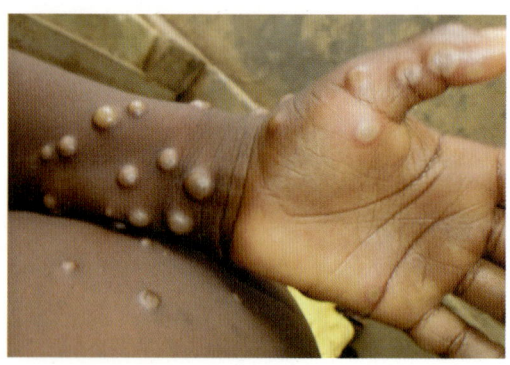

〈엠폭스(Mpox), 사진: 세계보건기구(WHO)〉

2. 매화로 점괘를 뽑으니

많은 점법占法 중에서 점괘가 잘 맞기로 유명한 「매화역수梅花易數」라는 것이 있다. 중국 북송시대 소강절邵康節이 창안한 점법이다. 어떤 사물이나 조짐을 팔괘 부호로 형상화해서 그 상황에 맞게 해석하는 점술이다. 일상생활의 사소한 징조를 통해 앞일을 예측할 수 있어 많이 이용한다.

「매화역수」의 유래는 다음과 같다.

어느 봄날, 강절이 매화꽃 구경을 하고 있는데 우연히 참새 두 마리가 나뭇가지에서 다투는 것을 보았다. 그런데 두 마리가 싸우다가 나무에서 떨어지는 것을 보고 기이하게 여겨 점을 쳐보았다.

점을 치고 난 후, 말하길 "내일 이웃집 여자 아이가 매화꽃을 꺾으러 나무에 올라갔다가 다리를 다칠 것이다."라고 했는데 과연 다음날 여자아이가 꽃을 꺾으려다가 머슴의 고함 소리에 놀란 나머지 나무에서 떨어져 다쳤다고 한다.

이를 두고 후세 사람들이 매화를 보고 점괘를 뽑았다고 하여 「관매점觀梅占」 혹은 「매화역수」라고 부르게 되었다.

〈소강절의 매화역수〉

주역을 『역경易經』으로 봐서 『시경詩經』, 『서경書經』처럼 '경經'자에만 매달리게 되면 성인께서 쓴 글(經)에 집중하게 되어 보는 시야가 제한적일 수 있다. 그런데 『역경』은 다른 경전과 달리 '역易+경經'으로 '經(글)'보다는 '易(64괘)'이라는 부호에 방점이 찍혀 있어 '역易'에 더 집중해야한다.

이 말은 음·양(--, —)으로 이루어진 '괘卦'와 '효爻'라는 부호[象]을 해석하여 우주자연의 변화이치를 알 수 있다는 것이다.

이처럼 「매화역수」도 만물의 변화를 음양(--, —) 코드로써 점괘를 풀이한 것이므로 점괘가 잘 맞을 수밖에 없다.

수많은 철인哲人들이 이 세상을 다녀갔지만 소강절만큼 천지이치에 통달한 현인은 없었다고 한다. 강절이 백원사에 들어가 40여년 『주역』을 공부하고 깨우친 후 읊은 시만 봐도 알 수 있다.

"**此天地外別有天地卽己**어니와
차 천 지 외 별 유 천 지 즉 기

이 천지 외에 또 다른 천지가 있다면 모르려니와

身生天地後心在天地先하도다
신 생 천 지 후 심 재 천 지 선

비록 몸은 천지보다 뒤에 났으나 내 마음은 천지보다 앞서도다.

此天地之內事吾無所不知라
차 천 지 지 내 사 오 무 소 불 지

이 천지 안의 일은 내가 모르는 바가 없노라

天地自我出其餘何足言하리오."
천 지 자 아 출 기 여 하 족 언

천지가 나로부터 나왔으니 그 나머지는 말해서 무엇 하리오!

이 얼마나 대단한 자신감과 호연지기인가!

강절은 역철학과 도교사상을 융합하여 자신만의 수리철학을 완성하였다. 세상 사람들이 탄복하는 그 신비로운 예지력은 직감에서 나온 것이 아니라 '수數의 이치'에서 나온 것이었다. 오늘날까지 그의 명성을 높여준 것이 『주역』의 괘와 효를 응용하여 수리數理로써 우주의 생성변화를 밝힌 불후의 명작인 『황극경세서皇極經世書』이다.

황극皇極이란 임금이라는 말이며, 경세經世는 세상을 경영한다는 뜻으로 역의 이치(易理)를 응용하여 상수象數로써 천지만물의 생성변화를 설명하고 있다. 이 책에서 '129,600년'이라는 우주의 순환주기인 '원회운세元會運世'를 밝혀냈다. 우주 순환의 시간단위(원·회·운·세)와 지구 순환의 시간단위(연·월·일·시)는 시간의 크기만 다를 뿐 동일한 순환원리라는 것이다.

즉 우주의 일 년(元)은 129,600년, 한 달(會)은 10,800년, 하루(運)는 360년, 한 시간(世)은 30년에 해당한다. 과연 우주의 시간 스케일은 엄청나다.

통상적으로 한 세대世代를 30년으로 보니까 기껏해야 우리네 인생은 우주 시간으로 본다면 불과 3시간도 안 되는 셈이다. 그리고 원회운세는 하늘(天)·땅(地)·인간(人)이 같은 패턴의 시간법칙 안에서 생겨나고 사라지는 우주변화의 순환원리로 인류 문명사의 발전과정을 설명해주고 있다.

『주역』은 시운時運의 학문이다.
그러면 지금은 우주의 어느 때란 말인가?
우주는 12회會를 한 사이클(一元, 129,600년)로 순환한다. 12회會 중 가운데 오회午會(6번 째 회會)를 기준으로 전반기는 양陽의 시대인 '선천先天'이라 하고, 후반기는 음陰의 시대인 '후천後天'이라 부른다. 하루도

낮 12시(정오正午)를 기준으로 오전과 오후로 나누듯이, 우주 일 년도 '오회午會'를 기준으로 선천과 후천으로 나눈다. 역학자들은 현시점을 선천에서 후천으로 넘어가는 과도기에 해당하는 '**오회중천午會中天**'시대라고 말한다.

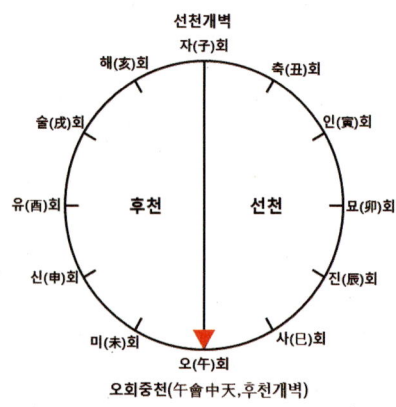

근대 『주역』의 대가인 야산也山 선생은 구체적으로 1948년(무자년戊子年)을 후천의 원년으로 보았다. 선후천의 시점에 대해서는 역학에 웬만한 식견만 있어도 지금은 선천(陽)에서 후천(陰)의 시대로 바뀌고 있는 여러 징후들에 대해 공감할 것이다.

3. 선천과 후천(1). 지금은 선천의 상극相克시대

흔히 "성격은 선천적인가? 후천적인가?"라는 질문을 많이 한다. 여기서 '선천'은 태어날 때부터 지니고 있는 것이고, '후천'은 태어난 후에 얻어진 것을 말하는 것이다. 이처럼 사람의 성품이나 체질 따위가 태어날 때부터 타고난 것인지, 아니면 살아가면서 나중에 얻어진 것인지에 따라 '선천' 혹은 '후천'으로 구별한다.
그런데 '선천'과 '후천'이라는 말은 『주역』에서 나왔다.
『주역』을 음양학陰陽學이라고 하는데 선·후천을 음양의 시각으로 보면 어느 특정 시간대의 '전반기를 선천先天', '후반기를 후천後天'이라고 한다. 예를 들면 하루 중에서 오전은 선천, 오후는 후천이며, 일년 중에서는 봄·여름이 선천이며, 가을·겨울은 후천이다. 또 인생도 청년기가 선천이라면, 장년기 이후는 후천에 해당된다.
그런데 『주역』에서 '선후천'이라고 말할 때는 주로 우주의 시간대를 의미하며, 「64괘」에서 상경(上經, 1~30번째 괘)을 선천이라 하고, 하경(下經, 31~64번째 괘)을 후천으로 나눈다.
그동안 선천과 후천은 『주역』의 「시간론」에서 거대 담론으로 다루어져 왔다. 사실 『주역』만큼 선·후천을 명쾌하게 설명해 주는 것도 없다. 그래서 『주역』을 보면 '세상의 운세' 즉 '시운時運'를 파악할 수 있는 것이다.
지금 돌아가는 세상이 궁금하다면 『주역』의 「선·후천론」을 공부해보면 대세大勢를 꿰뚫어 볼 수 있다.

시간이란 손으로 잡을 수도, 눈에 보이지도 않지만 분명히 존재하며 모든 사람들에게 영향을 주고 있다. 그런데 시간을 바라보는 시각은 동서양이 많이 다르다.

서양의 시간관은 과거 → 현재 → 미래로 한 방향으로만 흘러가는 「직선적 시간관」인데 반해, 동양은 일정한 주기로 반복하여 나아가는 「순환적 시간관」이다. 즉 낮 ↔ 밤의 하루가 순환하여 한 달이 되고, 또 한 달은 달 모양이 커졌다가 다시 작아지는 것))→ ○ →((을 반복하여 일 년이 되는 것으로 시간을 인식하였다.

아주 먼 옛날부터 인간은 시간의 문제를 풀기 위해 무던히도 애써 왔다. 현대 과학문명도 결국은 시간이라는 수수께끼를 풀려고 하는 것 아닌가!

겨우 현대 과학의 결실로 얻어낸 것이 「빅뱅(대폭발)이론」이다. 그 이론에 의하면 우주의 시·공간은 138억 년 전에 생겨나서 계속 팽창하고 있다는 정도이다. 그럼 주역의 「선·후천론」시각에서는 지금 세상을 어떻게 바라보고 있는가? 선·후천을 제대로 알기만 한다면 현재 인류가 직면해 있는 기후위기, 전쟁문제 등 각종 글로벌 위기에 대한 원인과 그 해결책을 찾을 수 있을 것이다.

『주역』에서는 지금의 시간대를 '선천 말기'로 보고 있다. 정확하게는 **'선천에서 후천으로 바뀌는 변환기'**라는 것이다. 즉 하루로 말하면 오전에서 오후로 바뀌는 때며, 일 년 중에서는 여름에서 가을로 철이 바뀌는 환절기換節期이다.

그런데 자연계에서도 시간의 변환기에는 갖가지 현상들이 발생한다. 예컨대 하루에서 후천(오후)이 되면 해가 저물기 시작하고, 일 년에서 후천(가을)이 되면 초목들이 낙엽이 지면서 결실을 하게 되며, 일생에서 후천(장년기)으로 접어들면 자식들이 성장하고 사회적 성공도 이룬다.

그렇다면 「64괘」에서는 어느 괘卦가 선·후천의 변환기에 해당될까?

「64괘」중 전반부의 1~30번째 괘를 「상경上經: 선천」이라 하며, 후반부의 31~64번째 괘를 「하경下經: 후천」이라고 한다. 그러므로 상경(선천)의 '마지막 괘'가 '선·후천의 변환기'에 해당하는 괘이다. 즉 30번째 「중화리괘(重火離卦䷝, 사진 속 붉은 원 참조)」이다. 이 괘를 분석해 보면 현재 지구상에서 벌어지고 있는 여러 상황들과 향후 전개과정들을 짐작해볼 수 있다.

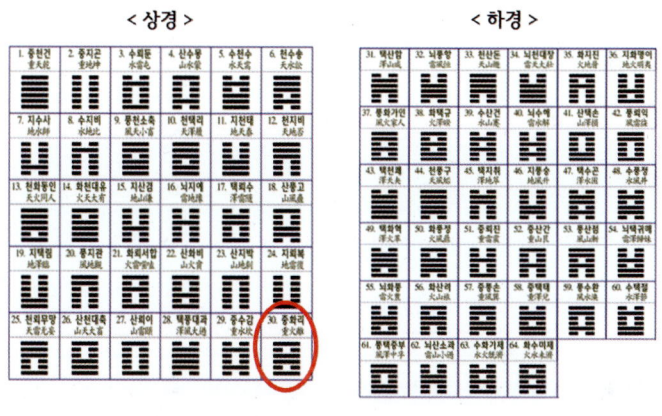

〈64괘의 상경과 하경, 중화리괘(30번 째)〉

이 세상 돌아가는 상황들을 살펴보자. 날이 갈수록 뜨거워지는 지구 열대화 등 기후재앙, 지진과 화산 폭발, 아직도 끝나지 않는 러시아와 우크라이나 및 이스라엘과 범이슬람 간의 전쟁 등 불길한 악재들의 연속이다.

요즘 같은 문명의 전환기에는 세계적 석학들조차 뚜렷한 해결방안을 제시하지 못하고 있다. 아니 해결방안은 고사하고, 그 원인조차 규명하지 못하고 있는 실정이다. 이 같은 격변의 원인을 세속世俗의 눈으로는 제 각각일지 몰라도 『주역』의 눈으로 보면 '단 한 가지'이다. 그것은 바로 '불(火氣)'이다. 지금 천·지·인 삼계는 모두 불(火氣)기운의 영향을 받고 있다. 즉 하늘에서 뜨거운 불기운이 내리쬐는 것이 기후재앙이며, 땅 속에서 뜨거운 불덩어리가 뒤척거리며 불기운을 토해내는 것이 지진과 화산폭발이며, 천지간을 살아오면서 쌓인 인간의 원한(怨恨)이 폭발해버리는 것이 참혹한 전쟁이다. 이 같은 뜨거운 불기운의 본질은 '상극(相克)'이다.

지금의 선천 세상은 상극의 원리가 작동하고 있다는 것이다. 도대체 상극이란 무엇인가? 상극은 만물을 대립하고 상대방을 제약하고 억압하는 것으로 선천을 지배해 온 우주법칙이다.

왜 선천은 상극이 될 수밖에 없는가?
그 이유는 『주역』의 수리(數理)를 보면 간단하다.
역(易)의 기본수는 1~10이다. 전반부의 1~5는 '선천수(先天數)', 후반부의 6~10은 '후천수(後天數)'이다. 지금은 선천세상이니까 선천수를 들여다보면 그 이유를 알 수 있다.
즉 선천수(1,2,3,4,5)에서 양수(陽數)는 3개(1,3,5)며, 음수(陰數)는 2개(2,4)다. 이렇게 양수가 3개, 음수가 2개라서 선천세상을 '3양2음(三陽二陰)' 혹은 '삼천양지(參天兩地)'라 한다.21)
이처럼 '3양2음'은 음양이 동수(同數)가 아니라 양수가 음수보다 1개 더 많다. 그러므로 선천세상은 양(陽)기운이 음(陰)기운을 눌러 양(陽)이 주도하는 세상이 되었으며, 음양의 언밸런스로 인해 불공평한 세상이 되었다.
 선·후천을 음·양의 시각으로 보면, 선천은 양(陽), 상극, 하늘, 남성, 무력, 억음존양(抑陰尊陽, 남성우위)의 세상이라면, 그에 반해 후천은 음

---

21) 선천수(1,2,3,4,5)의 음·양수의 합 역시 3:2가 나온다. 즉 양수의 합은 9(=1+3+5), 음수의 합은 6(=2+4)이다. 9와 6을 3으로 나누면 3:2가 나온다.

陰, 상생, 땅, 여성, 도덕, 정음정양(正陰正陽, 남녀평등)의 세상이다(아래 도표 참조).

〈선천과 후천 비교〉

구분	음양	음양의 비율	상생·상극	지축 경사	공전 궤도	일년	한달	윤력·정력	분열·통일
선천	양	3양2음 (陽多陰少)	상극 (영웅시대)	23.5°	타원	365 ¼일	27.5日 매4년 윤달	윤력 (閏曆)	분열
후천	음	2양2음 (正陰正陽)	상생 (성인시대)	0°	정원	360일	30일	정력 (正曆)	통일

 선천은 이러한 상극기운으로 인해 땅 보다는 하늘을 높이 받드는 하늘(남성)중심 문화가 번성하였고, 정치, 경제, 사회 시스템은 힘의 논리에 의해 좌우되었다. 이러한 남성중심 문화에서 여성들이 겪었던 억압과 고통은 말로 다할 수 없었다.
 그리고 '3(양):2(음)'의 기운은 선천의 사물들에 그대로 투영되어 대략 '3:2' 정도 비율로 적용됨을 볼 수 있다. 예컨대 양효(—)와 음효(--)의 막대기의 비율도 3:2이며, 남성:여성의 체격 비율도 대략 3:2, 동물(곤충 포함)의 암컷:수컷의 몸집도 대략 3:2이다(아래 사진 참조).

3 : 2
〈양효 : 음효〉

3 : 2
〈남성 : 여성〉

3 : 2
〈숫사자 : 암사자〉

3 : 2
〈숫벌레 : 암벌레〉

 그리고 양陽기운의 과잉으로 지구 지축 또한 양陽방향(동북쪽)으로 23.5도 기울어져서 지구 공전궤도는 타원형으로 돌아서 1년 주기는

365¼일이다. 일년이 360일이 아니라 5¼일이라는 꼬리표가 붙어 있어 양력과 음력 간의 시차가 발생하여 그 갭gap을 보정하기 위해 윤일閏日, 윤달閏月, 윤년閏年을 둔다.

또 선천의 '3양2음'은 지구에만 국한된 것이 아니라, 우주의 시·공간조차 뒤틀어지게 했다. 그래서 수성, 금성 등 태양계의 8개 행성들 모두 공전궤도가 공 모양의 정원이 아니라 계란 모양의 타원이라서 행성들의 공전주기가 저마다 다르다(수성 88일, 금성 225일 등).

결론적으로 선천 세상이란 천지의 틀 자체가 기울어져 있어 하늘과 땅 사이에서 살아가는 인간의 삶도 상극이라는 그물에 씌어져 서로 투쟁하고 싸울 수밖에 없었던 것이다.

4. 선천과 후천(2). 우주의 말복末伏 더위가 '기후변화'

지금 같은 선천이 상극相克이 될 수밖에 없는 이유는 3양2음三陽二陰 때문이다. 3양과 2음의 불균형으로 인해 우주의 시·공간이 비틀어져 있어 하늘과 땅은 상극기운을 토해낼 수밖에 없다는 것이다. 이렇게 비뚤어진 천지의 환경에서 살아가는 인간 또한 상극의 틀에서 벗어날 수 없다.

이러한 3양2음이라는 양기운의 과잉으로 불기운이 폭발해 버리는 선천의 말기현상을 보여주는 괘가 「중화리괘重火離卦, ䷝」이다.

'중화리重火離'가 무슨 뜻인가? 태양(火)을 상징하는 리괘(離卦, ☲)가 거듭(重) 있다는 괘다.

『주역』에서 상경은 선천(先天, 우주의 봄·여름)이며, 「중화리괘」는 상경(上經, 1~30번째)의 마지막 괘다. 그러므로 선천의 마지막(30번째) 괘인 「중화리괘」는 우주 여름철의 끝자락을 상징한다. 그래서 「중화리괘」는 현 지구촌의 상황에 딱 들어맞아 온난화 같은 기후변화, 지진과 화산 폭발, 전쟁 등 우주 여름철의 말복末伏 상황들을 설명하고 있는 괘이다.

즉 『주역』의 「중화리괘」에 적혀있는 그대로 세상일이 일어나고 있는 것이다. 누구나 경험 했지만 작년 여름이 가장 더웠던 해라는데 수긍할 것이다. 『주역』에서 말한 그대로 현실세계에서 지금 시대는 불덩어리[火]가 두 개[重]나 있는 「중화리괘重火離卦」 시대라서 올여름 또한 최고치를 갱신하는 폭염이 될 것이다.

어쩌면 올해는 '대프리카(대구+아프리카)'를 넘어 나라 전체가 '한프리카(한반도+아프리카)'로 불릴 만큼 더 뜨거운 폭염에 시달릴 것이다. 이미 수십 년 전부터 바다 수온은 너무 상승하여 한류성 어류인 명태는 동해에서 사라진지 오래 되었으며, 제주도에서 주로 잡히던 방어와 오분자기(오분작)가 훨씬 높은 위도의 동해안 독도에서도 잡힌다고 한다. 놀라운 것은 2024년 8월 초 울릉도의 바다 표층수 온도가 30℃를 넘었다고 한다.22)

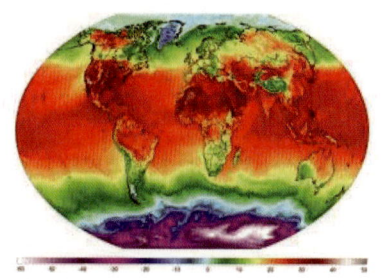

〈지구, 열대화 시대. 사진: 미국 메인대〉

그리고 더 충격적인 것은 온실가스가 현재 수준으로 배출될 경우 앞으로 북극 빙하가 2030년이면 완전히 사라질 것이라는 연구결과23)도 나왔다.

만약 북극해의 빙하가 모두 녹아 버리면 어떻게 될까? 심각한 결과를 초래한다.

이미 십여 년 전부터 북극 빙하의 많은 양이 녹아서 동아시아지역의 화물선들은 네덜란드 로테르담으로 갈 때 북극항로를 이용하고 있다. 기존 인도양과 수에즈운하를 경유하면 2만2천km 항로지만, 북극항로를 이용하면 1만5천km에 불과해 운항거리가 32%나 줄어들고, 항해 일수도 획기적으로 단축할 수 있다고 한다(아래 사진 참조).

---

22) 『경북매일』, "울릉도 바다는 사우나 표층수온 30도 넘어", 한국해양과학기술원 울릉도독도해양연구기지에 따르면 8월 9일 30.3도를 기록 했다고 발표" 2024. 8. 11. 기사.

23) 『서울신문』, "2030년 북극 얼음 소멸, 재난 영화 속 '극한기후' 현실로." 2023.7.7. 기사. 민승기 교수, 포항공과대학교 환경과학부.

〈북극항로 포스터, 해양수산부〉

우리나라도 2013년 9월부터 북극항로를 이용해 오고 있다. 그런데 놀라운 사실은 이미 160여 년 전 『정역』에서 현재 북극의 해빙 상황에 대해 정확히 예견했었다.

『정역』에 보면, '북극의 빙하가 녹아 빠져나간 물이 남으로 차오른다(水潮南天 水汐北地)'는 대목이 있다. 이 말은 지구 속 불기운(마그마)이 북으로 올라가 북극 빙산을 녹아 버리게 하기 때문이라고 『정역』은 말하고 있다.

요즘 기후위기 못지않게 지구 땅덩어리도 심상치 않다.
찌는 듯한 우주 삼복의 불기운으로 인해 위성에서도 관측될 정도로 초대형 산불들이 빈번하게 일어나 잿더미로 만들어버리고, 또 지구촌 곳곳에서 지진과 화산폭발로 수많은 인명피해가 발생하고 있다. 최근 동일본대지진을 능가하는 '난카이대지진'의 발생 확률이 80%를 넘는다는 발표에 일본열도가 공포에 떨고 있다. 특히 눈여겨 볼 것은 '백두산의 화산폭발'이다. 그 폭발 시점에 대해 전문가들은 촉각을 곤두세우고 있다. 백두산과 후지산은 지질학적으로 연결되어 있어 동시 폭발 가능성도 높다고 한다. 생각만 해도 끔찍한 일이다. 지금은 인도네시아에서 남북아메리카대륙까지 이어진 환태평양조산대의 불의 고리(ring of fire) 지역은 물론, 지진 안전지대라고 여겼던 우리나라의 최근 지진활동을 보더라도 경각심을 가져야할 때이다.

천지가 이러하거늘 그 천지 안에 살고 있는 인간이야 더 말해 무엇하랴! 현대인들은 뜨거운 불기운(火氣)에 휩싸여 살다 보니 자신도 모르게 '아! 열 받아!' 혹은 '뚜껑이 열린다!'라는 말들을 무의식중에 내뱉는 것이다. 이 같은 불기운을 컨트롤하지 못해 순간적으로 '욱해서' 저지르는 분노조절장애 범죄들이 급증하고 있다.
경찰청(2020년)발표에 의하면 살인 혐의자 341명 가운데 가장 많은 116명이 '우발적'범행을 저질렀으며, 폭력 피의자 31만 3990명 가운데는 13만 940명(41.7%)의 범행 동기가 '우발적'이었다는 것이다.
또한 가정주부들의 절반이 경험한 '울화병'은 남편, 시댁 문제 등으로 인해 생긴 화병火病을 제대로 발산하지 못하고 속으로 참는 가운데 생기는 것이다.
그 뿐만이 아니다. 지금은 선천 상극기운에 억눌러 있었던 원한들이 한꺼번에 봇물처럼 터져 나오는 해원解冤시대가 되어 너무나 혼란스럽고 엉망진창의 세상이 되어가고 있다.

그리고 지구 생태계 파괴로 인해 이전에 없던 신종 전염병들이 발병하고 있다. 팬데믹을 야기한 전염병들은 대부분 인수공통전염병으로 사스(사향고양이), 메르스(낙타), 코로나(박쥐) 등에서 보듯, 먼저 동물에게 발병하거나 혹은 동물을 매개하여 인간들에게 전염된다. 특히 걱정이 되는 것은 점차 확산세가 커져가는 '엠폭스(MPOX,옛 명칭

원숭이두창)'다. 왜냐하면 엠폭스는 감염 시 높은 열과 극심한 근육통을 겪다가 얼굴에서부터 울퉁불퉁한 발진이 생기기 시작하여 전신으로 열꽃을 피우는 증상이 천연두와 매우 유사하여 '천연두의 사촌'이라고도 한다. 비록 1980년 세계보건기구(WHO)가 지구상에서 유일하게 박멸된 전염병인 천연두가 사라졌다고 선언했지만, 9.11 테러 이후 생물학적 무기에 천연두의 사용 가능성이 농후하기 때문에 '천연두의 발생 가능성'은 높아지고 있다. 특히 수년 전부터 또 다른 팬데믹 발생에 대비할 것을 외쳐 온 빌 게이츠는 "생물테러가 자연적으로 발생하는 전염병보다 더 큰 위협이 될 수 있다고 경고했다.24)

지금은 어느 때보다 '유비무환有備無患'의 준비태세가 필요하다. 보건당국과 의료전문기관들은 높은 치사율로 인간을 위협하는 '**천연두 발병**' 가능성에 철저히 대비해야 한다.

---

24) The INDEPENDENT. 2021.11.9. "Bill Gates warns of smallpox terror attacks as he seeks research funds, Bill Gates warned that bioterrorism could be a bigger threat than naturally occurring epidemics." 그리고 빌 게이츠는 자신의 저서, 『빌 게이츠, 넥스트 팬데믹을 대비하는 법』에서 향후 발생 가능성이 있는 팬데믹에 대응하기 위해 가장 먼저 해야 할 일로 전 세계적인 조직 '글로벌 전염병 대응·동원팀'(GERM) 결성을 꼽았다.

5. 선천과 후천(3). 우주 환절기의 비밀, 소 울음소리(牛鳴聲)

지금은 우주 여름철에서 가을로 철이 바뀌는 환절기換節期이다.

해마다 환절기가 되면 감기나 독감으로 고생하듯, 우주의 환절기 때도 각종 천재지변이 발생한다. 이것은 오행 중 상극의 이치인 '화극금火克金'과도 같다. 즉 여름[火]에서 가을[金]로 철이 바뀔 때는 마치 뜨거운 불[火] 속에 쇠[金]가 들어가면 녹아버리는 상극相克현상이 일어나는 것이다.

또 가을의 쌀쌀한 금金기운을 일컬어 풀이나 나무를 말려 죽인다고 하여 '숙살지기肅殺之氣'라고 부른다. 가을의 숙살 기운은 나뭇잎들을 떨궈 내어 초목 성장을 멈추게 하지만, 실제로는 열매에 영양분을 집중시켜 여물 수 있도록 도와주기 때문에 어떻게 보면 숙살은 초목을 살리는 기운이기도 하다.

이처럼 숙살지기는 선천 여름의 불기운[火氣]에서 후천 가을의 금기운[金氣]으로 바뀌는 과정에서 반드시 겪어야 하는 통과의례인 셈이다. 「64괘」 중에서 선·후천의 숙살 과정을 적나라하게 보여주는 괘가 「중화리괘重火離卦, ䷝」이다. 「중화리괘」는 상경(上經, 선천)의 마지막 괘로 우주의 환절기 증상으로 나타나는 기후위기, 전쟁, 팬데믹 등의 대환란에 관한 메시지를 담고 있다.

왜 선천에서 후천으로 넘어갈 때는 대환란이 일어나는가? 그것은 '**우주의 틀 자체가 바뀌기 때문**'이다.

즉 우주 시·공간의 틀이 '3양2음(선천)'에서 '2양2음(후천)'으로 바뀐다는 것이다.

그 이유는 『주역』의 수리數理를 보면 간단하다.

우리가 맞이할 세상은 후천이므로 「후천수後天數」를 보면 쉽게 이해할 수 있다.

'후천수'는 역易의 기본수(1~10) 중 후반부에 있는 '6, 7, 8, 9, 10'이다. 이 중 양수陽數는 '7, 9'이며, 음수陰數는 '6, 8, 10'이다. 그런데 10은 카운트하지 않는다(10은 1이 다시 시작하는 수로 간주되기 때문).
그러므로 후천수는 양수가 2개(7,9), 음수가 2개(6,8)로 똑 같다.
그래서 후천을 '2음2양' 혹은 '정음정양正陰正陽'이라고 부른다.
이렇게 음·양의 개수가 같다는 것은 후천에는 하늘과 땅, 그리고 인간(남녀)은 서로 완벽한 조화를 이룬다는 뜻이다. 그럼 선천에서 후천으로 바뀔 때 천·지·인이 어떻게 변하는지 살펴보자.

첫째, 지금은 '1년 365¼일'로 윤력閏曆의 꼬리표(5¼일)가 붙어 있지만, 후천이 되면 5¼일(윤달과 윤일)이 떨어져 나가 **'1년 360일'**이 되는 정력正曆의 시간질서로 바뀐다.
이미 『주역』과 『정역』에서는 1년이 360일[25]이 되는 것은 당연한 이치라고 하였다.

둘째, 이 같은 지구 1년의 순환주기가 바뀌려면(1년 365¼일⇒1년 360일) **'지축 이동(Pole shift)'**는 불가피하다.
왜냐하면 지구의 공전궤도가 바뀌어야 1년 주기가 바뀔 수 있기 때문이다. 공전궤도의 변화는 현재 23.5도 기울어진 지축의 극이동을

---

[25] 『주역』「계사전」상 제9장 "범삼백유육십(凡三百有六十) 당기지일(當朞之日)(무릇 360일이 1년의 일수에 해당한다)." 또 『정역』에서도 「십오일언, 금화오송」"제요지기(帝堯之朞)는 삼백유육순유육일(三百有六旬有六日)이니라 제순지기(帝舜之朞)는 삼백육십오도(三百六十五度) 사분도지일(四分度之一)이니라. 일부지기(一夫之朞)는 삼백칠십오도(三百七十五度)니 십오(十五)를 존공(尊空)하면 정오부자지기(正吾夫子之朞)니 당기삼백육십일(當朞三百六十日)(요임금이 밝힌 1년 일수는 366일이요, 순임금이 밝힌 1년 일수는 365¼일이요, 일부가 밝힌 1년 일수는 375일이니 15일을 빼면 바로 우리 공자가 밝힌 1년 일수이니 360일에 해당하느니라)."

수반한다.

이러한 지축 이동은 일정한 주기를 갖는다고 한다.

지축 이동에 관한 이론은 백 년 전에 세르비아의 지구물리학자인 밀란코비치(Milankovic)가 "지구의 공전 궤도는 10만년 주기로 정원에서 타원으로 바뀌며, 지구 자전축은 4만년 주기로 바뀐다."고 밝혔다. 그런데 미국항공우주국(NASA) 발표에 의하면 최근 지구 자기장의 변화 속도가 빨라지고 있으며, 남북극 빙하의 빠른 해빙에 따른 지구 자전축의 변화 가능성을 경고하였다. 또한 CO_2 등 온실가스가 현재 수준으로 배출될 경우 북극해의 얼음(海氷)이 2030년이 되면 완전히 사라질 것이라는 연구가 나와 충격을 주고 있다. 그리고 인간의 과도한 지하수 사용으로 인한 지하수 고갈이 지구 자전축 변화에 영향을 주고 있다는 연구 결과도 나왔다.

이 같은 지축의 변화로 하늘과 땅이 바뀌는 것을 동아시아에서는 '열릴 개開', '열릴 벽闢'자를 써서 「개벽開闢」이라고 불렀다. 또는 소강절의 「원회운세론」에 근거하여 「오회중천午會中天」이라고도 부른다. 그리고 서양에서는 '새 하늘과 새 땅' 또는 '새 예루살렘'이라고 한다. 그런데 이 같은 천지자연의 대변화를 바라보는 시각차는 동서양 간에 엄청난 차이가 있다. 동양에서는 선·후천이 바뀌는 것을 서양처럼 말세와 종말로 보는 것이 아니라, 인류와 문명 더 나아가 우주 자체가 한 차원 더 높게 도약하는 '성숙의 시기'로 본다는 것이다.

셋째, **상생의 조화문명**이 열린다. 그동안 인류역사는 선천의 비뚤어진 시·공간 속에서 살아오면서 피로 얼룩진 전쟁의 역사였다. 또 선천 상극이라는 그물에 갇혀 인간의 정신과 육신은 자유로울 수가 없었다. 하지만 후천의 상생시대가 되면 사람들은 성인聖人의 성품과

장수長壽문명이 열리며, 천지인 삼계가 조화를 이루며 누구나 지복至福을 누리게 된다.

하지만 우주의 여름에서 가을로 철이 바뀌는 환절기에는 숙살 기운으로 인해 심각한 기후재앙, 참혹한 전쟁, 문명을 파괴하는 지진과 쓰나미, 신종 바이러스에 의한 팬데믹 등의 대환란을 극복해내야 한다.
이제 인류는 후천을 맞이하면서 천도天道에서 인도人道로, 건도乾道에서 곤도坤道로, 불완전한 인간(凡人)에서 진정한 인간(眞人)으로 바뀌는 일대 문명의 대전환기를 목전에 두고 있다. 비록 우주 환절기가 고통과 시련을 주겠지만, 인류는 능히 극복하고 희망의 새 시대를 맞이할 것이다.
아무리 죽을병에 걸렸어도, 병이 있으면 약도 있는 법인지라.
「중화리괘」의 시운時運으로 힘든 고난을 맞이하지만, 또 그 「중화리괘」에서 해결의 실마리도 찾아낼 수 있다.

그 힌트가 바로 「중화리괘」〈괘사〉에 있다.
괘사에 '**암소를 기르면 길하리라**(畜牝牛吉)'[26]라는 대목을 주의 깊게 봐야한다. 암소를 기르라고? 엉뚱하고 황당한 말처럼 들릴지 모르지만, 문왕文王 같은 성인께서 동양사상의 최고봉인 『주역』에서 허튼소리를 하진 않았을 것이다.
먼저 '암소를 길러라'는 **휵빈우**畜牝牛를 살펴보자.
'畜'자는 대부분 '짐승 축(Ex.家畜)'자로 알고 있지만 『주역』에서는 '기를(育, 養) 휵'으로 읽는다. 갑골문에 써져있는 '畜'자는 끈을 묶은 동

---

[26] 『주역』「중화리괘, ䷝」 괘사, "리(離)는 이정(利貞)코 형(亨)하니 휵빈우(畜牝牛)하면 길(吉)하리라(리는 바르게 함이 이롭고 형통하니 암소를 기르면 길하리라)."

물의 밥통과 창자에 음식물이 그려져 있는 모습(🥣)27)이다. 또 '畜= 玄(검을 현)+田(밭 전)'의 합성자인데 여기서 '玄'은 신선神仙이나 현묘玄妙한 선도仙道를 상징하는 글자이다. 또 밭(田)은 선도仙道에서 말하는 배꼽 아래 세 치 정도에 자리한 단전丹田을 나타낸다. 그리고 '牝(암컷 빈)'자는 음도(陰道, 후천의 道)나 곤도坤道를 상징하며, '牛(소 우)'는 불교에서 불성佛性이나 생명의 진리를 나타낸다.28)

그러므로 '암소를 길러라'를 풀이하면 **'몸 안에 암소牝牛 기운을 모아서 단전丹田에 축장蓄藏하라'**는 뜻이다. 그럼 암소기운을 어떻게 모으라는 말인가? 비싼 소고기를 많이 먹어서 그렇게 하라는 말인가? 그것은 아닐 것이다. '암소 기운을 단전에 축장하라'는 말은 고깃덩어리로 허기진 뱃속을 채우라는 것이 아니라, '수행修行'을 통해 생명의 기운을 하단전에 차곡차곡 쌓으라는 뜻이다. 여기서 말하는 '하단전에 기운을 채우는 수행'은 현재 여러 종교나 수행단체에서 하고 있는 '주문(呪文, 眞言)' 수행이다.

주문呪文의 '주'자는 '빨 주(呪)'자로 우주의 영원한 생명을 빨아들인다는 뜻이다. 서양에서는 주문을 '만트라(mantra)'라고 하는데 이 말은 나와 우주를 연결하는 도구라는 뜻으로 동양의 주문과 그 뜻이 동일하다. 동서양의 모든 종교들은 고유의 주문을 갖고 있다. 주문은 특정한 글귀를 반복적으로 읊음으로써 신에게 소원을 간절히 구하며 그 힘을 받고자 하는 기도행위의 하나이다.
예를 들면 불교에는 '나무아미타불 관세음보살'이나 '옴마니반메훔'

---

27) 출처: 네이버 [한자로드(路) 신동윤] '畜'자 검색.
28) 불교에서 '소(牛)'는 자신의 본성을 발견하고 불성(佛性)을 깨닫는 과정을 야생의 소를 길들이는데 비유하여 10단계로 그린 그림을 '십우도(十牛圖)' 또는 심우도 (尋牛圖)'라고 한다. 필자 註.

등의 진언眞言이 있다. 유교에서는 '건원형이정수화목금토황극부乾元亨
利貞水火木金土皇極敷' 등이 있다.

또 '관공부觀工夫'라는 것도 있는데 이것은 「64괘」 중 「풍지관괘風地觀
卦☷」의 관觀에서 유래되었다. 일체의 잡념 없이 경문經文을 외우며
정신을 집중하여 관통하는 공부법이다.

그리고 기독교나 천주교의 '할렐루야'나 '주기도문'도 일종의 주문이
다. 왜냐하면 간절하게 바라는 소리를 반복함으로써 하나님의 성령
의 감화를 받는 것은 주문과 같다고 볼 수 있기 때문이다. 주문도
짧고 간결한 기도문이기 때문이다. 그리고 근세사에 동학을 창도한
수운 최제우가 천주님으로부터 직접 주문을 받은 시천주侍天主 주문
도 있다. '시천주조화정영세불망만사지侍天主造化定永世不忘萬事知) 지기금
지원위대강(至氣今至願爲大降)'이다.

그렇다면 「중화리괘」에서 말하는 주문은 구체적으로 '어떤 주문'을
말하는가?

진짜 중요한 대목이다. 그 힌트는 바로 '**암소牝牛**'라는 두 글자에 있
다. 「중화리괘」에서 "**암소를 기르면 길 하리라**(畜牝牛吉)"고 말하고 있
지 않는가!

『주역』은 우주의 심오한 진리를 괘卦와 효爻로써 상징하고,

그 괘효卦爻를 성인의 말씀으로 풀이한 하늘에서 내려준 천강서天降書
이다. 『주역』은 우주의 비밀을 간직한 비기祕記라서 세상에 천기天機
가 누설되는 것을 예방하고자 성인께서 해독하기 어려운 비사체祕辭
體로 기록해 놓은 것이다.

『주역』 「64괘」를 통틀어 "畜牝牛吉(암소를 기르면 길하리라)"가 가장 대표
적인 비사체이다. 한민족은 오래 전부터 신교神敎를 받들어왔다. 신
교라는 말은 『주역』 「풍지관괘風地觀卦」에 있는 '신도설교(神道設教, 신의

도로서 가르침을 베푼다)'의 줄임말이다.

즉 하느님의 가르침을 창생들에 베푼다는 뜻이다.

신교는 인류의 원형문화로서 일찍이 최치원은 이를 가리켜 '풍류'라고 하였다. 신교의 전통은 수천 년 동안 우리 민족의 혼속에 면면히 흘러내려왔다. 그래서 신교의 전통을 이어 받은 도인들은 천지의 비밀을 간파하여 다가올 미래에 대한 예언들을 각종 비결서에 남겼다.

『주역』에서 말하는 '암소(牝牛)'와 관련된 주문은 각종 비결서 등에서 말한 **'소 울음소리(牛鳴聲)'**이다. 왜냐하면 각종 비결서들을 보면 이번 격변상황에서 살아날 비방(祕方)에 대해 한결같이 '우명성(牛鳴聲: 소 울음소리)'이나 '우성재야(牛聲在野: 소 울음소리가 들판에 가득하다)'를 노래하고 있기 때문이다.

천지의 한 소식 들은 도인들은 이번 우주 가을의 숙살(肅殺)의 폭풍이 휘몰아치는 절체절명의 시간대에는 '소 울음소리(牛鳴聲)'를 내야 한다고 절규하고 있다.

여러분들도 **'소 울음소리(牛鳴聲)의 만트라(mantra)'**를 내 몸에 축장하여 다가올 대환란의 험난한 파고를 무사히 넘으시길 축원 드린다.

6. 제발 철부지는 되지 말아야!

『주역』「64괘」중에서 「화수미제괘火水未濟卦」는 마지막 64번째 괘다. 『주역』은 「화수미제괘」로 끝난다.

그런데 이상한 것은 마지막 괘라면 괘명에 '종終'자나 '말末'자 같은 '끝났음'을 뜻하는 글자를 써야 하는데, 오히려 그 반대로 '아닐 미未'자와 '건널 제濟'자를 써서 '아직 건너지 않았다'는 미완未完의 뜻을 내포하고 있다. 왜 '화수火水'가 건너지 않았다는 '미제未濟'가 될까?

그 이유는 「화수미제괘」의 괘상(䷿)을 보면 알 수 있다.

활활 타오르는 불(火,陽, ☲)은 위에 있고, 물(水,陰, ☵)은 아래에 있어 불과 물이 따로 놀고 있다. 즉 양기운의 불은 위에서 타오르고, 음기운의 물은 아래로 흘러내려 아직[未] 건너지[濟] 못한 것으로 보기 때문이다.

또 다른 해석은 앞(하괘)에 큰 강물이 있어 건너갈 수 없는 상황이라서 아직[未] 건너지[濟] 못한 '미제未濟'로 풀이하기도 한다. 만약 강을 이미[旣] 건넜다[濟]면 63번째 「수화기제괘水火旣濟卦」가 될 것이다.

어쨌든 미제는 '아직 끝나지 않았다'는 뜻으로 미해결된 형사사건을 말하는 '미제사건'이라는 말도 「화수미제괘」에서 나왔다.

우주는 영원하다. 그 이유는 『주역』「64괘」의 마지막 괘 이름이 '미완성未完成'을 뜻하는 '미제未濟'이기 때문이다.

성인聖人들이 아무 생각 없이 「64괘」를 배치한 것이 아니라, 우주의 탄생부터 그 변화과정에 따라 1번부터 64번까지 차례로 배치한 것이다. 즉 「64괘」는 우주의 '생生·성成·변變·화化'를 순서대로 보여주고 있는 것이다. 그래서 우주는 맨 처음 하늘이 열리고(1번째 중천건괘), 다음에 지구가 탄생하고(2번째 중지곤괘), 그 다음에 생명의 근원인 물

(水)이 생겨나는(3번째 수뢰둔괘) 등 수많은 생성변화들이 이어져오다가 맨 마지막은 미완(未完, 64번째 화수미제괘)으로 마무리하고 있다.

만약 『주역』「64괘」가 '이미[旣] 건넜다[濟]'는 63번째 「수화기제괘」가 마지막 괘였다면, 우주는 영원하지 않겠지만, 아직[未] 건너지[濟] 않았다는 「화수미제괘」가 마지막(64번째) 괘가 되어 우주는 영원할 수 있는 것이다.

이것은 『주역』의 시간관인 '종시終始'와도 그 뜻이 통한다.

서양의 시간관인 '시종始終'은 우주 창조 후 시간은 직선으로만 흘러 종말로 끝나지만, 동양은 끝(終)과 시작(始)이 서로 맞물려 있어 종말에는 새로운 시작이 내포되어 있어 영원할 수 있는 것이다.

이렇게 동양의 우주법칙은 어떤 타율의 손길에 의한 창조와 종말이 아니라 그저 '함이 없이 저절로 그렇게 되어지는 것(無爲而化)'이다.

우리들이 「64괘」의 마지막 괘인 「화수미제괘」에서 특히 눈여겨봐야 할 구절이 있다. 바로 '마지막 효(爻, 上九)'이다. 즉 『주역』의 총 384 효사 가운데 마지막 효사이다(아래 그림 붉은 선 참조). 거기에 보면 좀처럼 이해가 되지 않는 구절이 있다.

'술을 마시되 머리까지 적시지 마라'와 '철부지[節不知]'라는 대목이다. 헐! 왠 술에 철부지! 참 이상하지 않은가?

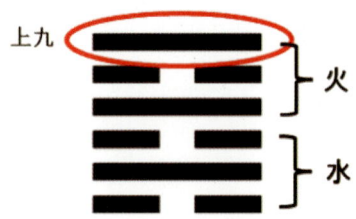

〈화수미제괘의 상구(上九)〉

왜 '음주'와 '철부지'로 장엄한 『주역』의 대미大尾를 장식했을까? 더 멋지고 감동을 주는 단어도 많을 텐데 말이다. 그럼 본문부터 확인해보자. 「화수미제괘」의 맨 마지막 효사(상구)와 소상전을 보면,

"상구는 술을 마시는데 믿음이 있으면 허물이 없거니와 그 머리까지 적시면 믿음이 있어도 옳은 것을 잃으리라."29)

"술을 마시는데 머리까지 적시면 또한 때(절기)를 알지 못함이라."30)고 하였다.

본문을 읽어보면 '술이란 적당히 마셔야지 머리를 적실 정도(인사불성이 되도록)로 마신다면 신뢰를 잃게 된다.'는 내용이다. 충분히 공감이 간다. 그런데 술주정뱅이가 되어 철부지 소릴 듣지 말라는 이런 교훈조의 말은 누구나 할 수 있다.
과연 주공周公과 공자孔子 같은 성인들께서 『주역』의 대미를 술 이야기로 끝맺고자 하였을까?
분명히 아닐 것이다. 거기에는 모종의 메시지가 담겨 있을 것이다. 여기서 말하는 '술[酒]'는 마시는 술이 아니라 유불선儒佛仙과 서교西敎를 뜻하는 기성 종교로 보는 견해31)도 있다. 이 구절은 '세속에 너

---

29) 『주역』「화수미제괘」䷿ 상구, "유부우음주(有孚于飮酒)면 무구(无咎)어니와 유기수(濡其首)면 유부(有孚)에도 실시(失是)하니라)"
30) 『주역』「화수미제괘」䷿ 상구. 소상, "상왈(象曰) 음주유수(飮酒濡首)면 역부지절야(亦不知節也)라."
31) 김석진, 『대산 주역강의(2)』「화수미제괘」 2011. 617쪽 "술 주(酒)'의 왼쪽에 있는 'ⅰ'는 유불선을, 오른쪽의 '酉'는 서양의 종교를 나타내고 있지요. 세상은 지구가 한마을이 되어 세계가 모두 하나 되는 시대인데, 모든 사람이 가장 잘 사는 시대를 이루기 위해서는 반목, 질서, 갈등, 편당과 같은 것들이 다 없어져야 하는 것이죠. 정치적으로 모든 문제가 다 끝나서 평화를 기대할 수 있을 때 종교적으로만 해결되면 이제 완전한 사회, 완전한 시대를 이루는 것이죠."

무 탐닉하여 정신줄 놓고 살다가 천지대세가 바뀌는 것을 알지 못하는 철부지가 되지 말라.'는 경책의 메시지이다.

왜냐하면 본문의 '절기를 알지 못함이라(不知節)'가 바로 **'철부지[節不知]'**이기 때문이다. 철부지의 사전적 의미는 '철없이 보이는 어리석은 사람'이다. 여기서 '철'은 '계절季節'를 뜻하므로 철부지라는 말은 '사시四時, 사철四節의 계절季節을 모른다.'는 뜻이다.

독자들은 눈치 챘겠지만, 여기서 말하는 '철[節]'은 1년 춘하추동 사계절四季節을 뜻하는 것이 아니다. 당연하지 않겠나! 1년 365일이 사계절로 순환하는 것은 삼척동자도 다 아는데 '1년의 절기節氣를 몰라 철없이 행동하는 사람이 되지 말라.'고 굳이 당부하진 않았을 것이다.

「화수미제괘」에서 말하는 '철[節]'은 소강절邵康節이 말한 **'우주 일 년의 여름에서 가을로 철이 바뀌는 즉, 하·추夏·秋 환절기換節期'**를 말하는 것이다. 주공과 공자는 『주역』「64괘」의 효사와 소상전 등에 비사체祕辭體와 비전체祕傳體를 써서 천기가 누설되는 것을 숨겨왔다. 「64괘」 중에서 가장 대표적인 비사체와 비전체 중의 하나가 바로 '절기를 알지 못함이라(不知節)'는 '철부지[節不知]'이다.

결론적으로 주공과 공자께서 후세에 알려주고자 하는 의도는 1년 춘하추동의 사계절四季節이 아니라, **'이번 우주의 여름[火]에서 가을[金]로 넘어가는**32) **환절기[節]을 알지[知] 못하는[不] 어리석은 철부지[節不知]가**

---

32) 「음양오행론」에서는 여름에서 가을로 철이 바뀌는 과정을 불[火]기운인 여름에서 금[金]기운의 가을로 넘어갈 때에는 '화극금(火克金)'이라는 상극(相克)이 발생한다고 한다. 이를 여름철의 화(火)기운에서 가을철의 금(金)기운으로 바뀐다(交易)는 의미에서 '금화교역(金火交易)'이라고도 한다.

되지말라.'는 뜻이다.

하루로 말하면 선천이 끝나는 한낮(午火)의 중천中天시대에서 후천시대(정오가 지나서 오후 시간대)로 바뀌는 이치이다.
『주역』은 '시중時中'의 학문이다.
즉 타이밍(timing)이 전공 분야이다. 변화의 흐름을 꿰뚫어보고 그 때에 맞게 행동하여야 한다. 그래서 『역전서易傳序』의 첫 문장에서도 "역易은 변하여 바뀌는 것이니, 때에 따라 변하여 바뀜으로써 도를 따르는 것이다."33)라고 하였다.
사실 『주역』을 공부하는 목적 또한 '때[節氣]'를 알고자 함이 아니던가! 해마다 느끼는 것이지만 절기節氣만큼 정확한 것도 없다.
아무리 더위가 기승을 부리거나, 매서운 추위가 닥쳐도 절기 앞에서는 무릎을 꿇는다.
그만큼 절기는 어김없이 찾아온다는 걸 명심해야한다.

이제 멀지 않는 장래에 우주 가을의 숙살肅殺이 몰아닥친다.
가을이 되면 찬바람이 불어 낙엽이 지면서 열매를 맺는다.
추풍낙엽 같은 철부지가 될 것인지, 아니면 성숙하여 튼실한 열매가 될 것인지는 각자 하기 나름이다.
'미래는 준비된 자에게는 축복이지만, 준비되어 있지 않은 자에게는 재앙이다.' 그만큼 세상의 변화를 읽어낼 수 있는 밝은 눈과 귀를 가져야 한다.
비록 365일로 순환하는 지구의 사계절처럼 '우주의 절기'를 정확하게 알 수는 없지만, 그래도 관심을 갖고 보면 우주의 철이 바뀌는

---

33) 정이(程頤), 『역전서(易傳序)』. "역(易)은 변역야(變易也)니 수시변역(隨時變易)하야 이종도야(以從道也)라."

환절기의 징후들(기후위기, 팬데믹, 전쟁발발 등)을 통해 대략 짐작할 수 있다.

요즘처럼 세상이 급변하는 때는 시대정신時代精神을 반드시 알아야한다. 그래야만 치열한 생존경쟁시대에서 대세를 볼 수 있어 살아남을 수 있다. 『주역』「64괘」의 마지막 괘, 「화수미제괘」는 우주 환절기의 낌새를 알아차리는 것이 쉽지는 않겠지만, 세속에 너무 탐닉하여 **"우주의 여름에서 가을로 철[節]이 바뀌는 것을 알지[知] 못하는[不] 철부지[節不知]는 제발 되지마라."**고 『주역』의 마지막 구절은 우리들에게 절규하고 있다.

7. 『주역』으로 풀어보는 시대 담론: 기후변화, 일본 대지진, 지축이동

엄청난 변혁의 물결이 밀려오고 있다.
우리 시대의 거대 담론인 기후변화, 지축이동, 팬데믹 등 그 하나만으로도 인류의 생존에 치명적일 수밖에 없는 위기들이 동시다발적으로 몰려오고 있다.
하지만 누구도 그 위기의 본질을 명쾌하게 설명해주지 못한다.
그러나 오천년 인류의 지혜가 담긴 『주역』에서는 변혁의 물줄기가 어디로, 또 어떻게 흘러가는지를 알려주고 있다.
여기서는 밀물처럼 몰려오는 총체적 위기의 해법을 『주역』에서 찾아보려 한다. 왜냐하면 『주역』은 개인의 운명이나, 점술서가 아니라, 우주가 둥글어 가는 이치를 설명하는 「우주변화원리」이기 때문이다.
『주역』의 기본은 음(陰,--), 양(陽,—)이다. 음양이 3번 분화하면 $2^3=8$이므로 8괘(☰, ☱, ☲, ☳, ☴, ☵, ☶, ☷)가 되며, 음양이 6번 분화하면 $2^6=64$이므로 64괘(䷀, ䷁ ~ ䷿, ䷾)가 된다.
「64괘」로 이루어진 것이 바로 『주역』이다.
또 역易의 특성 중 하나가 '쉽고(易) 간단(簡)하다'는 '이간易簡'이다.
여기서는 한국 불교의 위대한 학승이며 유교(『주역』과 『정역』), 노장老莊 사상, 기독교에도 회통會通한 탄허 스님의 예언을 '8괘'와 '64괘' 등 역易으로써 우리 시대의 담론들을 풀어보고자 한다.

첫 번째는 **'기후변화'** 이야기다.
작년(2024년) 여름은 기상 관측 사상 가장 더웠던 한해였다. 이젠 지구 온난화(Global Warming)의 기후변화가 아니라, 지구 열대화(Global Boiling)의 기후재앙이다. 기후재앙을 막기 위한 마지노선으로 불리는 '1.5℃'가 지난 해 처음으로 뚫렸다.

1.5℃는 국제사회가 합의한 기후변화의 데드라인(Deadline)이었다. 산업화 이전과 대비하여 지구의 년 평균 기온 상승폭이 1.5℃를 넘어선 것이다. 최근 들어 폭염은 매년 기록을 갱신하고 있다. 아마 올 여름 역시 기상관측 이래 가장 더운 여름이 될 것이다.

최근 연구에 의하면 현재 수준으로 온실가스가 배출될 경우 북극 빙하가 2030년이면 완전히 사라질 것이라는 충격적인 연구 결과가 나왔다.

또 2024년 남극 대륙의 평균 기온이 평년보다 최고 30℃ 정도 높아졌다고 한다. 남극 대륙의 모든 얼음이 녹으면 지구의 평균 해수면은 45.72m 높아진다. 이렇게 되면 전 세계 해안 지역이 치명적인 타격을 받을 수밖에 없다.[34]

전 세계인들에게 기후변화의 심각성을 알린 공로로 노벨평화상을 수상한 엘 고어(Al Gore. Jr. 1948년~)는 『불편한 진실』에서 "기후위기는 전 지구 차원의 비상사태이다."라는 경고를 하였다. 사실 복잡하게 얽혀있는 지구 기후시스템을 이해하는 것은 불가능하다. 왜냐하면 태양활동의 주기적 변동, 인구의 증가, 화석연료 사용, 열대우림 파괴 등 지구의 기후 결정 요소는 매우 다양하기 때문이다.

일반적으로 기후변화의 원인에 대해서는 산업화, 도시화 등에 기인한 인위적 요인에 의한 것이라고 알고 있다. 하지만 동양의 역易사상은 CO_2 등 온실가스 배출 보다는 우주의 순환 과정에서 나타나는 자연현상이라는 것이다.

---

[34] 『조선비즈』, 「평균기온 30도 오른 남극대륙, 지구 전체 데운다.」, 2024.8.4. "남극 대륙의 평균 기온이 평년보다 최고 30도 정도 높아졌다는 분석이 나왔다. 남극 대륙은 7~8월이 한겨울에 해당하는데 7월 중순 남극 대륙의 기온은 일반적으로 섭씨 영하 50도에서 영하 60도 수준인데 올해 7월에는 동남극 일부 지역의 기온이 영하 25도에서 영하 30도 수준까지 올라왔다. CNN은 지구 얼음의 대부분이 저장된 남극 대륙에서 한겨울에 이 정도로 기온이 높은 건 치명적인 해수면 상승을 일으킬 수 있다고 경고했다."

이미 반세기 전에 탄허吞虛 스님은 "북빙하가 녹으면 일본과 아시아 국가들을 휩쓸고 해안지방이 수면에 잠기게 된다."고 예견하였다. 스님이 오늘날의 기후변화를 예견한 것은 『정역』에 나오는 "북극의 얼음물이 녹아 빠져나간 물이 남쪽으로 차오른다(水潮南天 水汐北地)"에 근거하여 말하였던 것이다.

즉 지구 속의 마그마가 북으로 올라가 북극빙하를 녹인다는 의미이다. 현재 지구온난화로 인해 빙하의 얼음이 녹으면서 해수면을 상승시켜 남아시아 및 남태평양의 섬나라 사람들은 기후재앙의 직격탄을 맞고 있다. 특히 남태평양의 투발루(Tuvalu), 키리바시(Kiribati) 같은 작은 섬나라들은 점점 바다 속으로 가라앉고 있어 이웃나라로 피난을 가야 하는 기후난민으로 전락하고 있다.

두 번째는 **'일본 침몰 및 한반도의 지형 변화'** 이야기다.
탄허 스님은 "일본 열도의 2/3 가량이 바다로 침몰할 것이며, 우리나라 동남해안 쪽 100여 리의 땅이 피해를 입게 되지만, 그러나 서부해안 쪽으로 약 2배 이상의 땅이 융기해서 늘어날 것이다."35)라고 예견하였다.

일본 침몰은 어제 오늘 나온 말이 아니다. 오래 전부터 일본의 지진 전문가들조차도 일본이 지진이나 화산폭발로 내일 당장 가라앉아도 전혀 이상할 것이 없다고 말해 왔다. 또 자기들 스스로 '일본 침몰'이란 영화도 만들었고, 일본 침몰을 예언한 예언가들도 동서고금에 많이 있다.36)

---

35) 탄허 대종사, 『부처님이 계신다면』, 탄허불교문화재단·도서출판 교림, 2005, 119~123쪽.
36) 최근 일본 대지진과 관련하여 주목받는 이가 일본 만화 작가 타츠키 료(たつき 諒)이다. 『내가 본 미래(私が見た未来)』는 본인의 예지몽을 근거로 15가지의 사건들을 예언 형식으로 그린 만화이다. 그 내용 중 2011년 동일본대지진 등이

탄허 스님은 일본 침몰의 근거로 "일본은 『주역』에서 손괘(巽卦, ☴)에 해당하며, 그 성정은 '入也'라 한다. 入은 '들어간다.'는 뜻으로 일본 열도의 3분의 2가 침몰할 것"이라고 한 것이다. 일본은 환태평양 조산대의 '불의 고리(Ring of Fire)' 지역에 위치해 있어 지진과 화산활동이 빈번한 지역이다. 지구 표면이 여러 개의 암석권으로 이루어졌다는 판(板)이론37)에 의하면 일본은 네 개의 지각판들(plates: 유라시아판, 필리핀판, 태평양판, 오호츠크판, 사진 참조)이 만나는 접점에 위치해 있기 때문에 언제 터질지 모른다.

최근 일본정부 발표에 따르면 "규모 9를 능가하는 지진이 발생할 확률이 80%라는 '난카이(南海)해곡 지진(아래 사진)'은 규모 8~9의 지진 발생 시 최대 32만 명이 사망하고 약 220조엔 규모의 경제피해가 예상된다."38)고 한다.

그리고 일본인들이 가장 두려워하는 도카이(東海)지진, 도난카이(東南海)지진, 난카이(南海)지진의 3개 거대지진 중 2개 이상이 동시 발생하는 연동형 초거대 지진을 일컫는 '3연동지진'은 최대 규모 9의 초강진으로 해구형 지진이다.

일본 열도의 절반을 바다 속으로 가라앉힐 수 있는 사상 초유의 '거대 지진'이 될 것이라는 게 지진 전문가들의 관측이다.

실제 일어나면서 유명해졌으며, 올해 발생할 대지진 예언이 나온다. 즉 "2025년 7월 5일 일본과 필리핀 사이 해저가 터지면서 엄청난 쓰나미가 태평양 주변 국가들을 휩쓴다. 이 쓰나미는 동일본대지진 쓰나미의 3배에 달하며, 일본 열도의 3분의 1이 침수되고, 홍콩과 대만에 이어 필리핀까지 육지로 연결된 것처럼 보인다."는 것이다.

37) 판구조론(Plate tectonics)이라고도 하며 지구의 표면이 딱딱하고 깨어지기 쉬운 여러 개의 판들로 이루어져 있으며, 판들이 이동함에 따라 지진, 화산 등 다양한 지질현상이 발생한다는 이론이다. 지구표면은 유라시아판 등 대규모 판과 필리핀판 등 중소 규모의 판들로 이루어져 있다. 대한지질학회, 『지질학백과』.

38) 『문화일보(2025.2.17.)』 「일본 난카이, 두 지각판 충돌로 에너지 축적, 30년 내 대지진 확률 80%」 이외 일본 난카이 대지진 관련 국내·외 언론 보도 등 참조.

〈일본의 지각판들과 난카이(南海)해곡 지진〉

그리고 도쿄 등 수도권은 언제 대지진이 일어나도 전혀 이상하지 않은 상황이다. 왜냐하면 도쿄 인근 수도권에서 발생하는 규모 7이상의 대형 지진인 '수도 직하(直下)지진' 발생 확률이 높기 때문이다. 직하지진은 사람들이 살고 있는 땅 바로(直) 아래(下)에서 일어나기 때문에 지상에 전해지는 진동은 엄청나다.

그런데 우리들이 경계해야 할 것은 탄허 스님의 예언대로 일본 대지진으로 인한 쓰나미가 한반도 동해안, 특히 강원도와 경북 동해안 지역이 들이닥칠 가능성이 있다는 것이다. 영화 '해운대'에서 보듯이 거대한 쓰나미가 1~2시간 내에 한반도의 동남해안으로 밀어닥칠 수 있기 때문이다.

특히 한반도 동남부에는 울산단층, 양산단층, 동래단층 등이 발달해 있으며, 『조선왕조실록』 등에도 울산지역은 지진 발생으로 많은 피해를 입었다고 한다.

과연 스님이 예견한대로 일본 침몰로 인해 한반도의 동남해안 쪽

100여 리의 땅이 피해를 입고, 서부해안 쪽으로 2배 이상의 땅이 융기해서 늘어날까?

그나마 한반도의 종단 지형은 동고서저(東高西低, 동쪽은 높고 서쪽은 낮은 지형)라서 높은 백두대간이 동해 바다를 막고 있는데 동남해안 쪽이 피해를 입으려면 동남쪽의 산악지형이 바다 속으로 가라앉든지, 아니면 해일이 태백산맥 등을 넘어와야 한다. 또 서해바다 쪽으로 땅이 늘어나려면 서해바다 밑의 해저지형이 물 밖으로 솟아올라야 가능하다. 만에 하나 이런 상전벽해(桑田碧海)가 현실이 되려면 그야말로 '**천지가 개벽**'되어야 가능한 일이다.

지질학적 관점에서 보면 동해안의 피해와 서해안의 융기가 일어나려면 일본 열도 밑에 있는 지각판(plate)들이 충돌하여 해양판(태평양판)이 대륙판(유라시아판) 아래로 섭입(攝入)해야 가능하다.39)

그리고 『주역』「중뢰진괘重雷震卦,☳」는 이번 선·후천 전환기의 지구 대지진 상황 등을 설명해주고 있다.

"지진이 옴에 사람들을 놀라게 하며 또 백리(광활한 지역을 상징)까지 울려서 세상을 놀라게 한다."40)라는 구절이 있다. 또 "대지진이 몰려오니 위태로움이라. 억조창생이 재물을 버리고 아홉 구릉으로 피난하니 쫓지 않으면 칠 일에 얻으리라."41)는 지진과 쓰나미 등이 몰

---

39) 대륙판(유라시아판)과 해양판(태평양판)의 충돌이 일어난다면 해양판은 대륙판 밑으로 휘어져 동해안 산악지형이 침강되고, 대륙판의 융기로 서해 바다 속 지형이 솟아올라 육지가 되어 한반도의 종단지형은 기존의 동고서저(東高西低)에서 서고동저(西高東低) 내지 평탄지형으로 변형될 수 있다.
40) 『주역』「중뢰진괘重雷震卦,☳」괘사, "진래(震來)에 혁혁(虩虩)이지만 소언(笑言)이 액액(啞啞)이니 진경백리(震驚百里)(우레가 옴에 놀라고 놀라지만 웃음소리가 깔깔거리니 우레가 백리를 놀라게 한다)."
41) 『주역』「중뢰진괘重雷震卦,☳」육이, "진래려(震來厲)라 억상패(億喪貝)하고 제우구릉(躋于九陵)이니 물축(勿逐)하면 칠일(七日)에 득(得)하리라."

려올 때는 높은 산 등 안전한 지역으로 피신해야 한다는 것을 암시하는 내용이다.

이러한 메가 쓰나미와 관련하여 동해안에 내려오는 전설이 있다. 척주 동해비陟州東海碑 이야기다. 조선시대 예지력이 뛰어난 삼척부사 허목(許穆, 1596년~1682년)이 동해 바다의 해일 피해를 막기 위해 세운 것이다. 삼척에는 조수潮水가 수시로 내륙까지 올라와 많은 사상자와 이재민이 발생하였다.

이를 본 허목은 바다를 달래는 축문 형식의 동해송東海頌을 짓고 독특한 전서체篆書體를 비석에 새겼다. 이 비를 건립한 후 조수 피해가 발생하지 않아 조수를 물리친 신비한 비석이라 하여 퇴조비退潮碑라고 하는데, 먼 훗날의 큰 해일에는 이 비석으로 안 되니 높은 산으로 피란을 가라는 전설이 내려온다. 그리고 경북 내륙의 소백산맥 자락에는 동해안의 메가 쓰나미를 암시하는 듯한 예언지명들이 있다.42)

그리고 '한반도의 동남해안의 해일 피해와 서해안의 새 땅이 융기한다'는 비슷한 예언은 한의학계의 전설이며 『정역』에도 정통했던 한동석(韓東錫, 1911년~1968년) 선생 역시 "다가올 후천세상에 대해 한반도에는 적지 않은 지각변동이 생길 것이며, 한반도 남쪽은 물에 잠기는 반면, 서쪽 땅은 2배쯤 늘어나게 된다."고 말하였다.

세 번째는 **'지구 자전축의 이동'** 이야기다.

탄허 스님의 예언이다. "이제까지 지구의 주축主軸은 23도 7분이 기울어져 있었는데, 이것은 지구가 아직도 미성숙 단계에 있다는 것

---

42) 백두대간의 한 줄기인 소백산맥 자락에는 동해안의 메가 쓰나미를 예견한 예언 지명들이 전설로 내려온다. 예컨대 봉화읍 '해저리(海底里)'는 토박이말로 '바래미'인데, 이는 '바다 밑 마을'이라는 뜻이며, 예천군의 '용궁면(龍宮面)'은 바다 속 용왕이 거주하는 용궁(龍宮)을 암시한 지명이다.

을 말하며, 북빙하가 녹고 23도 7분가량 기울어진 지축地軸이 바로 서고, 땅속의 불에 의한 북극의 얼음물이 녹는 심판이 있게 되는 현상은 지구가 마치 초조初潮 이후의 처녀처럼 성숙해 간다는 것을 의미한다."43)

현대 과학에서도 첨단 분야에 속하는 지구 극이동(지축이동)에 대해 산중의 불교 수행자가 언급했다는 사실이 신기할 따름이다. 전문가들은 지축의 이동 원인에 대한 다양한 의견들을 제시한다. 즉 지구 온난화로 인한 남북극 빙하의 해빙, 동일본 대지진 같은 규모 8~9의 강진과 지구 자기장의 변화 등이 지구 극이동에 영향을 주고 있다고 한다.

최근 **지구온난화**로 빙하가 녹아 지구의 자전축이 이동하고 있다는 미국 항공우주국(NASA)의 새로운 연구 결과가 나왔다.44) 또한 기후학자들은 **지축의 경사**가 빙하기를 일으키는 동인動因의 증거로 남극의 빙하에서 찾고 있다.

남극은 지구상에서 가장 두꺼운 얼음 층으로 덮여 있다.

수만 년 동안 눈이 쌓이면서 빙하가 만들어졌고, 각 층의 얼음에는 눈이 내렸던 당시의 공기와 물질 등이 기포 형태로 보존되어 있어 과거 대기성분을 알려주는 정보들이 간직되어 있다. 그러므로 빙하

---

43) 탄허 대종사, 『부처님이 계신다면』, 탄허불교문화재단·도서출판 교림, 2005, 119~123쪽 참조.
44) 『뉴시스』, 「나사(NASA) "극지대 빙하 소실이 지구 자전축 옮겨"」 2016. 4. 9. "'20세기 이후의 자전축 이동은 매우 급격히 진행되고 있다.' 나사는 캐나다를 향해 있던 자전축이 영국 방향인 동쪽으로 이동하고 있다고 밝혔다. 자전축 변화는 그린란드 등 북극 빙하의 감소와 연관돼 있으므로 결국 기후변화가 자전축 이동 원인이 된다고 설명했다. 나사에 따르면 그린란드에서는 매년 2,870억 톤의 빙하가 녹고 있고, 남극에서는 1,340억 톤의 빙하가 사라지고 있다. 또 연구에 참여한 에릭 이빈스는 '인간'이라는 단어는 보고서에 없다며 이번 연구의 초점이 인류가 초래한 기후변화가 아니라는 점을 강조했다."

시추를 통해 채집된 얼음인 '빙하코어'를 분석해 보면 당시의 기후변화를 알 수 있다.
남극에서 백만 년 이상 된 얼음을 채집하여 분석해 보면 빙하기와 간빙기의 기후변화 주기가 10만년으로 바뀐 것을 알 수 있다.

〈얼음 코어, 사진: 미국국립과학재단〉

"빙하는 지구역사의 기록이다.
한 마디로 빙하는 백색 타임캡슐(time capsule)인 셈이다."45)
"지난 100만년의 지구역사에서 적어도 '7번의 빙하기가 찾아 왔었다'는 것이 확인되었다. 빙하기는 왜 생기는 것일까? 지구의 공전궤도는 원칙적으로 원을 그리는데, 타원을 그리다 다시 원상 복귀하는 경우가 10만년을 주기로 한 번씩 찾아온다. 또 한 가지 현재 지구 자전축의 기울기는 23.4도이지만 이 각도는 4만년을 주기로 커졌다 작아졌다 한다.(중략)빙하기와 간빙기는 교대로 찾아온다."46)

이러한 기후변화와 태양 주위를 공전하는 지구의 궤도변화 간의 상

---
45) KBS-TV.『뉴 사이언스 21. 지구대 멸종』「제5빙하기의 경고」 2004. 1
46) KBS-TV.『지구대기행』 8편「빙하시대의 도래」 1988.8

관관계를 설명하는 '밀란코비치 이론'47)이 있다.

과학적으로 검증된 빙하기와 간빙기의 사이클은 역易에서 말하는 우주의 순환론과 유사한 점이 있다. 즉 기후학자들이 밝힌 빙하기와 간빙기의 순환주기가 약 10만년 내지 13만년 정도라는 것은 소강절邵康節이 『황극경세서』에서 밝힌 우주의 한 사이클인 129,600년과 유사하다.

또 역易철학에서는 선·후천의 우주운동이 일어날 때 지구 자전축의 정립과 지구 공전궤도가 바뀌어 지금과 같은 윤력(閏曆, 1년 365¼일)이 아니라, 정력(正曆, 1년 360일)시대가 된다고 한다. 특히 『정역』에서는 선·후천의 지축이동을 넘어 현대 첨단과학에서도 규명조차 못하는 주기적인 우주운동에 대해서도 언급하고 있다.48)

"지금 선천시대는 지축이 23.5° 기울어져 있지만, 후천시대가 되면 지축이 0°로 똑바로 선다. 그리고 후천시대가 끝나면 우주의 겨울, 즉 현대과학에서 말하는 빙하기가 도래하면 지축이 지금과는 반대 방향으로 기울게 된다."49)

지구과학에서도 지구의 기후변화의 원인으로 자전축 경사의 주기적 변동과 지구 공전궤도의 변화(타원궤도⇔원형궤도)의 변화, 그리고 지구의 세차운동 등을 꼽고 있다.

---

47) 밀란코비치(Milankovitch, 1879년~1958년), 세르비아의 지구물리학자, 지구의 공전 및 자전 운동의 변화에 따라 지구의 기후 패턴이 변화한다는 이론으로 빙하기와 간빙기를 이해하는데 도움을 준다.
48) 한동석 『우주변화의 원리』, 대원출판, 2001, '천체의 이동과 지축의 경사' 394~400쪽 참조.
49) 『정역』 「십오일언(十五一言)」 "자인오신(子寅午申)은 선천지선후천(先天之先后天)이니라. 축묘미유(丑卯未酉)는 후천지선후천(后天之先后天)이니라."

〈선·후천 지축 변화도〉50)

그리고 **초강진**은 지구의 지형 변형을 일으켜 극운동에 영향을 준다. 2004년 인도양 대지진과 2011년 동일본 대지진51) 등 초강진들은 지구 자전축을 이동시켰다.

그 뿐만이 아니라, **지구 자기장의 변화**도 지구 자전축의 기울기에 변화를 주고 있다. 지구 자기장은 커다란 자석과도 같은 지구가 방출하는 자기장을 뜻한다.

지구 자기장은 지구 회전축을 따라서 형성되어 있는데 우주에서 끊임없이 날아오는 방사선과 입자 등을 보호해주는 강력한 방패 역할을 하여 지구의 생명체를 지켜준다.

그런데 현재 지구 자기장이 계속 약해지고 나침반이 가리키는 북극, 즉 자북극의 이동속도도 빨라지고 있어 지질학자들은 생태계 파괴를 우려하고 있다. 일례로 백 년 전 캐나다 북부에 있던 자북극이 북위 85도까지 북상해 진짜 북극에 560km까지 접근했다.

자기장의 가장 큰 변화는 지구 자기장의 남북이 완전히 바뀌는 역전현상인데, 과거 자기장의 역전현상이 많았다는 지질학적인 흔적들

---

50) 한동석『우주변화의 원리』, 대원출판, 2001, 399쪽.
51) 『한겨레』「일본지진으로 일본열도 2.4m, 지축 10cm 이동」2019.10.19. "일본을 강타한 대지진으로 일본 열도의 위치가 2.4미터 정도 이동하고 지축도 10센티미터 정도 이동했다고 CNN이 12일 보도했다."

을 볼 수 있다.

그런데 자기장이 약화되는 것은 자기장 역전의 전조로 지구 자기장의 역전현상 즉 극이동이 생기기 전에 자기장이 마구 헝클어지다가 자기역전이 일어난다.52) 또 최근 연구에 의하면 "지구 온난화로 극지방의 얼음이 녹으면서 지구 자전이 느려지고 있다."53)는 것이 밝혀졌다. 현재 지구의 자전 속도는 적도 기준 465m/s, 즉 1초에 465m 속도로 회전하고 있다.

그런데 지축 이동의 가장 큰 문제는 천천히 이동하는 것이 아니라, 기울어진 지축이 **'순간적으로'** 바로 선다는 것이다.

그렇게 되면 충격의 파도가 지구촌 전역을 뒤흔들며 지각의 맨틀변화와 지구의 공전 및 자전궤도에 따른 시·공간과 기후변화 등에 엄청난 영향을 미칠 것이다.

이 같은 파천황적인 지축정립으로 엄청난 피해가 속출하지만, 탄허 스님은 지축 정립을 "지구가 마치 초조初潮 이후의 처녀처럼 성숙해 간다는 것을 의미"하는 것처럼 긍정적으로 보았다. 이런 예견은 『주역』과 『정역』에서 언급한 지축정립 후 펼쳐지는 후천시대의 시간(360일/년), 공간(360°/자·공전 궤도)의 변화와 사람이 살기에 적합한 기후 및 성숙한 지구문명을 두고 한 말이다.

---

52) 『주역』 「중뢰진괘重雷震卦,䷲」 구사, "진(震)이 수니(遂泥)라(지진이 진흙에 빠지다)." 소상, "진수니(震遂泥)는 미광야(未光也)라(지진이 진흙에 빠짐은 빛이 발하지 않음이라)" 즉 구사(九四)는 선·후천의 전환기 때 지축이동으로 인한 지구자기장의 변화로 일시적인 암흑시간대가 도래함을 암시한 내용이다.

53) 『주간동아』 1450호 「온난화로 인한 빙하 손실, 지구 자전 느리게 해」, 2024.7.30. "지구 온난화가 기온 상승뿐 아니라, 지구의 공간적 움직임과 회전 방식에 미치는 영향도 확인했다. 지구 자전은 자연적으로 발생할 경우 수십억 년 세월이 걸리는 변화가 100~200년 만에 나타났다는 건 매우 놀라운 일이다. 탄소배출량을 줄이지 않으면 2100년까지 자전 속도가 2.6ms/cy(세기당 1000분의 1초 속도)로 느려져 심각한 혼란을 야기할 것이다"

그런데 가장 궁금한 것은 극이동이 언제 일어난다는 것이냐? 사실 앞날을 예측하기란 매우 어렵다. 다만 지질학 등 전문 지식과 지진 정보들을 통해 예측해 볼 수 있을 뿐이다.

한 가지 참작할 것이 있다. 바로 '하인리히의 법칙(Heinrich's law)'이다. 흔히 '1:29:300'이라는 법칙으로 알려져 있는데 "대형사고가 터지기 전에 반드시 29번의 경미한 사고와 300번의 사소한 징후가 발생한다."는 것이다.

이 법칙은 '대형 사고는 갑자기 발생하는 게 아니라, 반드시 전조증상이 나타난다.'는 것을 경고하고 있다.

이와 유사한 것이 역학易學에서 말하는 '상·수·리象數理'이다.

즉 앞일을 미리 보여주는 '징조[象]'과 그 징조에 담겨 있는 '숫자[數]' 그리고 상과 수를 바탕으로 미래를 해석하는 '이치[理]'를 말한다.

이렇게 유·무형의 상과 거기에 담겨 있는 숫자 그리고 상수를 해석하는 이치만 알면 세상사는 풀 수 있다는 것이다. 또 『주역』에는 "서리를 밟으면 굳은 얼음에 이른다."54)는 말이 있는데, 세상사가 처음에는 대수롭지 않게 보이지만 방치하면 나중에는 일이 커지게 마련이다. 그래서 『주역』은 어떤 일이든 사소한 것에서 "점차로 말미암은 것이니 분별할 것을 일찍 분별치 못해서 큰일로 번지는 것이다."55)라는 교훈을 주고 있다.

따라서 우리 시대의 담론들은 먼 훗날의 이야기가 아니라 그 징조를 잘 살펴서 지금부터라도 유비무환의 태세를 갖추는 것이 중요하다.

---

54) 『주역』「중지곤괘, ䷁」 초육, "이상(履霜)하면 견빙(堅冰)이 지(至)하나니라."
55) 『주역』「중지곤괘, ䷁」 문언, "점의(漸矣)니 유변지부조변야(由辨之不早辨也)라."

그래서 탄허 스님은 "역학易學을 근거로 하여 미래를 보는 눈은 포괄적이며 인류 사회의 미래를 우주적인 차원에서 볼 수 있다는 큰 장점을 가지고 있다. (중략) 미래역未來易으로 밝혀진 『정역』의 이치는 후천으로 자연계와 인간의 앞날을 소상히 예견해 주고 있다. 『정역』의 원리는 후천세계의 자연계가 어떻게 운행될 것인가, 인류는 어떻게 심판받고 부조리 없는 세계에서 얼마만한 땅에 어느 만큼의 인류가 살 것인가를 풀어주고 있다."56)라고 말하였던 것이다.

---

56) 탄허대종사, 『부처님이 계신다면』, 탄허불교문화재단·도서출판 교림, 2005, 117~118쪽.

8. 앞으로 펼쳐질 세상은?

많은 사람들이 『주역』에서는 미래에 대해 어떻게 생각하는지 궁금해 한다. 결론적으로 너무나 살기 좋은 세상이 펼쳐진다.
왜냐하면 우리들이 맞이할 미래는 '새 하늘과 새 땅 그리고 새 문명이 탄생'하기 때문이다.

첫째, **앞으로는 1년 360일의 정력**(正曆, 양력과 음력이 똑같음)**시대가 된다.** 지금은 기울어진 지축의 경사로 인해 윤력(閏曆, 큰 달과 작은 달이 있어 양력과 음력의 불일치) 캘린더를 쓰고 있으며, 또 일조량의 차이가 발생하여 더운 여름이나 추운 겨울이 있다. 그러나 앞으로 지축이 똑바로 서면 양력과 음력이 똑같은 정력(正曆, 1년 360일) 캘린더를 쓴다. 또 그 때는 태양에서 받는 일조량이 똑같아서 춥지도 덥지도 않는 일 년 내내 똑같은 기후대로 바뀐다. 이렇게 되면 폭염이나 혹한, 태풍 등의 기상이변이나 지진 등의 천재지변이 없어져 사람이 살아가기엔 최적의 지구환경으로 바뀌게 된다.

둘째, **인간존엄의 극치인 '인존**人尊**시대'가 열린다.**
『주역』 상경(上經, 1~30번째 괘)은 지금 같은 선천시대를 상징하며, 하경(下經, 31~64번째 괘)은 후천시대를 상징한다.
상경의 첫/두 번째 괘가 하늘괘(중천건괘, ☰)와 땅괘(중지곤괘, ☷)인데 이는 천도天道를 상징하고, 하경의 첫 장을 여는 택산함괘(☶)는 처녀(兌少女, ☱)/총각(艮少男, ☶)이 교감하는 인도人道를 상징한다. 앞으로 후천의 택산함괘 시대가 되면 인간의 존엄성을 훼손하는 어떠한 제도나 관습 등은 한 발짝도 발을 못 붙이는 그야말로 누구나 평등한 '함께(咸卦)'하는 세상이 된다. 즉 인류가 출현한 이래 어느 누구도 영위해본 적이 없는 지고지선至高至善의 인존人尊시대가 펼쳐진다. 이 뿐만이 아니라 후천시대 사람들은 호모 데우스(Homo Deus), 즉 '신神이 된 인간'에 가까운 존재가 된다. 그렇다고 과학기술에 의지하는 생명연장의 육신이나 AI 등에 얽매이는 영성의 소유자가 아니라, 지금의 인체와는 다른 신체와 고차원의 영성을 갖는 신선神仙에 가까운 존재가 된다는 의미이다.

셋째, **완벽한 남녀의 평등과 조화시대가 펼쳐진다.**
지금까지는 천지비(天地否, ䷋)의 불평등한 남녀세상이었지만, 다가올 미래는 지천태(地天泰, ䷊)의 완벽한 양성평등의 세상이다. 선천시대에는 '3양2음'의 양陽기운의 과잉으로 일방적으로 여성들에게 억압과 학대를 해왔다. 그런데 지난 세기부터 후천기운이 몰려오면서 인종과 피부색을 막론하고 여권신장은 들불처럼 번져나갔다. 이제 여성들의 위상은 옛날과는 판이하게 달라졌다. 지금은 후천시대 서막을 앞둔 시점이라서 우먼파워(woman power)를 뛰어넘어 진정한 남녀동권男女同權과 양성평등兩性平等을 의미하는 정남정녀正男正女로 진입하는 때다. 그 일례로 우리나라의 양성평등 관련 제도만 보더라도 1995년 여성가족부의 출범과 함께 「여성발전기본법」이 제정되었으며, 2015년 「양성평등기본법」이 제정되어 정치, 경제, 사회 등 전 영역에서 양성평등을 실현하고 있는 중이다. 비록 지금 겪고 있는 일부 젠더(gender) 갈등은 양성평등이 자리 잡는 과정에서 나타나는 과도기적 현상이며 곧 제자리를 찾을 것이다.

넷째, **장수長壽문명시대가 다가온다.**
2015년 시사 주간지 『Time』은 "올해 태어난 아기는 특별한 사고나 질병이 없는 한 142세까지 살 수 있다."고 보도했다(사진 참조).

〈142세 아기, 사진: 타임지 2015.2.23./3.2일〉

현재 인간의 평균 기대수명 80년보다 1.77배 더 오래 살아, 2015년에 태어난 아기는 2157년까지 살 수 있다는 말이다.
『타임』에 의하면 "라파마이신을 복용한 쥐가 그렇지 않은 쥐보다 1.77배 더 오래 산다는 사실을 발견하여, 이를 사람의 수명에 적용하면 142세까지 산다."고 보도했다.
충분히 실현 가능성이 있는 이야기다. 역학易學에서는 이미 오래전부터 120세, 즉 '2회갑(回甲)'시대를 예견해왔다.
지구 생태계에서도 바다거북의 수명이 100~200년이며, 아이슬란드에 서식하는 대왕조개는 자그마치 500년을 사는 것으로 확인되었다. 또 하버드 의대의 싱클레어(David A. Sinclair, 1969년~) 박사는 '노화가 질병'이라고 주장하며 이를 치료할 수 있는 기술이 곧 등장할 것이라고 예측했다. 우리나라도 올해부터 초고령사회로 진입함으로써 앞으로는 손자 1명에 할아버지가 2~3명이 되는 장수시대가 열린 것이다.

다섯째. 인류의 영성靈性이 비약적으로 발전할 것이다.

그동안 인류는 선천 상극기운의 영향을 받아서 칠정오욕七情五慾 등 번뇌와 탐욕에 휘둘려왔다. 하지만 앞으로 맞이할 극이동은 자기장의 변화를 초래하는데, 지구 자기장과 인간의 영적인 현상은 밀접한 관계가 있다. 후천시대로 접어들면서 인간의 영성은 비약적으로 발전하게 된다. 구체적으로 우리 태양계가 광자대(光子帶, Photon Belt)를 통과할 때 우주 조화의 강력한 빛기둥을 내려 받으면서 육체의 변신(환골탈태)뿐만 아니라 고차원의 영적세계로 도약하게 된다. 이와 관련하여 『주역』의 「중뢰진괘重雷震卦, ䷲」에서는 한 편의 영화처럼 보여주고 있다.

제5부
『주역』과 인물

1. 세곡선을 정지시킨 관찰사, 이담명李聃命
2. 이주역李周易이라 불리었던 이달李達
3. 『우주변화의 원리』를 지은 한동석韓東錫
4. 칼을 찬 선비, 조식曺植
5. 삼성의 이건희와 정선鄭敾
6. 하늘 아래 모르는 것이 없었던 소강절邵康節
7. 중국에서 『주역』을 통째 외워 가져온 우탁禹倬
8. 후천 세상이 오는 이치를 밝힌 김일부金一夫
9. 경복궁의 오리지널 설계자, 정도전鄭道傳
10. 『역경』의 괘사와 효사를 지은 문왕文王과 주공周公
11. 가죽 끈이 세 번 끊어질 정도로 『역경』에 심취한 공자孔子
12. 24절기와 마테오 리치 신부

5부는 『주역』과 관련 있는 한국과 중국의 역학자들의 이야기다. 팔괘를 그은 복희씨伏羲氏로부터 괘사를 지은 문왕文王과 공자孔子 그리고 "천지 안에 모든 것들은 내가 모르는 것이 없다."고 외쳤던 소강절이 있었다. 또 5천년 역易의 역사에 종지부를 찍은 동방 조선의 대철인, 일부一夫 김항金恒은 역易의 총 결론인 『정역』을 세상에 내놓았다. 그리고 동서양을 연결한 최초의 세계인, 마테오 리치 신부는 동서양의 철학, 사상, 문화, 과학 등을 이어준 선각자였다.

V. 주역과 인물

1. 세곡선을 정지시킨 관찰사, 이담명李聃命

"봄은 오고 또 오고 풀은 푸르고 또 푸른데
　나도 이 봄 오고 이 풀 푸르기 같이
　어느 날 고향에 돌아가 노모를 뵈오려나."

유배지에서 고향에 계신 늙으신 어머님에 대한 그리움을 노래한 「사로친곡思老親曲」이다. 이 시조를 쓴 사람은 조선 숙종 때 문신인 이담명(李聃命, 1646년~1701년) 선생이다.

선생은 본관이 광주廣州로 인망과 학식이 높아 벼슬이 예조참판, 대사헌 등을 지냈다. 1680년 경신환국 때 부친인 이원정이 참화를 당하는 것을 보고 너무 억울하고 원통하여 부친의 피 묻은 적삼을 복권될 때까지 10년 동안 입고 다녔을 정도로 효성이 지극하였다.

그 후 선생은 유배 되었을 때 "나 하나 죽는 것은 두렵지 않으나 늙으신 어머니를 모시지 못하고 떠나야 하니 애간장이 끊어지는 것 같구나."라며 팔순 노모를 그리워하며 읊은 노래가 「사로친곡」이다. 이토록 효성이 지극한 선비였으니 백성을 사랑하는 마음 또한 남달랐다

우리 역사를 들여다보면 백성들에게 선정을 베풀었던 정약용丁若鏞

등 훌륭한 목민관들이 많았지만, 선생처럼 아사 직전의 백성들을 극적으로 살려낸 한편의 드라마 같은 이야기는 없었을 것이다.

때는 바야흐로 1690년 7월(숙종 16년), 선생이 경상도 관찰사로 있을 때 영남지방에서는 대기근이 발생하여 수많은 사람들이 굶주림에 죽어가고 있었다. 때마침 전라도에서 올라오던 조세로 거둔 곡식을 가득 실은 세곡선(稅穀船)이 낙동강을 거슬러 한양으로 올라가고 있었다. 그런데 그 때 충격적인 사건이 발생하였다. 경상도 관찰사 이담명이 조정에 보고도 하지 않고 독단으로 한양으로 가던 세곡선을 정지시켜 배에 가득히 실린 곡식들을 굶주린 백성들에게 다 나눠 주었던 것이다. 감히 상상할 수도 없는 엄청난 일을 벌인 것이다.
한양에 있는 나랏님이 계신 궁궐로 들어가야 할 나라 세금을 중간에서 무단으로 착복한 것이었다. 하지만 당장 굶어 죽어가는 백성들을 살려야 한다는 그의 절박한 애민정신을 그 누구도 가로막지 못했다. 나랏님에게 바칠 국가 세금을 관찰사 마음대로 유용했다는 것은 국법을 흔드는 엄청난 중죄에 해당한다. 그렇지만 이담명의 이러한 결단으로 죽을 뻔한 수많은 목숨들이 살아났음은 두말할 나위가 없었다.

이처럼 선생이 죽음을 무릅쓰고 백성을 살려낸 그 애민정신의 바탕에는 『주역』의 「풍뢰익괘(風雷益卦)」가 있었다. 「풍뢰익괘」에 보면 "유익함을 흉한 일에 쓰면 허물이 없어지며, 사심 없이 미덥게 중도를 행하라."[57]는 구절을 현실에 적용하여 죽어가던 백성들을 살려낸 것이다.

---

57) 『주역』, 「풍뢰익괘(風雷益卦)」 육삼. "익용흉사(益用凶事)이면 무구(无咎)어니와 유부중행(有孚中行)해야."

이 일로 이담명은 조정에서 엄중한 문책을 받았지만,

"백성의 생명은 조석 간에 달렸고, 조정의 결정은 시일만 지체하고 있으니, 전하께서 백성들을 살리라고 신(臣)을 보냈사온데 이제 신이 그 백성들을 다 죽이고 난 뒤 무슨 면목으로 전하를 뵈올 수 있겠습니까?"라는 상소문을 올렸다.

백성을 하늘처럼 사랑하는 그의 마음은 임금의 마음까지 움직여서 결국은 아무 탈 없이 무사히 풀려날 수 있었던 것이다.

그 후 관찰사 이담명의 선정에 감복한 도민들은 굶주린 백성들을 구휼한 선생의 덕업을 기리고 그 은혜를 영원히 잊지 말자는 의미에서 도민들이 자발적으로 1708년에 영세불망비(永世不忘碑, 아래 사진)를 세워주었다. 몇 년 전 칠곡군 왜관읍에 위치한 애국동산에 자리 잡은 영세불망비에서 바라보았던 해 질 무렵 낙동강의 풍광은 영원히 잊지 못할 감동을 안겨주었다.

〈이담명 영세불망비〉

2. 이주역李周易으로 불리었던 이달李達

『주역』을 공부할 때마다 느끼는 것이지만 대한민국은 『주역』의 나라이고, 한韓민족은 『주역』의 민족이란 생각이 든다.
그만큼 우리나라 사람들은 선천적으로 역易의 DNA를 타고난 것 같다. 이 땅에 살아온 우리들의 삶은 태극과 음양오행 등 역易과 관련된 풍습 및 일상생활 그 자체였다.
또 우리 동이東夷의 선현 중에는 역학의 대가들이 많았다.
역의 기원이 된 팔괘八卦를 처음 그은 배달국의 복희씨伏羲氏로부터, 우리 동방 땅으로 『주역』을 가져왔다는 역동易東 선생으로 널리 알려진 우탁禹倬, 그리고 역의 완성인 『정역正易』을 지은 김일부金一夫 선생 등은 역도易道를 빛낸 동이의 역성易聖들이다.
근세 역학의 거인이었으며 지금까지도 역맥易脈을 꾸준히 이어오고 있는 야산也山 이달(李達,1889년~1958년, 사진)선생 이야기다. 야산은 구한말에 태어나 나라 잃은 불운한 시대를 살았던 역학자로, 난세의 사상가이며 때로는 기인奇人으로 파란만장한 삶을 사셨다. 어려서부터 영민하여 김시습金時習의 화신이라는 소문이 나돌았을 정도였다.
스승을 찾아다녔으나 진리 갈급증을 채워줄 참 스승을 찾지 못하자 스스로 입산수도하여 마침내 한 소식을 들었다.

〈이달(1889년~1958년) 선생〉

산에서 내려온 후 격동의 시대를 제정신으론 도저히 살아갈 수 없기에 광인狂人처럼 살아가는 야산을 가리켜 세상에서는 미친 사람이라고 손가락질하며, 일본 경찰들은 주역 공부하다 미쳤다하여 '이주역李周易'이라는 별명을 붙여주었다.

그런데 주목해서 볼 것은 야산也山이라는 호號와 이달李達이라는 이름에서 그의 사상을 엿볼 수 있다. 금강산에서 입산수도할 때 이름을 '달達'로 고쳤는데 그 이유에 대해 "선천은 양(陽, 日, 남성)이 주장하고 후천은 음(陰, 月, 여성)이 주장하니 이제 후천시대를 맞아 '달(達=月)'로 이름을 삼았다."고 하였다. 다가올 후천시대를 상징하는 달로 개명한 것은 중생들을 후천세계로 구제하려는 야산의 굳은 결의의 표현이었다.

또 야산也山이란 호를 삼은 이유에 대해서도 "야也자는 천자문의 맨 끝에 나온다. 다가올 후천시대에 세상 사람들을 먼저 피안으로 보내고, 내가 맨 끝으로 건너가겠다는 염원 때문이다."고 말했다. 사실 '야也'자는 『주역』에서 공자의 비밀이 담긴 글자로 공자의 도를 계승하겠다는 야산의 의지가 담겨 있다. 선생은 평소에도 제자들에게 "내가 공자를 등에 업었다"고 말할 정도로 자신을 공자의 분신처럼 여겼다.

그리고 야산의 '산山'자는 간괘(☶)를 상징하며, 선천을 마치고 후천이 시작되는 간방艮方인 우리나라를 의미한다. 그래서 우리 땅을 상징하는 산山자를 자신의 호뿐만 아니라 제자들에게도 '아산亞山', '대산大山' 등 '산山'이 들어가는 호를 많이 지어주었다.

야산에게는 전설 같은 수많은 이야기들이 넘쳐난다.
예컨대 도술로 땅을 줄여 먼 거리를 순식간에 이동하는 축지법縮地法과 미래를 꿰뚫어보는 예지력 등 그와 관련된 수 많은 기행들이 입에서 입으로 지금도 전해져 온다.

야산이 경북 문경에서 광복을 맞이한 이야기는 아직도 전설로 회자되고 있다.

1945년(乙酉年, 닭띠 해) 광복되던 해까지 대부분의 조선 사람들은 대동아공영권을 외치던 대일본제국이 영원히 조선을 지배할 것으로 생각했다.

야산이 45년 8월 중순 경남 산청의 화계리花溪里 주막집에 머물 때다. 야산이 주인 오吳씨에게 닭 울음소리를 내라고 하자, 주인은 영문도 모른 채 "꼬끼오~꼬끼오!" 소리를 냈다. 그리고 제자들에게도 "꼬끼오"를 따라하게 했다. 그 이유인 즉 화계리의 화花는 '꽃'이고, '계'는 시내 계溪자이며, 주인 오씨는 '오' 발음이니 세 글자를 합치면 '꽃계오'가 되어 '꼬끼오'로 들린다. 지명도 화계리, 주인의 성씨도 하필 오씨였으니 이것은 야산의 기막힌 음동音同을 취해 광복의 새 날이 온다는 것을 닭울음소리로 알렸던 것이다.

그리고 나서 14일 경북 문경군聞慶郡 문경읍聞慶邑 문경리聞慶里로 이동한다. 왜 문경으로 가냐고 물으니까, "경사스러운[慶] 소식을 듣기[聞] 위해서는 문경으로 가야 한다."고 말하는 것이 아닌가.

문경에 도착한 그 날 저녁, 제자들에게 큰 잔치판을 벌이라고 했다. 동네 촌로들을 모아 놓고 닭고기와 술 등을 대접하며 춤판을 벌이면서 "오늘같이 기쁜 날, 내가 닭 춤을 한번 추야겠다."고 하면서 덩실 덩실 춤을 추는 게 아닌가. 전혀 영문을 모르는 제자들은 "우리 스승님이 진짜로 미쳤나보다."라고 생각하면서 닭 춤을 구경하는 수밖에 없었다. 이렇게 한 판 신명나게 놀고 난 다음날 8월 15일이 밝았다. 제자들은 그때서야 광복이 되었음을 알았다. 야산은 상·수·리象數理에 도통하여 일제의 압제에서 벗어나는 광복에 맞추어 날짜와 장소를 그 의미에 부합되게 경사스런 소식을 듣는 문경聞慶으로 물색하였던 것이다.

그리고 6·25사변 때도 전쟁을 앞두고 야산의 말을 믿고 태안군(泰安, 태평하고 편안함) 안면도(安眠島, 편안히 잠들 수 있는 섬)로 피란 온 수가 300세대였다고 한다. 당시 한 가구 인원이 대여섯 명씩이니까 대략 2천여 명 정도가 야산을 믿고 따라나선 것이다. 당시 '비산비야이야산非山非野李也山'이라는 유행어가 널리 퍼졌는데 이는 야산을 따라가야 살 수 있다는 말로 제자들이 자기 가족들을 데리고 피란길에 오른 것이다. 결과적으로 야산의 피난행렬에 동참했던 사람들은 동족상잔이라는 참혹한 전쟁 통에도 단 한사람도 다치지 않았다고 한다.

야산은 해방이 되자 좌우익으로 갈라진 나라를 걱정하며 군자의 경륜經綸을 중시하는 「수뢰둔괘水雷屯卦」에서 '둔屯'자를 취해 대둔산大屯山에다 터를 잡았다. 그리고 만물을 길러내는 우물을 상징하는 「수풍정괘水風井卦」의 '정井'자를 넣은 석정암石井庵에서 『주역』을 가르쳤다. 선생에게 직접 가르침을 받아 통강(通講, 역경의 전문을 외움)한 제자만도 108명이었으며, 『서경』의 「홍범구주」에 나오는 '홍洪'과 『주역』의 '역易'자를 취하여 홍역학회洪易學會를 창립하니 회원이 무려 1만 2000여명에 이르렀다고 한다.
지금까지도 야산의 가르침은 아산亞山, 대산大山 등의 걸출한 제자와 선생의 친손자에 의해 오늘날까지도 우리 역학계의 최대 학맥으로 이어져 내려오고 있다.

야산을 이야기할 때 빼놓지 않는 것이 '후천後天'이다.
야산만큼 선·후천의 시각에서 『주역』을 해석한 역학자도 드물 것이다. 소강절邵康節이 쓴 『황극경세서皇極經世書』를 보면, 우주의 순환주기는 129,600년으로 전반기(64,800년)를 선천先天이라 하며, 후반기(64,800년)를 후천後天이라 한다.

「64괘」에서는 상경(上經, 1~30번째 괘)을 선천으로, 하경(下經, 31~64번째 괘)을 후천으로 본다.

야산은 『주역』과 연관 지어 선·후천의 시운時運을 논하였다.

특히 129,600년의 한 중간인 오회午會의 때를 선천에서 후천으로 바뀌는 교체기로 보고 '오회중천午會中天'시대라고 불렀는데, 지금이 바로 오회중천의 시점이라는 것이다.

즉 중천中天은 '선천에서 후천으로 바뀌는 전환기'로 「야산역학也山易學」에서는 이를 「중천역中天易」이라고 부를 만큼 중요시한다.

왜냐하면 선천이 끝났다고 곧바로 후천으로 넘어가는 것이 아니라 중천이란 과도기를 겪기 때문이다. 일 년 중에서도 여름에서 가을로 넘어갈 때는 '삼복三伏'이라는 폭염을 거치듯 중천 또한 그렇다는 것이다. 야산은 중천의 문턱을 잘 넘어가기 위해서는 복금伏金으로 상징되는 후천의 열매를 잘 맺어야 한다고 말했다.

또 야산은 구체적으로 후천의 시점을 대한민국정부가 수립된 1948년(戊子年)으로 보았다.

야산이 언급한 선·후천의 변화이치를 담고 있는 「64괘」들 중 몇 가지만 살펴보자. 예를 들면 「중풍손괘重風巽卦」에 나오는 "경으로 앞서 삼일하며(先庚三日) 경으로 뒤에 삼일하며(後庚三日)"라는 구절과, 「산풍고괘山風蠱卦」에 나오는 "갑에서 먼저 삼일하며(先甲三日) 갑에서 뒤에 삼일하며(後甲三日)"라는 글귀에는 선·후천이 바뀌는 이치가 담겨있다고 하였다.

그리고 야산은 후천시대를 맞이하여 새 달력인 「경원력庚元歷」을 창제하였다. 선천에서 후천으로 넘어가는 변혁기를 다룬 「택화혁괘澤火革卦」에 나오는 "역을 다스려서 때를 밝힌다(治歷明時)"라는 구절에 착안하여 태양력과 태음력의 단점을 보완한 후천역後天曆인 「경원력」이라는 캘린더를 만들기도 하였다.

이처럼 야산은 현재의 시운을 선·후천의 교체기에 해당하는 「중천론中天論」의 역리를 전개하였으며, 무엇보다 중국과 일본의 『주역』과는 다르게 우리나라 중심으로 『주역』을 해석하여 한국이 후천시대를 주도한다는 「야산역학也山易學」을 펼쳤던 위대한 역학자였다.

한마디로 「야산역학」은 간도수艮度數의 실현으로 이 세상에 펼쳐지는 후천세계의 희망을 읊은 「간역艮易」인 것이다. 『주역』에 보면 "낡은 선천을 종결짓고 새로운 후천 세상을 열어가는 성지가 간방艮方"이라고 한다. 이제 선천 상극相克의 문을 닫고, 후천의 여명이 밝아오는 이 때, 야산선생께서 주장했던 후천사상이 하루빨리 이 땅 간방에서 실현되기를 기대해 본다.

3. 『우주변화의 원리』를 지은 한동석韓東錫[58]

역학 공부의 필독서인 『우주변화의 원리宇宙變化原理』의 저자이며 한의학계의 전설로 통하는 한동석[韓東錫, 1911년~1968년, 아래 사진(右)] 선생에 대해 알아보자. 선생은 본업인 한의학뿐만 아니라 동양사상의 뿌리인 『주역』과 우주운동 법칙을 밝힌 『정역』에도 한 소식을 들었던 역학자였다.

또 선생은 뛰어난 예언 능력으로 주위 사람들을 놀라게 했다.

오죽했으면 천기누설을 너무 많이 발설하여 하늘에서 잡아갔다는 말이 나올 정도였으니까. '한동석' 하면 가장 먼저 떠오르는 것이 바로 불후의 역작, '『우주변화의 원리宇宙變化原理』'이다. 책 제목 하나만 봐도 대단하지 않은가!

어느 누가 감히 '우주의 변화이치를 밝힌 책'이란 이름을 붙일 수 있겠는가? 책 제목을 『우주변화의 원리』로 썼다는 것은 우주의 변화이법에 달통하지 않고서는 도저히 붙일 수 없는 이름이다. 그 책을 접해 본 사람들은 "도대체 어떤 사람이길래 그 어렵다는 우주의 변화 이치를 안다고 할까?"라는 궁금증을 가진다.

『우주변화의 원리』책의 머리말에는 다음과 같이 써져있다.

> "음양오행陰陽五行의 법칙이란 우주의 변화법칙變化法則이며, 만물의 생사법칙生死法則이며, 정신의 생성법칙生成法則이므로 우주의 모든 변화가 이 법칙 밖에서 일어날 수는 없다. 그러므로 필자는 이 법칙의 원리를 '우주변화宇宙變化의 원리'라고 명명한 것이다."

---

[58] 본 글은 「한동석의 생애에 관한 연구」(권경인, 대전대학교 석사학위논문, 2001)에서 참고했음을 밝힌다.

〈우주변화의 원리〉　　　〈한동석 선생〉

즉 한마디로 '우주변화 원리'는 '음양오행'이라는 것이다.
우리 주변에 한의학을 전공한 사람이건 혹은 역학易學공부를 웬만큼 한 사람치고 『우주변화의 원리』를 읽어보지 않은 사람은 없을 것이다. 1966년도에 초판이 나온 이래 반세기 이상 스테디셀러로 지금도 많은 사람들이 그 책을 읽고 있다. 그런데 문제는 이 책이 너무 어렵다는 것이다.
오죽하면 한의학과 교수들조차도 고개를 절레절레 흔들 정도로 난해한 책이니 이 책을 제대로 이해하는 학생들은 얼마나 될까? 여기서는 한동석 선생에 대한 간략한 소개와 미래예언 몇 가지만 알아보려 한다.

선생은 함경남도 함주군에서 태어났다. 호는 두암斗庵, 동암東庵이며, 본명은 국흠國欽이고 북한에서 월남한 이후에는 동석東錫으로 개명하였다. 집안의 장손으로 13세에 정혼을 했으나 헤어졌고, 두 번째 결혼 후 부인이 폐병을 앓았다. 그 때 사람마다 타고난 체질이 다르므로 같은 병이라도 그 치료가 달라야 한다는 사상의학四象醫學을 제창한 동무東武 이제마(李濟馬, 1837년~1900년)의 제자인 김홍제에게 치료를 받았다. 김홍제가 부인의 병을 치료하면서 "지금은 이렇게 고쳤으나 나중에 재발하면 못 고친다."고 말했는데 결국 병이 재발하여 사망하게 되자 그 후 한의학에 관심을 갖게 되었다고 한다.

이 일이 계기가 되어 김홍제 밑에서 한의학을 배웠는데 한의학에 입문한지 2년 정도 밖에 안 되었는데도 주변 사람들의 웬만한 병들은 다 고쳐주었다고 한다.

6·25동란이 일어나자 부산에서 한약방을 경영하는 자와 동업하여 진료를 시작하였다. 부산 피난 시절에 동양의학전문학원에 강사로 출강하기도 했으며, 1953년도 제2회 한의사국가고시에 응시하여 면허를 취득하였고, 정식으로 부산에서 인계仁溪한의원을 개원하였다.

그 해 『역학원론易學原論』의 저자인 자신의 유일한 스승 삼화三和 한장경(韓長庚, 1896년~1967년)선생을 만나 『주역』을 공부하게 된다. 『우주변화의 원리』책에서도 그 때의 솔직한 심정을 "아아 하늘이 이제야 나에게 양사良師를 보내는가 보다."라고 감동했을 정도였다. 그 후 1956년 서울로 올라와 인사동 사거리에 '한동석 한의원'을 개원하였다.

이때부터 계룡산 국사봉을 자주 출입하면서 본격적으로 『주역』과 『정역』을 공부하였다. 계룡산 국사봉은 일찍이 김일부 선생이 『정역』을 완성했던 정역파正易派들의 성지였다. 1950년대 중반에 충남대학교 총장을 지낸 『정역』의 대가, 이정호李正浩 박사를 필두로 화엄경을 국역한 탄허吞虛 스님, 정역학자인 권영원權寧遠 등이 모여 『정역』을 공부하던 소위 '계룡산학파'가 형성되었다.

한동석은 5번이나 결혼하는 등 가정적으로는 불우하였으나,
치병능력은 해외에까지 알려져 하루는 서독에 사는 교포가 병원에 가도 정확한 병명을 알 수 없다며 증세를 적은 편지를 보내왔다. 그런데 한동석은 환자의 사주四柱를 알려 달라는 답장을 띄워 환자의 사주에 맞추어 처방전과 첩약을 지어 보내줬더니 씻은 듯이 나았다고 한다.

선생은 초인적인 집중력으로 주위 사람들이 전율을 느낄 정도로 무섭게 공부를 하였다고 한다. 항상 무언가를 외워 길을 걸어가면서까지 외는 모습이 자주 눈에 띄었다고 한다. 그가 암송한 것은 중국 전통 한의서인 『황제내경黃帝內經』의 「운기편運氣編」이었다. 후일에 그가 말하길

"3천 독讀을 하고나면 뭔가 알 수 있을 것 같아서 3천 독을 했는데도 전혀 감이 오질 않자, 6천 독을 하고나니 약간 뭔가 있는 것 같아서, 다시 3천 독을 더하여 9천 독을 해도 문리文理가 안 트이자, 드디어 1만 독(萬讀)을 하고나니 그제서야 뭔가 통하는 걸 느꼈다."고 토로하였다. 그의 공부 장소와 공부법은 계룡산이나 오대산에 들어가 한 달씩 집중하여 공부하였는데 추운 겨울에도 차가운 얼음을 깨고 목욕재계를 해가며 죽을힘을 다해 쓴 책이 바로 『우주변화의 원리』이다.

『우주변화의 원리』책의 핵심은 「음양오행론」이다.
그 책에서 우주 운동법칙을 설명하고 있는데, 현재 23.5도 기울어진 지축이 똑바로 섬으로써, 새 하늘이 열리고 땅이 새로운 질서로 들어간다는 개벽운동을 말하고 있다. 그리고 책의 말미에 있는 '우주 고발의 꿈'에서는 '두목지杜目之'와 '규도사圭道師'로 상징되는 진리의 스승을 찾아보라고 묵시적으로 알려주고 있다.

그리고 선생이 생전에 언급한 많은 예언 중에서 몇 가지만 소개한다. 음양오행적 관점에서 6·25를 해석하였다. 한반도의 중앙을 가로지르는 강은 한탄강인데 강의 이북은 북한이고, 이남은 남한이다. 오행으로 보면 이북지역은 북방수北方水에 해당하고, 이남지역은 남방화南方火에 해당한다. 이북은 물이고 이남은 불이다. 그런데 소련의 상징이 백곰이다. 백곰은 차가운 얼음물에서 사는 동물이니 소련 역시 물이다. 중국은 상징동물로 용이다. 용은 물에서 노는 동물이어서 중국 역시 물로 본다. 이북도 물인데, 여기에 소련의 물과 중국의 물이 합해지니 홍수가 나서 남쪽으로 넘쳐 내려온 현상이 바로 6·25다. 대전大田은 들판(田)이라서 그 홍수가 그냥 통과하였고, 전주, 광주도 역시 마찬가지로 통과하였다. 그러나 대구는 큰(大) 언덕(邱)이어서 물이 내려가다 막혔다. 부산釜山, 마산馬山은 모두 산山이어서 물이 넘어가지 못했다. 특히 부산은 불가마(釜)이니 물을 불로 막을 수 있었다고 한다.

그리고 아직 이승만 정권과 이기붕 일가의 권세가 건재할 때 이기붕 일가가 총에 맞아 죽는다고 말하면서, 이 박사는 하야할 것이라고 하였다. 그 후 혼란기가 오면서 민주정부가 들어설 것이며 그다음 군부독재가 나오며, 박대통령 내외의 횡사를 예견했다. 박 대통령 서거 후 정치적 혼란기가 오게 되는데 이때에도 1년 반 정도의 공백기를 지난 다음 다시 한차례 군부독재가 더 올 것이라고 예언하였다. 그다음에는 군인과 민간정권 사이에 가교 역할을 할 인물이 나온 후, 금기金氣의 기운을 가진 사람들이 한 10년 정도 하고, 목기木氣와 화기火氣를 가진 사람이 나타나는데, 이 때 목木, 화火의 기운을 통해 남북이 통일할 수 있게 된다고 하였다.

그리고 다가올 후천 세상에 대해서는 우리 국토에 적지 않은 지각

변동이 생길 것이며, 한반도 남쪽은 물에 잠기는 반면, 서쪽 땅은 2배쯤 늘어나게 된다고 하였다. 또 분열이 극에 달하면 인구가 더 이상 증가하지 못하고 인구가 줄어들기 시작하며, 여러 가지 원인으로 임신을 하지 못하게 될 것인데 대략 2010년을 넘기면서 그런 추세가 올 것이라 하였다. 또 앞으로는 '딴따라 세상'이 될 것이라고도 하였다.

그리고 『주역』 공부는 어떻게 하는지 묻자.
"글자나 해석하는 게 『주역』 공부가 아니야. 『주역』 공부를 제대로 하면 다 보여. 천기天氣보는 걸 배워라. 천기는 하늘을 쳐다보는 게 아니야. 땅을 봐라. 땅에 이렇게 풀이 있고 돌멩이가 있고 이렇게 흔들리지? 지렁이, 털벌레, 딱정벌레 요거로 천기를 보는 거야. 딱정벌레가 많이 있는 거는 이 지상에 금기金氣가 많이 있다는 거야. 이제 발이 많은 돈지네가 많이 끓을 때가 있으면 화기火氣가 왔다는 거야. 땅에 지렁이가 많으면 토기土氣가 많다는 거고, 이렇게 천기를 보는 거야."라고 말했다.

그의 마지막도 한 편의 드라마 같았다.
1968년 병환으로 자리에 눕게 되자, "만약 내 생일인 음력 6월 5일 인시寅時를 넘기면 77세까지는 무병하게 살 수 있겠지만, 만약 넘기지 못한다면 죽게 될 것이다. 이 모든 게 하늘의 뜻이니 죽더라도 너무 슬퍼 말라."고 했는데 결국 자신의 예언대로 2시간만 견디면 인시를 넘길 수 있었으나, 자신의 생시生時를 코앞에 두고 마지막 고비를 넘기지 못하고 58세를 일기로 세상을 떠났다.

4. 칼을 찬 선비, 조식曺植

조선 시대에 칼 찬 선비가 있었다.
그 칼날에는 '**내명자경**內明者敬 **외단자의**外斷者義'라는 글자가 새겨져 있었다. '마음속을 환하게 밝히는 것은 경敬이요, 행동을 결단케 하는 것은 의義'라는 뜻이다. 후세 사람들은 칼날에 새겨진 글자 '경'자와 '의'자를 따서 '경의검(敬義劍, 사진)'이라 불렀다.
바로 남명南冥 조식(曺植, 1501년~1572년. 사진) 선생 이야기다.
이 글귀는 원래 『주역』의 「중지곤괘(䷁)」에 나오는 "군자는 경으로써 안을 곧게 하고, 의로써 바깥을 바르게 한다(敬以直內 義以方外)"라는 글에서 유래하였다.
또 선생은 '성성자(惺惺子, 사진)'라는 방울을 허리에 차고 다녔는데 움직일 때마다 방울 소리를 내는 성성자는 언제나 깨어있는 정신으로 살아가게 하였다. 즉 방울은 마음을 밝히는 경敬이요, 칼은 과단성 있는 의義의 상징이다. 선생은 생을 다할 때까지 성성자와 경의검을 차고 다니면서 공경스런[敬] 마음과 의로운[義] 삶을 살다 가셨다.
경과 의를 숭상했던 유학의 나라, 조선 오백년 역사에서 남명처럼 공경과 의로움을 철두철미하게 지켜낸 선비는 없었다.

〈성성자〉

〈경의검〉

남명 선생의 본관은 창령昌寧이며, 그의 호 남명南冥은 『장자莊子』에 나오는 '남쪽[南]의 큰 바다[冥]'을 의미한다.

스스로 남명이라는 호를 지은 이유는 하루에 9만 리를 난다는 대붕大鵬이 날아가려는 이상향이 바로 남명이며, 본인 또한 한평생 불의와 타협하지 않는 경의敬義로운 삶을 살고자 하였기 때문이다.

지금의 경상남도 합천에서 태어나 아버지의 벼슬살이를 좇아서 서울에 살다가 나중에 처가가 있는 김해로 거처를 옮겼다. 후에 산청으로 옮겨 산천재山天齋를 지어 후학들을 가르치며 단 한 번도 벼슬길에 나가지 않았고, 산 속에 묻혀 산림처사山林處士로 일생을 마쳤다.

〈조식(1501년~1572년)선생〉

지리산 천왕봉이 올려다 보이는 곳에 산천재를 짓고, 그 서재의 왼쪽 창문에는 경敬자를, 오른쪽 창문에는 의義자를 써 붙여놓고 평생토록 이를 지켰다.

산천재는 학문을 닦고 후학들을 가르치던 곳으로 '산천山天'이란 이름은 『주역』의 「산천대축괘山天大畜卦,䷙」에서 따온 것으로 '산(☶) 밑에 하늘(☰)이 있는 괘상'이다.

대축괘는 "군자는 강건하고 독실하게 안으로 덕을 쌓아, 밖으로 빛을 드러내서 날로 새로워진다."59)는 의미이다.

즉 산천재는 세상에 나아가지 않고 산 속에 묻혀 심신을 닦고 학문을 크게 쌓아 쓰일 때를 기다린다는 선생의 깊은 뜻이 담긴 당호堂號이다. 이 같은 남명의 정신이 담긴 것이 산천재 앞뜰에 심어진 유명한 '남명매南冥梅'이다. 선생이 손수 심고 가꾸었다는 매화나무는 5백 여 년의 풍상을 겪으며 아름다운 꽃을 피어왔는데, 세상 사람들은 이 매화나무를 남명매라 불러왔다. 해마다 3월 무렵 연분홍의 꽃이 피는 남명매의 그윽한 향기는 불의와 타협하지 않는 선생의 고결함이 스며있는 듯하다.

무엇보다 남명은 조선 성리학 발전에 큰 업적을 남겼다.
퇴계 이황(李滉, 1501년~1570년)과 같은 해 태어나 동시대를 살면서, 낙동강을 사이에 두고 '좌퇴계左退溪' '우남명右南冥'으로 불리었으며 영남학파의 양대 산맥으로 우뚝 솟은 거유巨儒였다. 그런데 남명은 성리학을 중시하면서도 천문, 지리, 의학, 복서, 병법 등의 잡학에도 능통하였다. 학문에 대한 선생의 지론은 백성들의 고통을 덜어주고 실질적인 혜택을 주어야 한다고 생각했다. 남명을 따르는 소위 '남명학파'는 성리학의 이론에만 연연하지 않고 실천궁행實踐躬行, 즉 '몸소 갈고 닦은 것을 행동으로 옮겨야 한다.'는 스승의 가르침을 따랐다. 후일 임진왜란이 발발하자 남명의 정신을 이어받은 홍의장군 곽재우, 내암 정인홍 등 당시 의병장으로만 활약한 제자들이 50여 명에 이르렀다 하니 남명의 경의敬義정신이 얼마나 대단하였는지를 알 수 있다.

---

59) 『주역』 「산천대축괘(山天大畜卦,䷙)」 단전, "대축(大畜)은 강건(剛健)하고 휘광(輝光)하야 일신기덕(日新其德)이니(후략)."

왕후를 과부에 비유한 상소를 올리다

남명의 경의敬義정신이 유명해진 일화가 있었다.
선생의 나이 55세 때, 생애 최초로 단성 현감이라는 벼슬을 제수 받았으나, 다음과 같은 사직소辭職疏를 임금(명종)에게 올리고 벼슬길에 나아가지 않았다.

> "전하의 어머니(문정왕후)께서는 신실하고 뜻이 깊다고는 하나 실은 구중궁궐의 '한 과부에 불과하고', 전하는 아직 어리니 다만 돌아가신 '선왕先王의 한 고아에 불과'합니다. 앞으로 백 가지 천 가지로 내리는 재앙들을 어찌 감당할 것이며, 억만 갈래로 흩어진 민심을 어떻게 수습하시겠습니까?"

이 상소 하나로 두메산골 무명의 선비에 불과했던 남명을 조선 팔도에 널리 알리게 된 '단성현감 사직소'이다. 역사책에는 을묘년에 올린 사직소라고 하여 '을묘사직소乙卯辭職疏'로 많이 알려져 있다. 이처럼 남명은 문정왕후의 수렴청정으로 외척 정치의 폐단과 비리를 통렬히 비판하면서 임금이 더 분발하여 명군明君의 반열에 오르기를 간절히 바라며 미련 없이 벼슬을 던져버린 것이다. 왕실의 가장 큰 어른이며, 국왕의 생모를 일개 여염집 과부에 비유한 상소문을 받아 본 임금과 윤 대비는 얼마나 진노하였겠으며, 또 조정 중신들은 얼마나 겁에 질렸겠는가?
이 일을 계기로 선생의 명성은 삼남三南지역은 물론 저 멀리 한양의 선비들까지 알려져 곽재우, 정인홍, 정탁 등 당대 뛰어난 인재들이 선생의 문하로 몰려들었다.

또 하나 전해 내려오는 전설 같은 이야기가 있다.
홍명희의 소설 『임꺽정』에도 나오는 이야기다.
어느 날 남명이 한강 나루터에서 배를 탈 때 일이었다. 남명이 탄 나룻배가 강 중간을 지날 때 쯤 이미 떠난 나루터에서 누군가 뱃사공을 부르는 것이 아닌가. 그러자 뱃사공은 한숨을 내쉬며 왔던 대로 다시 뱃머리를 돌렸다. 이를 의아스럽게 여긴 남명이 사공에게 "도중에 돌릴 것이 아니라 우리를 내려주고 다시 오면 될 것 아닌가?"라며 말하자, 사공 왈 "저 놈들이 어떤 놈들인지 아십니까? 그 유명한 정난정을 첩으로 둔 윤형원 대감의 수하로 저희처럼 힘없는 백성들에게 저지르는 패악이 하늘을 찌릅니다요."라며 탄식을 하는 것이 아닌가.
다시 가서 그들을 태우고 오는 중에 패거리 중 한 명이 나룻배의 가운데에 앉아 있던 남명의 옆자리로 와서는 "영감님은 어디서 오셨습니까?"라며 의도적으로 자꾸 구석으로 밀치며 시비를 거는 것이 아닌가.
평소 불의를 못 참는 남명인지라 곁에서 수종 들던 덕대에게 손을 봐주라는 눈치를 보내자, 윤 대감의 패거리들은 모두 강물에 내동댕이쳐 허우적거렸다. 지리산 산삼을 먹고 자라 힘이 장사인데다 육척 거구 덕대에겐 한줌거리도 되지 않았다. 이 날 이천 땅에 볼 일 보러 갔다가 윤 대감 댁으로 돌아가는 길에 평소 하던 대로 행패를 부리던 건달들이 오늘에야 제대로 주인을 만나 강물 속으로 처넣어지는 수모를 당했던 것이다. 행색도 남루한 시골 노인에게 이런 수모를 당한 패거리들은 그 길로 곧장 윤 대감에게 달려가 자신들이 당한 것을 일러바쳤다.
세상에 무서울 것 하나 없는 윤형원의 수하라는 것은 조선 팔도 사람이라면 다 아는 데, 감히 이렇게 망신을 줬다고 생각하니 화가

치밀어 윤 대감조차 도저히 참을 수가 없었다.

그래서 단단히 혼내 주려고 그 노인네를 수소문 하였던 것이다.

그런데 몇 일후, 뜻밖에도 윤 대감이 조용히 수하들을 부르는 것이 아닌가. 윤형원이 말하길 "일인지하一人之下 만인지상萬人之上의 자리에 있는 내가 조선 땅에서 못할 바가 없지만, 오직 지리산의 조曺판관에게만은 어떻게 할 수가 없으니 자네들이 참게나."라고 타일렀다는 것이다.

5. 삼성의 이건희와 정선

매일 사용하는 천원 권 지폐 속의 멋진 산수화를 그린 화가를 아는가? 바로 겸재謙齋 정선(鄭敾,1676년~1759년)이다.
겸재는 우리 산천의 핵심을 뽑아 산수화로 완성하여 이전의
중국 산수화풍을 흉내 낸 것과는 달리 "진짜 조선의 산천을 그리자!"는 우리만의 고유한 산수화풍인 '진경산수화풍眞景山水畵風'의 시대를 활짝 열어 놓은 화성畵聖이다.
아래 작품은 겸재가 그린 '계상정거도溪上靜居圖'라는 산수화다.
이는 퇴계 이황이 후학을 양성했던 도산서원의 전신인 '도산서당' 풍경을 묘사한 작품이다(사진 참조).

〈계상정거도. 1746년작. 사진: 삼성문화재단〉

겸재는 30대에 삶을 겸허하게 살기로 작정하고, 자신의 호를 겸손하다는 '겸재謙齋'로 지어 이를 평생토록 실천하며 살았다. 이런 겸손의 미덕 때문인지는 모르겠으나 엄격한 신분사회였던 그 당시 중인

中人 신분으로 종2품이란 큰 벼슬까지 올라갈 수 있었다.

그리고 잘 알려지지 않는 사실이지만, 겸재는 『주역』에 상당히 조예가 깊었다. 겸재의 집안은 율곡학파인 서인 학통을 계승하였으며 본관은 광주光州이다. 겸재는 『주역』에도 능통하여 『도설경해圖說經解』라는 『주역』 해설서까지 저술하였다고 한다.

조선의 화가 중에 겸재만큼 『주역』의 원리, 이를테면 음양과 오행사상 등을 산수화법에 적용한 화가는 별로 없을 것이다. 겸재 정선의 전문가인 최완수(간송미술관 실장)에 의하면, 겸재는 30대 때 『주역』에 능통해 금강산을 음양 조화의 원리로 화면을 구성하였다고 한다.

그러면 겸재가 1734년에 그렸던 국보 「금강전도金剛全圖」(사진참조)를 보면서 설명해보자. 「금강전도」는 이병철 삼성그룹 창업 회장이 매입한 후 리움미술관에서 소장하다가 2021년 4월 '세기의 기증'으로 국민적 관심을 끌었던 소위 '이건희 컬렉션'의 백미이다. 「인왕제색도仁王霽色圖」와 함께 컬렉션의 대표작이기도 하다. 「금강전도」는 『주역』의 음양원리에 입각하여 음양조화와 음양대비로 그린 겸재의 대표작으로 금강산의 1만 2천봉을 한 장에 그린 그림이며, 금강산을 '주역적周易的'으로 재해석한 작품이다.

"토산土山과 암산巖山이 어우러진 금강산을 중국 남방 화법의 묵법墨法과 북방 화법의 필묘筆描를 한 화폭에 조화롭게 담아냄은 물론 『주역』의 음양 조화와 대비의 묘리에 통달하여 우리 산천의 주종을 이루는 화강암 바위와 소나무를 적절히 묘사하는 화법으로 그려냈다. 이처럼 겸재는 진경산수화의 사상적 기반이 되는 조선 성리학을 익혀 그 근본 경전인 『주역』에까지 정통하게 되었다."60)고 한다.

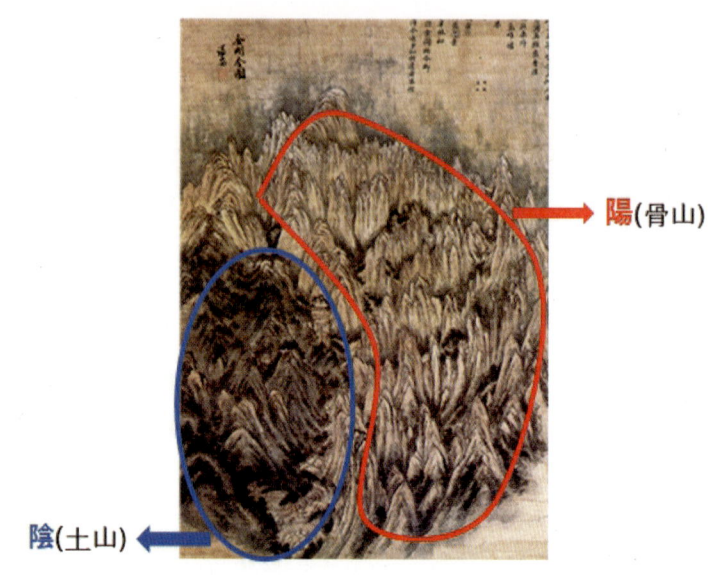

〈금강전도, 사진: 삼성문화재단〉

그림 속에서 왼쪽 아래 부분은 수목이 우거진 부드러운 흙산(土山)으로 음陰을 상징하며, 오른쪽의 뾰족한 산봉우리가 많은 돌산(巖山)은 양陽을 상징한다.61)(그림 참조). 이것을 『주역』의 「64괘」와 관련지어 보면, 화면 오른쪽의 뾰족한 산봉우리가 많은 돌산은 하늘을 상징하는 「중천건괘重天乾卦, ䷀」와 결부되며, 그 정신은 「중천건괘」 대상전에 나오는 '자강불식自彊不息'을 연상시킨다. 왜냐하면 '스스로 굳세어 쉬지 않는다.'는 강건한 바위산의 이미지와 겹치기 때문이다.

또 화면 왼쪽의 숲과 부드러운 흙산은 땅을 상징하는 「중지곤괘重地坤卦, ䷁」를 연상시키며 그 정신은 「중지곤괘」 대상전에 나오는 '후덕재물厚德載物'을 보는 듯하다. 왜냐하면 '두터운 지덕으로 만물을 싣는

---

60) 최완수, 『겸재를 따라가는 금강산여행』, 대원사, 2011, 9, 61쪽 인용.
61) 최완수, 『겸재를 따라가는 금강산여행』, 대원사, 2011, 9쪽에서 인용.

다.'는 토산土山의 이미지와 오버랩 되기 때문이다.

일제 강점기 서예가 겸 서화가로 서화와 고미술품 감정에 조예가 깊었던 오세창(吳世昌, 1864년~1953년)은 "겸재가 『주역』을 좋아한다는 것을 들었는데, 참으로 역리易理를 잘 풀이하였다. 그만큼 역리를 잘 풀이한다는 것은 변화에 능통하다는 것이니 겸재의 화법畫法이 『주역』의 원리에서 나왔기 때문에 그러한 것이 아니겠는가!"라고 말했다.

이번에는 겸재의 400여 점의 유작 중 가장 큰 그림이며 겸재가 76세에 그린 수묵화로 국보로 지정된 「인왕제색도仁王霽色圖」를 감상해 보자. 「인왕제색도」는 말 그대로 한 여름 인왕산에 소나기가 지나간 뒤 안개가 피어오르는 순간을 포착하여 그 느낌을 표현한 겸재의 예술혼이 집약된 걸작이다.

〈인왕제색도(仁王霽色圖), 사진: 국립중앙박물관〉

「인왕제색도」를 자세히 보면 실제 경치와는 다르게, 정확히 말해 그 반대로 흰 화강암 바위를 검게 칠했으며, 수목으로 덮인 짙은 능선은 안개와 함께 엷게 처리한 것이 특징이다. 이렇게 엷게 표현한 능선[陰]과 짙은 바위[陽]는 음양을 적절히 조화롭게 배치하였으며, 또 그림 속의 안개[雲, 陰]와 비[雨, 陽] 또한 음양의 조화를 상징하고 있다. 앞으로 겸재의 작품을 감상할 때마다 『주역』의 음양론적 시각에서 보면 훨씬 더 많은 감흥을 느낄 수 있을 것이다.

6. 하늘 아래 모르는 것이 없었던 소강절

혼례를 치른 첫날 밤. 소강절邵康節은 홀로 앉아 점괘를 뽑아보았다. 서른이 되어서야 신부를 맞이한 그는 첫날 밤 행사가 궁금하여 점을 쳐보니 다행히 아들이 들어섰다는 점괘가 나왔다. 기쁜 나머지 아랫대 후손들의 앞날까지도 궁금하여 점을 쳐보니 다 좋게 나왔으나, 9대 손孫에 이르러 불길한 점괘가 나왔던 것이다. 그 점괘는 다름 아닌 9대 손이 역적의 누명을 쓰고 죽게 된 것이었다. 어느덧 세월은 흘러 임종을 앞둔 강절이 큰며느리에게 유품 하나를 전해주면서 "얘야, 집안에 아무런 일도 일어나지 않으면 이것을 열어보지 말고 너의 큰 며느리한테 전해주고, 또 그 큰며느리에게도 아무런 일이 없다면 그렇게 계속 전해주어라."는 유언을 남겼다. 그렇게 강절의 유품은 대대로 전해져서 300여년이란 세월이 흘러 마침내 9대 손까지 내려갔다.

9대 손은 학식이 뛰어나 세자의 스승이 되었는데, 어느 날 세자가 9대 손의 집에 들렀다가 궁궐로 돌아가는 길에 자객에게 암살을 당해 역적으로 몰리게 되어 집안이 풍비박산의 위기에 놓이게 되었다. 그때서야 그의 아내는 9대조 할아버지인 소강절의 유품을 열어볼 때가 되었음을 직감하고 드디어 보자기를 풀어보았던 것이다. 거기에는 "지체 말고 이 함을 형조상서에게 전하라"는 메시지가 들어 있어 곧바로 그 길로 형조상서를 찾아 갔으나 역적의 집안이라고 만나주지 않는 것이었다. 자기는 안 만나줘도 좋으니 강절 할아버지가 상서 양반에게 꼭 전해주라는 유품이 있으니, 이것만은 받아 달라는 간청에 할 수 없이 그걸 받아 펴보니, 거기에는 "예禮를 갖춰서 받들라."라고 써져 있었다.

그래서 마당으로 내려와서 의관을 정제하고 함 뚜껑을 여는 순간, 상서의 고래 등 같은 기와집이 폭삭 무너져 버린 것이다. 너무나 놀라서 함 속에 들어있는 글을 펴보니 이렇게 써져 있는 것이 아닌가!

"求汝壓梁死 活我九代孫"
구 여 압 량 사 활 아 구 대 손

'그대가 대들보에 깔려 죽을 것을 구해 주었으니, 나의 9대 손을 살려주시오.'

그야말로 귀신이 곡할 노릇 아닌가! 벌써 소강절은 다 알고 있었던 것이었다. 상서는 곧바로 재조사를 명하였고 결국 9대손은 무죄로 판명되어 무사히 풀려날 수 있었다. 명리를 공부하는 사람치고 한 번쯤은 들어 봤을 이 이야기는 "이 천지 외에 다른 천지가 있다면 모를까 천지 안의 모든 일은 손바닥 보듯 다 알고 있다."고 하였던 소강절에 대한 점술의 일화이다.

소강절(邵康節, 1011년~1077년, 사진)은 중국 북송시대의 역학자로 이름은 옹雍이며, 강절康節은 송나라 철종이 내린 시호이다. 북송오자(北宋五子, 주렴계, 장재, 정호, 정이, 소강절)의 한사람으로 그의 사상은 후세에 주자朱子에 의해 성리학의 근본이념으로 자리 잡았으며, 조선시대의 화담 서경덕徐敬德, 토정 이지함李之咸도 그의 사상을 이어받았다.
어렸을 때부터 독서광으로 읽지 않은 책이 없었으며, 공부를 할 때도 일부러 고생스러운 길을 택하여 삼복더위에 부채를 쓰지 않았고, 엄동설한에도 화로에 불을 넣지 않았다고 한다. 한 번 책상에 앉으면 허리를 꼿꼿이 세우고 미동도 하지 않은 채 오로지 책에만 집중하여 며칠씩 밤을 지새우는 것은 다반사였다.
이미 20대에 요·순·우·탕(堯舜禹湯)의 대경대법大經大法한 심법을 꿰뚫었으며 수천 년 동안 이어온 문명사에도 깊이 통달하였다. 특히 『주역』에 탐닉하여 '역易을 배우는 것은 천하를 다스리기 위한 것'이라며 치세에 역의 원리를 적용하여 유학사상을 탐구하였다. 나라에서는 선생의 학식을 높이 평가하여 여러 번 관직을 제수하였으나 사양하고 낙양洛陽에 은둔하며 평생 학문에만 정진하였다. 천지와 합일된 정신으로 현묘한 깨달음을 얻어 광대한 천지운행의 변화에서부터 풀과 나무의 미세한 변화까지 삼라만상을 환하게 꿰뚫어보는 혜안을 가지게 되었다.

〈소강절, 1011년~1077년〉

7. 중국에서 『주역』을 통째 외워서 가져온 우탁禹倬

"한 손에 막대 잡고 또 한 손에 가시 쥐고,
늙는 길 가시로 막고 오는 백발白髮을 막대로 치려하니,
백발이 제 먼저 알고 지름길로 오더라."

필자가 학창시절에 배웠던 「탄로가嘆老歌」라는 시조이다.
인생을 살아오면서 어느 덧 백발이 된 자신을 보면서 아쉬운 심정을 노래한 시조로 고려 말 우탁(禹倬, 1262년~1342년, 사진) 선생이 지은 것이다. 우리 문학사에서 전래 되어 온 것 중에서 최고最古의 시조로 평가받고 있다.

사실 우탁 선생은 시조 못지않게 『주역』에 있어서도 큰 족적을 남긴 역학자이다. 선생의 호가 '역동易東'이란 것만 봐도 알 수 있듯이 『주역』과 관련된 전설 같은 이야기[62]가 전해 내려온다.

"선생이 중국 사신으로 갔을 때 어느 대신의 집에서 묵고 있을 때, 그 대신에게 중국에서 가장 보배로 여기는 것이 무엇이냐고 물었더니 대신이 내놓은 것이 바로 『주역』이었다. 우탁 선생이 『주역』을 보니 참으로 심오한 뜻이 들어 있어 그것을 얻고자 했지만 나라의 국보를 내줄 수 없다고 거절하여 하는 수 없이 그 자리에서 한번 보고 전부를 외웠다고 한다.
얼마 후 선생이 귀국하는 도중 동쪽으로 서기가 뻗치자 원나라에서는 우탁을 잡아들여 '가져가는 게 없느냐?'고 물으니 '아무것도 없고 다만 『주역』을 외워가기만 한다.'고 답하며 『주역』을 줄줄 외우자, 원나라 관리들이 무릎을 탁치며 '오역동吾易東이라! 우리의

---

[62] 김석진, 『대산 주역강의(1)』, 한길사, 2010, 53쪽 인용.

『주역』이 동쪽의 고려로 가는구나!'하고 탄식했다고 한다. 그리고 우리나라에서는 '우역동禹易東이라! 우탁이 『주역』을 중국에서 동(고려)으로 가지고 왔다.'고 하였다."

후대에 퇴계 이황이 『주역』을 우리나라에 널리 알리게 된 우탁 선생을 높이 평가하여 '역동선생易東先生'으로 호칭하였다. 우탁은 본관이 단양丹陽이며 어릴 적부터 영특하여 일찍이 관직에 올랐다. 영해사록이라는 벼슬을 할 때, 당시 영해에는 팔령八鈴이라 불리는 신사神祠가 있었다. 백성들이 그 영험함을 믿고 팔령신을 극진히 받들고 있었으며, 온갖 재물을 바쳐 제사를 지내는 등 폐해가 막심했는데, 우탁은 팔령을 요괴로 단정하고 신사를 과감히 철폐하였다.

또 선생과 관련한 유명한 일화가 있는데, 바로 '지부상소持斧上疏' 이야기다. 지부상소라는 것은 죽음을 두려워하지 않고 도끼를 어깨에 걸러 메고 임금이 거처하고 있는 궁궐 앞에 엎드려 내 말을 듣지 않겠다면, 이 도끼로 내 목을 치라고 왕에게 직언하는 것이다.
고려 충선왕이 부왕인 충렬왕의 후궁인 숙창원비와 눈이 맞아 패륜을 저지르자, 당시 감찰규정이라는 벼슬을 하고 있던 우탁이 상복을 입고 도끼를 든 채로 대궐에 들어가 왕에게 직격탄을 날리는 상소를 올렸다. 왕을 측근에서 모시던 신하들은 왕의 노여움을 살까 두려워 감히 상소를 읽지 못하자, 우탁이 "경들은 임금을 가까이 모시는 신하로서 주상의 잘못을 바로잡지 못하고 이렇게 추악한 일을 저지르게 했으니 그대의 죄를 알겠는가?"라고 꾸짖었다. 이에 측근 신하들이 두려워서 벌벌 떨었고, 충선왕도 부끄러운 기색을 나타냈다고 『고려사』는 전하고 있다.

그 후 우탁은 벼슬길에서 물러난 후 경상도 예안에 은둔하면서 후학들을 가르치는데 전념 하였다. 당시 원나라를 통해 들어온 새 유학인 「정주학程朱學」을 깊이 연구하였으며, 특히 정이천程伊川이 『주역』을 해석한 『역전易傳』이 처음 들어 왔을 때 고려 땅에는 아는 이가 없었는데, 우탁이 방문을 닫아걸고 연구하기를 달포 만에 터득하여 사람들에게 가르쳐주었다고 한다.

선생은 경사經史에만 통달한 것이 아니라. 천문, 복서 등에 뛰어나 예측한 일이 맞지 않음이 없었다고 『고려사』에 기록될 만큼 모든 방면에서 뛰어난 대학자였다고 한다.

〈우탁 선생, 1262년~1342년〉

우뚝하여 무리에 비할 바가 아니며

경북 안동시 소재 안동대학교에 가보면 특별한 서원 하나가 눈에 들어온다. 대학교 교내에 위치한 '역동서원易東書院'이다.

우리나라에 「정주학程朱學」을 처음 소개한 역동易東 우탁 선생의 학문과 덕행을 기리는 서원이다. 1570년(선조3년)에 퇴계 이황의 발의로 우탁 선생의 학덕을 추모하기 위해 서원을 창건하여 위패를 봉안했다.

그 후 1684년(숙종10년)에 임금으로부터 '역동易東'이라는 사액을 받았지만, 대원군의 서원 철폐령으로 헐렸다가 복원되었는데, 안동대학교가 이곳으로 옮겨오면서 대학교 교내에 위치하게 되었다. 퇴계가 얼마나 역동 선생을 흠모했던지 서원의 현판 뿐 만 아니라 '상현사', '광명실' 등 전각의 현판까지 퇴계 선생이 직접 쓴 친필이라고 하니 선생의 학덕이 대단하였음을 짐작할 수 있다.

그런데 다른 서원과 달리 역동서원만의 특이한 것이 하나 있다. 그것은 바로 '복희팔괘'이다. 우리나라에 『주역』을 전했다는 역동易東의 명성에 걸맞게 '역易'의 뿌리인 '복희팔괘' 문양이 서원의 정문 광장과 비석에 멋지게 새겨져있다(사진의 붉은 원 참조).

〈역동서원 전경, 안동대학교 내〉

그리고 역동 선생과 떼려야 뗄 수 없는 명소가 하나 더 있다. 충북 단양군 대강면에 있는 단양팔경 중 하나인 '사인암舍人巖'이다. 사인암이란 이름은 우탁 선생이 임금을 보필하는 직책인 정4품 '사인舍人'이라는 벼슬을 하던 당시, 이곳에 머물렀던 인연이 있어 조선 성종 때 단양군수가 우탁 선생을 기리기 위해 기암절벽의 이름을 사인암이라 부른데서 유래되었다. 50여 미터 높이에 이르는 절경의 기암 아래로는 남조천이 흐르고 있어 풍치가 돋보인다. 단양군청의 조사에 의하면 예로부터 사인암에는 수많은 시인묵객들이 새겨놓은 200여 개의 각자刻字들이 있다고 한다. 많은 각자들 중에 사인암의 위용에 부합하는 『주역』에 나오는 두 개의 글귀를 살펴보자. 첫 번째 각자는 바로 이것이다.

"卓爾弗群 確乎不拔"
탁 이 불 군 확 호 불 발

'우뚝하여 무리에 비할 바가 아니며, 확고하여 뽑을 수 없다네.'

각자刻字에서 맨 처음 글자인 '탁월하다는 卓(탁)'자를 우탁禹倬 선생의 함자인 '倬(클 탁)'으로 바꾸어 보면 그야말로 선생의 강직한 성품에 딱 부합하는 멋진 한시가 될 것 같다.
그리고 바위에 새겨진 '확호불발確乎不拔'은 『주역』의 「중천건괘重天乾卦,䷀」 문언전에 나오는 글로 초구인 잠용潛龍에 대한 이야기이다. 그 원문은 다음과 같다.

"確乎其不可拔이 潛龍也라."
확 호 기 불 가 발   잠 룡 야

'확고하여 가히 뽑을 수 없는 것이 잠룡이라.'

그리고 두 번째 각자는 『주역』의 「택풍대과괘澤風大過卦,䷛」 대상전에 나오는 글귀이다.

"獨立不懼 遯世无憫憫"
_{독립불구 돈세무민}

'나 홀로 있어도 두려워하지 않고, 세상에 은둔해 있어도 걱정하지 않는다.'

「택풍대과괘」의 대과大過라는 말은 '크게 지나쳤다' 혹은 '큰 허물'이라는 뜻이다. 대과괘의 괘상(䷛)을 보면 나약한 음효(--)는 2개인 반면, 힘센 양효(—)는 4개라서 크게 지나쳤다는 의미가 된다. 또 다른 해석은 위에 있는 연못(☱) 물이 아래로 넘쳐흘러 아래 나무(☴)가 물에 썩고 있는 것으로 보기도 한다. 흔히 대과괘는 한옥의 용마루가 흔들리는 것에 비유하여 요즘처럼 뿌리째 흔들리는 변혁의 시대를 상징하기도 한다. 이 험난한 시대를 살아가는 지혜가 바로 '독립불구 돈세무민'이다. 고독한 군중의 시대에 홀로 남겨지더라도 두려워하지 않으며, 비록 세상이 나를 알아주지 않아도 근심하지 말라고 그 해법을 제시해주고 있다.

8. 후천 세상이 오는 이치를 밝힌 김일부金一夫

요즘 연일 폭염으로 많이들 힘들어한다.

얼마 전 독일에 갔었는데 한낮 기온이 39℃까지 올라가는 것을 보고 깜짝 놀랐다. 일상생활 자체를 어렵게 만드니 이건 기후변화가 아니라 기후재앙이란 생각이 들었다.

해마다 폭염의 강도가 더 세지는 것을 보니, 역학易學에서 말하는 '지금은 우주 여름철의 말복末伏'이라는 말에 수긍이 간다. 불현듯 『정역正易』을 지은 일부一夫 김항(金恒, 1826년~1898년, 사진) 선생이 생각난다. 왜냐하면 『정역』을 보면 오늘날의 심각한 기후위기에 대한 혁명적인 내용이 나오기 때문이다.

『정역』은 우주의 '바른(正) 변화(易)'의 이치를 밝혀 놓은 역서易書이다. 『정역』을 지은 김일부 선생의 본명은 항恒이며 일부一夫는 호이다. 조선 말 지금의 충남 논산군 양촌면 남산리에서 태어났다. 선생의 용모는 남달리 비범하여 마치 하늘을 나는 학과 닮았다고 하며, 특히 두 팔이 길어 무릎 아래까지 내려왔다고 한다. 선생은 평상시에도 늘 의관을 정제하여 흐트러짐이 없었다. 취침전에는 눕는 일이 없었고 잠을 자도 짧은 시간 졸고마는 정도였다.

일찍이 성리학과 예학에 심취하였으며 가정을 꾸린 뒤에도 처자를 돌보지 않고 오로지 도학道學에 온 정열을 바쳤다.

그러다가 당시 기울어가는 국운을 보고 한양에서 낙향하여 은거해 있던 연담蓮潭 이운규李雲圭 선생과 스승과 제자의 인연을 맺었다. 이때 동학을 창도한 최수운崔水雲과 남학을 개창한 김광화金光華도 연담 선생 문하에서 같이 공부하였다고 한다.

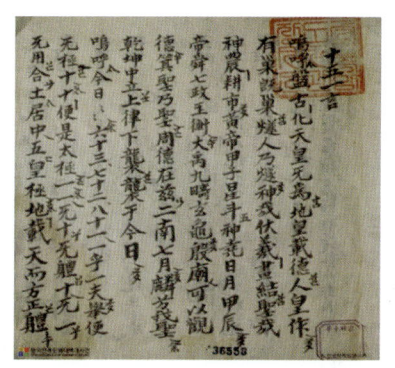

〈김일부 선생〉　　　〈정역, 사진: 한국학중앙연구원〉

일부 선생이 36세 되던 해, 하루는 연담 선생이 수제자인 세 사람을 차례로 불러놓고 말하길, "최제우에게는 선도적 전통을 계승할 자라 하여 동학계에 적용되는 '시천주조화정영세불망만사지 지기금지원위대강(侍天主造化定永世不忘萬事知 至氣今至願爲大降)'라는 주문을 독송하게 하며 근신하라 부탁하였다.

또한 김광화에게는 불교적 전통을 계승할 자라 하여 '남문을 열고 바라 치니 학명산천(鶴鳴山川) 밝아온다.'라는 주문을 주면서 종교적 수련을 부탁하였다.

그리고 일부에게는 쇠하여 가는 공자(孔子)의 도를 이어 천시(天時)를 크게 받들 자라고 하며 예서(禮書)만 볼 것이 아니라 『서전(書傳)』을 많이 읽으면 깨닫는 바가 있을 것이라."[63]하였다. 또 "이런 장할 데가 있나. 내 이제까지는 '너'라 하고 '해라'를 했지만, 이제부터는 '자네'라 하고 '하소'를 할 터이니 그리 알라."며 시 한수를 내어 주니 이러하였다.

---

63) 한국학중앙연구원 『한국민족문화대백과사전』 「정역(正易)에서 인용

"觀淡莫如水요 好德宜行仁이요
 관담막여수   호덕의행인

'맑은 것을 봄은 물만한 게 없고 덕을 좋아함은 인(仁)을 행함이 마땅하고,

影動天心月하니 勸君尋此眞하소."
 영동천심월   권군심차진

천심월의 그림자가 움직이니 그대는 이 참된 진리를 찾아보소.'

그렇게 스승이 홀연 떠나며 전해준 이 글귀에서 일부는 크게 깨달은 바가 있어 종래의 공부 방법을 바꾸어『서전』과『주역』을 깊이 연구하였다.

일부는 스승이 던진 '영동천심월影動天心月' 즉 천심월의 그림자가 움직이는 오묘한 뜻을 풀기 위해 피나는 노력을 하였다. 그의 공부법은 특이하게 '영가무도詠歌舞蹈'라는 독특한 수련법을 택하였다.

영가무도는 '음, 아, 어, 이, 우'의 오음五音을 읊으며 그 곡조에 맞춰서 춤을 추는 것이다. 오음의 노래를 영가詠歌라 하고, 그 춤을 무도舞蹈라고 부른다. 그러면서 선생은 인근 반야산 기슭에 있는 관촉사 은진미륵을 자주 찾아가 지성으로 기도를 올렸다고 한다.

일부는 날마다 아침저녁으로 뒷산에 오르내리며, 어떤 때는 밤이 지새도록 노래와 춤(歌舞)을 추다가 새벽녘이 되어서야 하얗게 서리가 내린 갓과 도포자락이 찢어진 채 돌아온 적도 많았다고 한다. 간혹 소나무 숲 속에서 춤을 추다가 무아지경에 빠져 기쁨을 주체하지 못하면 "복福 받아가거라!"라고 외치기도 했으며, 얼마나 춤을 황홀경에서 열심히 추었던지 선생이 뛰었던 그 자리에는 풀 한포기 남아 있지 않을 정도로 바닥이 닳았다고 전해진다.

이토록 일부 선생은 오로지 공부에만 정진할 뿐 집안을 돌보지 않

아 끼니를 걱정을 할 정도로 가난하였다. 일반 유생들처럼 집안에서 조용히 글을 읽는 것이 아니라, 소리를 지르고 춤추기를 날마다 하니 김장생金長生, 김집金集 등 명신과 대학자를 배출한 광산光山 김씨 문중에서 조차 이단지학異端之學을 한다하여 족보에서 파헤쳐질 정도로 온갖 조롱과 비아냥거림을 받았다.

그러던 중 선생은 '영동천심월'이란 화두를 풀기 위해 밤낮으로 노래 부르고 춤추면서 궁리하던 차에, 어느 때부턴가 눈을 감으나, 눈을 뜨나 눈앞이 환해지며 밤에 한 잠도 자지 않아도 전혀 피곤하지 않을 뿐 아니라, 오히려 정신은 더욱 뚜렷해지고 청명해졌다.

드디어 19년 만에 영동천심월의 의미를 깨닫게 되었으니 선생의 나이 54세 되던 1879년이었다. 그리고 나서는 눈앞에 이상한 괘卦가 보이기 시작하더니 그것이 점점 커져서 나중에는 온 천지가 팔괘八卦의 상으로 뒤덮여 버렸다. 그래서 일부는 혹시 가무에 열중한 나머지 기력이 쇠한 탓이 아닌가 싶어 개고기 등을 먹어 보기도 하였으며, 또 혹시 그런 괘도卦圖가 있지 않나 싶어 각종 서적들을 뒤적여 보았지만 끝내 찾을 수가 없었다.

그렇게 3년이 지난 어느 날 문득 『주역』의 「설괘전」에 "신이라는 것은 만물을 신묘하게 하는 것을 말함이라(神也者 妙萬物而爲言者也)"는 글귀에서 크게 깨우쳐서 팔괘도를 그리니 이것이 바로 「복희팔괘도」와 「문왕팔괘도」를 잇는 제3의 팔괘도인 「정역팔괘도(正易八卦圖, 사진)」인 것이다.

이어서 홀연히 공자孔子가 일부에게 나타나 "내가 일찍이 하려고 하였으나 이루지 못한 것을 그대가 이루었으니 이런 장할 데가 있나라며 '一夫(일부)'라는 호칭을 주었다."는 자신의 경험을 1881년에 나온 『대역서大易序』에다 적어놓았다.

마침내 1885년에 「십오일언十五一言」과 「십일일언十一一言」 등으로 이루어진 『정역』을 완성하였다.

〈정역팔괘도〉

복희팔괘는 천지가 창조된 우주 봄의 생역生易이고, 문왕팔괘는 천지가 만물을 키워내는 우주 여름의 장역長易이다. 그리고 정역팔괘는 천지가 결실하는 우주 가을의 성역成易이다. 『정역正易』은 복희역과 문왕역에 이은 제3역이며 다가오는 후천시대의 이치를 밝혀놓은 미래역이다. 『정역』은 모든 종교와 위대한 성자들이 부르짖은 하느님의 강세로 우주의 새시대를 선언하는 후천시대의 메시지를 담고 있다.

9. 경복궁의 오리지널 설계자, 정도전

경복궁은 조선 왕조의 법궁(法宮, 임금이 사는 궁궐)이다.
오백년 조선 왕조의 혼과 정신이 깃든 궁궐이다. 조선을 대표하는 경복궁은 유교의 성리학적 이상을 구현코자 정도전을 위시한 신진 사대부들이 주축이 되어 1395년 창건하여, 1592년 임진왜란으로 전소되었고, 그리고 1868년에 중건되었다.
그런데 경복궁이 『주역』의 원리로 지어졌다는 것을 사람들은 잘 모른다. 왜냐하면 경복궁의 기본설계가 『주례周禮』에 근거했기 때문이다. 『주례』가 어떤 책인가? 『주역』의 384개 효사를 지은 주공周公이 저술한 유가의 경전으로 주周나라의 제도와 예법을 집대성한 책이다. 거기에는 당연히 『주역』의 기본원리인 태극과 음양오행사상 등이 밑바탕에 깔려있다.
예컨대 주나라 때의 여섯 개의 중앙행정기관인 육관(六官: 天·地·春·夏·秋·冬)을 본뜬 것이 조선의 이·호·예·병·형·공조가 되었으며, 특히 『주례』의 「고공기考工記」는 도성의 축성원리와 궁궐의 건축원리인 궁제(宮制, 궁궐의 규모, 배치, 시공)에 관한 기록으로 요즘으로 말하면 실시설계서 같은 것이다. 이에 근거하여 한양도성과 경복궁이 축조되었음은 두말할 나위가 없다.

구체적으로 한양도성의 축조원리를 살펴보면, 먼저 '**좌묘우사左廟右社**' 원리이다. 즉 궁궐을 중심으로 왼쪽(左)에는 묘廟가 오른쪽(右)에는 사社가 자리 잡는다는 것이다. 그래서 한양 도성 안에는 임금이 계신 경복궁을 중심으로 궁궐의 왼쪽(동쪽)에는 역대 왕들과 왕비들의 신위를 모신 종묘宗廟가 있으며, 오른쪽(서쪽)에는 토지와 곡식의 신에게 제사를 지내는 사직단社稷壇을 세웠던 것이다. 또 남쪽에는 대한제국

선포 후 고종황제가 황천상제께 천제를 올렸던 제천단인 원구단(圜丘壇, 환구단이라고 함)이 있었다(아래 사진 참조).

또 '**전조후침**前朝後寢' 원리에 따라 궁궐의 전면에는 국가의 공식행사나 신하들의 조례를 받는 근정전과 왕이 업무를 보는 사정전을 비롯한 공적인 전각들이 자리 잡았으며, 후면에는 왕과 왕비의 침전과 후원 등 사적인 건물을 배치하였다.

그리고 '**배북남면**背北南面' 원칙에 따라 경복궁의 중심축은 북쪽의 북악산을 등지고 남쪽의 관악산을 마주보는 남향南向으로 자리 잡았다. 이것은 성인은 북쪽을 등지고 남쪽을 바라봐야 한다는 '성인남면聖人南面'의 원칙에도 부합된다. 이 원칙은 『주역』의 「설괘전」에 나온다. 거기에 보면 "성인이 남쪽을 향해 천하의 의견을 들어서 밝은 것을 향해 다스린다."64)고 적혀있다.

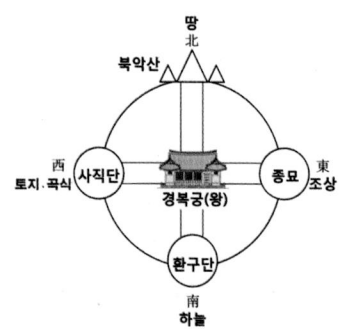

〈『주례』에 근거한 한양도성과 경복궁〉

---

64) 『주역』「설괘전」제5장 "이야(離也)는 명야(明也)니 만물(萬物)이 개상견(皆相見)할새 남방지괘야(南方之卦也)라 성인(聖人)이 남면이청천하(南面而廳天下)하야 향명이치(嚮明而治)하니 개취저차야(蓋取諸此也)라(리離는 밝음이니 만물이 모두 서로 보는 것이니 남방의 괘다. 성인이 남쪽을 향해 천하의 의견을 들어서 밝은 데를 향하여 다스리니 모든 것이 리괘에서 취함이라)."

위에서 말한 한양도성과 경복궁을 이야기할 때 빼놓을 수 없는 인물이 삼봉三峯 정도전(鄭道傳, 1342년~1398년)이다.

왜냐하면 그는 한양 천도에 따른 당시 수도 이전의 실무총책뿐만 아니라 도시계획의 수립에서 건설뿐만 아니라 전각의 명칭까지 직접 관여하였다. 아시다시피 정도전은 이성계를 도와 조선을 건국한 창업공신이며 새 왕조의 초석을 다진 입지전적인 인물이다.

그는 『주례』의 6전 체제를 모범으로 삼아 『조선경국전』을 지어 국가통치의 기틀을 마련하였다. 경복궁을 둘러볼 때 마다 느끼는 것이지만 정도전의 심오한 역학易學의 깊이에 저절로 고개가 숙여진다. 수많은 경복궁 전각들의 명칭과 그 이름에 걸 맞는 건축원리를 『주역』에서 인용한 정도전의 식견에 그저 놀라울 따름이다.

몇 가지 사례만 봐도 그렇다.

먼저 경복궁의 정문인 광화문 문루門樓를 자세히 보면 여장(女墻, 성벽 위에 쌓은 낮은 담. 아래 사진 붉은 원 참조)이라는 것이 있다. 그 여장에는 「문왕팔괘도」의 팔괘가 순서대로 전·후면에 장식되어 있고, 여덟 개의 팔괘가 그려진 각 면에는 그 해당 팔괘가 들어간 대성괘(육획괘, 여섯 효로 이루어진 괘)들이 8개씩 새겨져 있다.

결국 광화문의 여장에는 소성괘(삼획괘) 8개와 대성괘(육획괘) 64개(=8개×8면)가 그려져 있다. 일례로 아래 사진처럼 광화문의 전면(前面,남쪽)에는 남방을 뜻하는 리괘(離,☲,삼획괘)가 중앙에 진하게 그려져 있으며, 그 주위에 리괘(☲)가 들어가 있는 「지화명이괘地火明夷卦,䷣」 등 8개의 대성괘(육획괘)들이 흐리게 그려져 있다.

〈광화문 문루의 여장에 장식된 팔괘〉   〈팔괘 중 리괘(離卦, ☲)와 대성괘 8개〉

그리고 경복궁 안에는 외빈의 접대하고 나라의 경사가 있을 때 연회를 베풀던 경회루慶會樓가 있다. 경회루는 네모난 큰 연못 안에 2층 누각 형태로 지은 것으로 '천원지방天圓地方' 원리에 따라 설계되었다. 즉 1층 내부 기둥은 둥근 원기둥(圓柱)이며, 외부 기둥은 네모난 기둥(方柱)로 한 것은 '하늘은 둥글고 땅은 네모나다'는 '천원지방天圓地方' 사상을 담고 있다. 또 2층 내부는 높이가 다른 3단의 마루로 돼있는데 이는 천·지·인(天地人)의 삼재三才를 상징하고 있다. 그리고 3단을 둘러싼 가장 안쪽의 8개 기둥은 8괘卦를, 중간의 12개 기둥은 12달을, 가장 바깥쪽의 24개 기둥은 24절기와 24방위를 상징한다.

〈경회루 1층 외부 사각기둥(方柱), 내부 원기둥(圓柱)〉

이것뿐이 아니다. 왕비의 침전인 교태전交泰殿 또한 『주역』의 「지천태괘地天泰卦,䷊」에서 따온 이름이다. '교태交泰'라는 말은 '천지의 사귐(交)으로 크게 통한다(泰)'[65]는 뜻으로 하늘과 땅의 두 음양 기운이 교합함으로써 만물이 생겨나 번성하듯, 하늘을 상징하는 왕과 땅을 상징하는 왕비의 화합으로 왕실과 종묘사직이 번창하기를 바라는 마음에서 그렇게 지은 것이다. 이처럼 경복궁이야말로 『주역』을 공부하는 사람들에게 『주역』을 이해하고 체감할 수 있는 최적의 현장 교육 장소라고 생각한다.

〈경복궁. 교태전〉

---

[65] 『주역』「지천태괘(地天泰卦 ䷊)」 대상전, "천지교(天地交) 태(泰)니 후이(后以)하야 재성천지지도(財成天地之道)하며 보상천지지의(輔相天地之宜)하여 이좌우민(以左右民) 하느니라(하늘과 땅의 사귐이 泰니 임금이 이를 본받아 천지의 도를 재단하여 이루며, 천지의 마땅함을 도움으로써 백성을 좌우로 돕느니라)."

10. 『역경』의 괘사와 효사를 지은 문왕과 주공

강태공을 등용한 문왕

문왕文王은 주周나라를 창건한 무왕武王의 아버지로 성은 희씨姬氏이며 이름은 창昌이다. 원래 주나라는 중국 서북부 황토 고원 지대에 위치한 은殷나라에 공납을 받치던 신흥 제후국이었다. 비록 소국이었지만 문왕은 노인을 공경하고 어린이를 아끼며 의지할 곳 없는 가난한 백성들을 구제하는데도 몸소 심혈을 기울었다. 문왕이 백성을 위한 어진정치로 민심을 끌어들이니 이웃의 소국들 중에는 주周의 세력권으로 귀순하는 경우가 많아졌다.

문왕은 인재를 구하는데도 정성을 다하였는데, 강태공을 만난 일화에서도 알 수 있듯이 하루는 위수 이북에서 용도, 이무기도, 곰도, 아닌 한 사람을 얻는다는 점괘에 귀가 번쩍 뜨여 사흘 밤낮을 경건한 자세로 목욕재계 후, 위수 북쪽에서 3천 개의 곧은 바늘로 낚시하던 강태공姜太公을 만나 후일 천하 대업을 이루는 초석을 쌓았다. 이 같이 문왕이 백성들에게 덕치와 인애에 바탕 한 정치를 펼치니 세상에서는 문왕을 서방 제후의 우두머리라는 뜻으로 서백西伯이란 칭호로 불러주었다.

〈문왕(文王)〉

그러나 질투와 시기가 많은 숭崇나라 제후, 호虎가 은殷나라의 폭군 주왕紂王에게 모함하기를 "모든 제후들이 서백의 덕화에 감화되어 장차 임금께 불리하게 될 것입니다." 라고 꼬드겼다. 평소에도 문왕의 명성에 못마땅하게 생각하고 있던 차라 주왕紂王은 결국 문왕을 험준한 산세로 둘러싸인 유리라는 감옥에 가두었다.

그렇게 하고도 성이 차지 않았던지 주왕은 아예 후환을 없애기 위해 그의 큰 아들 백읍고伯邑考를 인질로 삼은 다음 자신의 수레를 몰게 했다. 그것도 얼마 되지 않아 문왕이 진짜 '성인聖人'인지를 시험해 보겠다며 그의 아들 백읍고를 죽여 가마솥에 푹 끓여서 그 삶은 국물을 마시라고 했다. 주위 사람들에게 "내 눈으로 직접 그가 성인인지 아닌지 확인해야겠다. 만약 성인이라면 자기 아들의 고기라는 것을 알 것 아닌가?" 라고 말하였다. 이에 문왕은 속으로 피눈물을 삼키며 아무것도 모른 척 태연히 아들을 삶은 국물을 다 먹어 버렸으며 그 뒤 모두 토해내니 작은 무덤 하나가 생겨났다고 한다.

이처럼 말할 수 없는 고통을 견뎌내며 보통 사람들 같으면 자기에게 고통을 준 주왕에 대한 복수의 칼날을 갈았겠지만, 문왕은 달랐다. 유리옥에서 7년이란 세월 동안 세상과 단절된 고독과 죽음의 공포 속에서도, 괘상卦象으로만 전해 내려오던 「64괘」에다 괘명卦名과 각 괘를 설명한 괘사卦辭를 붙였으며, 「복희팔괘도」를 연역하여 「문왕팔괘도」를 그렸다(아래 사진).

『주역』의 「64괘」 중에는 주왕紂王의 폭정을 종식하고 새 시대를 열었던 문왕을 상징하는 괘가 있다.

바로 「지화명이괘地火明夷卦, ䷣」이다. 명이괘는 하늘에서 빛나야 할 태양이 땅속으로 숨어버려 '밝음(明)이 상했다(夷)는 괘(卦)'이다.

〈문왕팔괘도〉

이를 두고 공자는 "밝음이 땅 가운데로 들어감이 명이明夷니, 안으로 문명하고 밖으론 유순해서 큰 어려움을 헤쳐 나갈 수 있으니, 문왕이 명이괘를 본받아 그렇게 하였다."66)라고 풀이하였다.

마침내 문왕의 신하들이 폭군 주紂에게 미녀와 금은보화를 바치고 나서야 문왕을 구명할 수 있었다. 그런데 날이 갈수록 폭군 주는 정치에는 관심이 없어지고 음탕하고 포악한 달기라는 애첩만을 총애할 뿐 폭정은 심해져 백성들의 삶은 더욱 도탄에 빠지고, 나라는 혼란의 도가니 속으로 빠져들었다. 특히 주왕과 달기는 잔인한 형벌을 가하는 것을 즐겼다고 한다. 예컨대 구리 기둥에 기름을 발라 활활 타는 불 위에 걸쳐 놓고 죄인으로 하여금 그 위를 걷게 하여 미끄러져서 타 죽는 포락炮烙이란 형벌을 구경하는 걸 즐기거나, 또 연못에다 술을 가득 채우고 나무에다 고기를 주렁주렁 매달아 놓고 무희들과 함께 즐기던 주왕과 달기의 방탕하고 퇴폐적인 행위에서

---

66) 『주역』「지화명이괘(地火明夷卦䷣)」 단전. "명입지중(明入之中)이 명이(明夷)니 내문명이외유순(內文明而外柔順)하야 이몽대난(以蒙大難)하니 문왕(文王)이 이지(以之)하니라(밝은 것이 땅 가운데 들어감이 명이니, 안으로 문명하고 밖으로는 유순해서 큰 어려움을 무릅쓰니, 문왕이 이를 본받아서 그렇게 하였노라)."

주지육림酒池肉林이란 말이 생겨났다.

이렇게 폭정을 이어가자 조정의 충신들은 모두 떠나가고 간신들만 주왕紂王의 곁에 모여들었다. 그나마 폭군 주의 이복형인 미자微子는 여러 차례 선정을 펼칠 것을 간언하였으나 끝내 주왕紂王이 듣지 않자 할 수 없이 종묘사직을 보존하기 위해 신주神主를 갖고 도망쳐버렸다.

또 숙부인 기자箕子가 바른말을 했다는 죄목으로 옥에 가두자 주변 사람들이 기자에게 이런 수모를 당할 바에야 나라를 떠나야 하지 않느냐고 말하자, 기자가 말하길 "신하된 사람이 간언하여 임금이 듣지 않는다고 임금 곁을 떠난다면 이는 임금의 악행을 들춰내고 백성에게 환심을 사는 것이니 나는 차마 그럴 수가 없다."67) 라고 하였다. "마침내 기자는 머리를 풀어 헤치고 미친 사람 행세를 하면서 종이 되었다. 그는 숨어 살면서 거문고를 타서 자신의 슬픔을 달랬는데 이 노래를 기자조箕子操라고 한다."68)

그리고 숙부인 비간比干이 조카인 주왕紂王에게
"임금이 잘못이 있을 때 목숨을 걸고 간언하지 않으면 백성들은 무슨 죄로 고통을 당한다는 말이냐."69) 라고 말하였다. "이제 그만 백성을 위한 선정을 펼치시라."는 직언을 삼일 동안 물러나지 않고 간언諫言하자, 주왕紂王은 진노하여 말하기를 "내가 듣기에 성인의 심장

---

67) 『소학』「계고 제4(稽古第四)」 "기자왈(箕子曰) 위인신(爲人臣)으로 간불청이거(諫不聽而去)하면 시창군지악(是彰君之惡)하며 이자설어민(而自說於民)이니 오불인위야(吾不忍爲也)라."
68) 『소학』「계고 제4(稽古第四)」 "내피발양광이위노(乃被髮佯狂而爲奴)이라, 수은이고금(遂隱而鼓琴)하는데 이자비이(而自悲)거늘 고전지왈(故傳之曰)하길 기자조(箕子操)라."
69) 『소학』「계고 제4(稽古第四)」 "군유과(君有過)할 제 이불이사쟁(而不以死爭)이면 즉백성하고(則百姓何辜)리오."

은 일곱 개의 구멍이 있다는데 그걸 확인해 봐야겠다."며 숙부를 죽여 심장을 들어 봤다하여 후세에 '칠공七孔은 비간심比干心(일곱 개 구멍은 비간의 마음이다)'와 '비간比干이 간하다 죽었다.'고 전해져 온다. 후일 『논어』에서 "미자는 떠나고, 기자는 노비가 되고, 비간은 간하다가 죽었다. 공자께서 말씀하시길, 은나라에는 세 분의 어진 이가 있었다."70)라고 하였다.

그 후 문왕이 붕어하자 둘째 아들 발發이 무왕武王으로 즉위하니 백성들은 무왕에게 천하의 폭군, 주왕紂王을 베고 도탄에 빠진 백성들을 살려 달라고 애걸하였다. 비록 백이伯夷와 숙제叔齊 같은 충신은 무왕에게 "어찌 신하된 자가 임금을 칠 수 있는가?"라며 말렸지만, 마침내 무왕은 백성의 뜻을 받아들여 군사 5만 여 명으로 폭군 주왕을 치려하자 주왕은 70만 대군으로 대항하였다.

그런데 어찌된 일인가? 뜻밖에도 폭군 주왕의 군사들은 칼과 창을 거꾸로 돌려 자기 쪽으로 공격하며 무왕의 군사들에게 길을 열어 주고 환호하였다.

그러자 폭군 주紂는 녹대鹿臺라는 대궐의 불속에 뛰어들어 자결함으로써 은왕조殷王朝는 탕湯이 나라를 세운지 554년 만에 몰락하고 마침내 주왕조周王朝가 천하를 석권하였다.

이에 무왕은 자기 아버지 서백을 '문왕'으로 추존하고 아버지가 험난한 시간을 보냈던 유리감옥의 터에다 문왕묘를 건립하였다.

---

70) 『논어』「미자편」"미자거지(微子去之), 기자위지노(箕子爲之奴), 비간간이사(比干諫而死) 공자왈(孔子曰) '은유삼인언(殷有三仁焉)(미자는 떠나고, 기자는 노비가 되고, 비간은 간하다가 죽었다. 공자께서 말씀하시길, '은나라에는 세 분의 인자가 있었다.'라고 하셨다)."

공자가 가장 존경한 주공周公

유가에서는 공자의 도道를 '사문斯文'이라 부르는데, 그 사문의 '文'이 바로 공자가 존경했던 문왕文王을 가리킨다.

또 공자는 평소에 얼마나 주공周公을 흠모했던지 "내가 이제 노쇠한 모양이구나. 오랫동안 꿈속에서도 주공을 뵙지 못하는구나!"[71]라고 할 정도로 주공周公은 공자의 영원한 멘토(mentor)였던 것이다.

주공周公은 문왕의 아들이자 주周왕조를 개창한 무왕武王의 동생으로 이름은 단旦이다. 강태공 등과 함께 주나라를 창건한 공신으로 주나라 땅에 봉해졌기 때문에 주공周公, 또는 주공단周公旦으로도 불린다. 그러나 나라를 세운지 불과 2년 만에 무왕이 사망하자 주공은 나이 어린 조카 성왕成王을 보좌하여 섭정을 맡았다. 이런 상황을 보고 주변에서는 어린 조카를 대신해서 주공에게 왕으로 등극할 것을 부추겼다.

하지만 주공은 성군의 반열에 오를 정도로 충분한 자질과 든든한 지지 세력이 있었음에도 불구하고 끝내 임금 자리를 탐내지 않았다. 오히려 주공은 어린 성왕을 잘 보필하여 7년 간의 섭정기간 동안 주나라가 태평 성대할 수 있는 토대를 닦았으며, 어린 조카 성왕이 장성하여 친정親政을 하게 되자 자발적으로 섭정자리를 내놓고 신하(제후)의 자리로 물러났다. 그리고 아버지 문왕이 지은 「64괘」의 괘사卦辭를 깊이 연구하여 384효(=64괘×6효)에 대한 해설인 효사爻辭를 지었다.

---

[71] 『논어』 「술이편」 "자왈(子曰) '심의(甚矣)라! 오쇠야(吾衰也)여 구의(久矣)라! 오불복몽견주공(吾不復夢見周公!)이로다(공자께서 말씀하시길, 심하도다! 내 몸이 쇠약해지는구나. 오래되었구나! 꿈에서 주공을 다시 뵙지 못한지가!)."

〈주공(周公)〉

주공과 관련한 유명한 고사성어를 소개하면, '악발토포득현사握髮吐哺得賢士'라는 말이 있다. 이 말은 '머리카락을 움켜쥐고, 먹던 음식을 토해가며 인재를 얻는다.'는 뜻이다. 즉 '주공이 머리를 감다가 손님이 찾아오자 감던 머리카락을 움켜쥐고 손님을 맞이하러 나왔으며, 밥을 먹고 있는데 손님이 찾아와 세 번이나 먹던 것을 뱉어 내고 손님을 맞이했다.'는 것이다.

주공의 아버지, 문왕이 인재를 구하는데 그렇게 심혈을 기울인 덕에 강태공 같은 희대의 걸출한 인재를 얻었듯이 그의 아들 주공 또한 주나라 건국과 문물 정비에 얼마나 인재를 중시했었던가를 단적으로 보여주는 것이다.

주공은 주周왕실의 체제를 공고히 다졌으며 예악과 법도를 제정해 문물과 제도를 창시하였으니 오늘날까지도 동양의 정치, 문화, 사상 등에 큰 영향력을 끼치고 있다.

중국의 고대 문물 대부분이 그의 손에 의해 다듬어졌다는 평가와 함께 성인으로 받들어지고 있으며 '내성외왕內聖外王'의 경지에 이른

분이다. 유가에서 내성외왕이란 '요堯', '순舜', '우禹', '탕湯', '문文', '무武' 같은 창업군주이면서 성인聖人으로 받드는 분을 말한다. 즉 내면의 덕성은 성인의 심법을 갖추었으며, 대외적으로는 나라를 통치할 만한 역량을 겸비한 사람이라는 뜻이다.

그리고 주공은 『주관周官』이라고도 불리는 『주례周禮』를 지었다. 이는 예악禮樂을 정리하고 법도를 제정하여 주왕실의 제도와 문물을 정리한 것으로 특히 조선을 건국한 이성계는 한양 도성과 경복궁을 창건할 때 『주례』에 근거한 궁제원리宮制原理를 적용하였다. 『주례』는 관직의 직제를 천지·사계에 비유하여 '천관, 지관, 춘관, 하관, 추관, 동관'의 6관으로 나누고 각관 아래에 속관을 두는 388관을 만들었다, 이후 중국의 역대 왕조의 관제는 모두 이것을 규범으로 삼았다.

11. 가죽 끈이 세 번 끊어질 정도로 『역경』에 심취한 공자

『주역』의 역사는 유구하다.
인류 지성사에서 최고最古가 아닌가 싶다.
유·불·선과 기독교의 역사가 대략 2000년에서 3000년 정도이다. 그런데 역易의 뿌리는 복희씨伏羲氏부터 시작되는데 약 5,500여 년 전까지 거슬러 올라간다. 『주역』의 체계를 이룬 세 분의 성인을 일컬어 '삼성三聖'이라 한다.
즉 팔괘를 처음 그으신 복희씨, 괘사를 지은 문왕文王과 효사를 지은 주공周公은 부자父子 간이라서 한 사람으로 보며, 그리고 『주역』의 해설서인 십익十翼을 쓴 공자孔子, 이렇게 세분을 일컫는 말이다.

태극기의 원작자, 태호太昊 복희씨伏羲氏

『태백일사』에 보면 "태호 복희씨는 배달국의 제5대 태우의太虞儀 환웅의 막내아들로 태호太昊는 '크게 밝다'는 뜻이다.
어느 날 삼신 하느님의 꿈을 꾸고 천지만물의 이치를 환히 꿰뚫게 되었다. 백두산에 가서 천제를 올리고 나서 괘도를 얻었다. 세 개 획이 끊어지고 이어지는 팔괘를 처음으로 그었다."고 적혀있다. 그리고 중국의 역사가와 사서들은 복희씨가 동이족이었음을 밝히고 있다. 역사학자인 부사년(傅斯年, 1896년~1951년)은 "태호 복희가 동이족이라는 것은 고대로부터 공인되어 온 일이다."라고 하였으며, 『역대제왕록』에는 "복희의 성은 풍風이며 고대 동이족이다."라고 기록되어 있다.
그리고 『주역』의 「계사전」을 보면 "옛적에 복희가 왕이었을 때 위로는 하늘의 형상[天文]을, 아래로는 땅의 법[地理]를 보며, 새와 짐승의 무늬와 땅의 마땅함을 보아, 가깝게는 몸에서 멀리는 만물에서 우주원리를 취하여 비로소 팔괘를 지음으로써 신명의 덕을 통하고 만물을 팔괘로 나누니, 노끈을 매어 그물을 만들어 사냥하고 물고기를 잡으니 이괘(離卦,☲)에서 취했다."72)고 나온다.

복희씨는 용마의 등에 나타난 상象을 보고 하도河圖를 그렸으며, 문자를 만들고, 풍風을 성姓으로 삼아 인류 최초로 성씨를 만들었으며, 혼인 제도를 만들어 인륜이 시작되었다. 그래서 복희씨는 인류문명의 시조(人文之祖)로 불린다.

그리고 대한민국 국민이라면 복희씨가 태극기에 있는 사괘, 즉 '건(☰)·곤(☷)·감(☵)·리(☲)'를 그린 오리지널 원작자라는 것도 잊지 말아야 할 것이다.

〈팔괘도를 들고 있는 복희씨〉

---

72) 『주역』「계사전」하. "고자포희씨지왕천하야(古者包犧氏之王天下也)에 앙즉관상어천(仰則觀象於天)하고 부즉관법어지(俯則觀法於地)하며 관조수지문(觀鳥獸之文)과 여지지의(與地之宜)하며 근취저신(近取諸身)하고 원취저물(遠取諸物)하야 어시(於是)에 시작팔괘(始作八卦)하며 이통신명지덕(以通神明之德)하야 이류만물지정(以類萬物之情)하니 작결승이위망고(作結繩而爲網罟)하야 이전이어(以佃以漁)하니 개취저리(蓋取諸離)하고 (중략)."

가죽 끈이 세 번 끊어질 정도로 역경易經에 심취했던 공자

『동몽선습』에 보면 "공자가 수레를 타고 천하를 돌아다니며 도를 펼쳤는데 세상에 행하여지지 않자 돌아와 『시경』과 『서경』을 정리하고, 『춘추』를 엮었다."고 한다. 그런 다음 『역경易經』을 정리하려고 첫 장을 펼치는 순간 깜짝 놀랐다. 왜냐하면 첫 구절에 나오는 '원형이정元亨利貞'을 본 것이기 때문이다.

"아! 이렇게 큰 글이 있다니! 성인께서 지은 글은 천지이치에 맞는 글이니 어찌 내가 감히 손을 댈 수 있겠는가. 다만 후세 사람들이 알기 쉽게 해설 정도만 해놓아야겠다."고 했다는 것이다. 여기에서 '새롭게 창작은 못하고 다만 서술만 할 뿐'이라는 '술이부작述而不作'이란 고사성어가 생겨났다. 또 그 당시는 종이가 없던 시절이라 대나무를 반으로 잘라 가죽 끈으로 엮어서 대나무에다 글자를 썼는데 이를 죽간竹簡이라 한다. 얼마나 공자가 『역경』에 심취하였으면 '질긴 소가죽(韋)으로 대나무를 엮은(編) 죽간이 세 번(三)이나 끊어질(絶) 정도였다'는 '위편삼절韋編三絶'이라는 고사가 생겼겠는가! 그렇게 심혈을 기울여 지은 것이 바로 「십익十翼」 혹은 「대전大傳」이라 불리는 『주역』 해설서이다.

〈죽간에 쓰여진 역경〉

〈역경에 탐닉하고 있는 공자〉

「십익」은 『역경』을 이해하기 쉽도록 10개(十)의 날개(翼)를 달아 놓았다는 뜻이다. 예로부터 성인의 글은 경經이라 하고, 현인의 글은 전傳이라 하여 '성경현전聖經賢傳'이라 한다. 그런데 『역경』이 얼마나 큰 글이면 성인으로 추앙받는 공자가 지은 해설서조차 경經이라 부르지 못하고 전傳으로 낮추어 부르겠는가? 그나마 공자 정도나 되니까 체면을 살려줘서 '큰 대大'자 한 글자를 더 붙여줘 「대전大傳」으로 불러준다는 것이다.

어쨌든 공자에게 『역경』은 "하늘이 나에게 몇 년 더 살게 해주어 쉰 살에 『역경』을 배웠다면 큰 허물은 남기지 않을 텐데!"73)라고 탄식할 정도로 애착이 갔던 책이었다.

그리고 공자는 본인 사후에 진시황의 분서갱유를 예견하여 『주역』을 점서占書형식으로 바꾸어 놓으면서 책 속에 천지의 비밀(祕訣)을 감추어 놓았다.

그래서 『주역』에는 문왕(괘사)과 주공(효사)이 천기天機를 숨겨 놓은 '비사체祕辭體'와 공자(단전, 대·소상전 등)가 미래지사未來之事를 감추어 놓은 '비전체祕傳體'가 함께 숨겨져 있다.

그동안 수많은 선현들이 『주역』에 담겨 있는 그 천지의 비밀을 찾으려고 부단히 애썼다. 우둔한 필자 역시 다가올 후천後天세계의 비밀을 찾아보려 노력하고 있다.

『주역』의 「64괘」 중에서 다가올 후천세계의 천기天機와 관련한 괘들은 「산풍고괘山風蠱卦,䷑」, 「중화리괘重火離卦,䷝」, 「풍뢰익괘風雷益卦,䷩」, 「중뢰진괘重雷震卦,䷲」, 「중풍손괘重風巽卦,䷸」 등 다수가 있다.

---

73) 『논어』, 「술이편」 "자왈(子曰) 가아수년(加我數年)하여 오십이학역(五十以學易)이면 가이무대과의(可以無大過矣)리라."

12. 24절기와 마테오 리치(Matteo Ricci) 신부

모기 입이 비뚤어진다는 처서處暑가 지나자 폭염도 한풀 꺾인 것 같다. 과연 절기節氣의 위력이 대단한 것 같다. 그런데 대부분의 사람들은 24절기가 음력이 아니라 양력이라는 것과 서양의 카톨릭 신부가 만들었다는 걸 잘 모른다.

마테오 리치(Matteo Ricci, 1552년~1610년, 사진) 신부 이야기이다.

리치는 이탈리아 출신 예수회 선교사로서 서양의 천문학, 역법, 수학, 지리 등 근대 문명을 중국에 소개하였고, 또한 중국의 유교와 전통사상, 문화 등을 공부하면서 동서양 교류의 다리를 놓은 최초의 세계인이었다. 마테오 리치의 중국어 이름은 '이마두利瑪竇'라고 부른다. 즉 '이利'는 '리치(Ricci)'에서, '마두瑪竇'는 '마테오(Matteo)'의 중국식 발음에 따라 그렇게 지었다. 호는 시헌時憲 혹은 서양에서 온 큰 현사賢士라는 뜻으로 '서태西泰'라고도 칭송받았다.

리치 신부는 중국을 비롯한 아시아 대륙에 그리스도교를 뿌리내린 인물이다. 19살에 예수회 신학교에 입학 후 인도를 거쳐 중국으로 전도를 떠나게 된다. 선교를 위해 중국어와 한자는 물론 중국식 예의범절까지 몸에 익혔다. 그뿐만 아니라 복장까지 신경 써서 처음엔 머리를 깎고 불교식의 스님 복장을 하다가, 나중에는 상류층 선교를 위해 수염까지 기르며 유학자 복장으로 차려입고 유창한 중국어와 유교경전에도 박식하여 당시 명나라의 지식인들은 누구나 그를 만나보고 싶어 했다. 마침내 리치는 명나라 신종황제의 초청까지 받게 된다.

그 과정에서 리치는 '과학적 선교' 전략으로 사대부들과 친분을 쌓으며, 수학과 천문학, 지도제작, 역학曆學에 탁월한 능력을 발휘하여 중국 학자들의 호기심을 불러일으켰고, 그들 가운데 서광계(徐光啟, 1562년~1633년, 사진)는 리치의 열렬한 지지자가 되어 후에 가톨릭으로 개종하였으며, 유클리드의 『기하원리』를 한문으로 번역한 『기하원본 幾何原本』까지 출간하였다.

〈마테오 리치(좌)와 서광계(우)〉
1670년 암스테르담에서 출판된 아타나스 키르허(Atanas Kircher)의
'중국에 대한 그림 노트'의 프랑스어 번역본 삽화

그리고 리치 신부는 비상한 기억력의 소유자로서 유교 경전을 달달 외어야 하는 당시의 사대부들에겐 늘 부러움의 대상이기도 했다. 그의 유명한 「기억의 궁전(memorial locale)」이라는 기억술은 '우리에게 익숙한 장소(궁전)를 이용하여 기억하고 싶은 대상들을 하나의 장소마다 배치해 놓고 그 보관 장소를 생각해냄으로써 기억을 살려내는 것이었다.' 지금까지도 리치의 기억술은 많은 사람들로부터 사랑

을 받고 있다.

그리고 당시 예수회 선교사들에 의해 도입된 서양의 과학지식은 중국의 지식층들에게 커다란 울림을 주었다. 리치신부는 해시계, 지구의 地球儀 등을 제작하여 소개했으며, 또 중국을 중심에 두고 그린 세계지도「곤여만국전도 坤輿萬國全圖」에는 조선까지 그려져 있어 조선에서도 몇 차례에 걸쳐 목판 인쇄가 된 적이 있었다.

이뿐만 아니라 달력 제작에 이르기까지 서양의 과학 이론들을 중국에 많이 소개하였다. 특히 리치는 중국에서 특히 역법 曆法이 중요하다[74])는 것을 깨닫고 서양 천문학을 동양의 역법에 적용시키려는 연구를 하였다.

그래서 리치는 교황청에 역법에 밝은 선교사를 중국에 파견해줄 것을 요청하였으며, 이에 아담 샬(J.Adam Schall. 1591년~1666년) 등과 함께 새 달력에 적용할 역법을 연구하여 마침내「시헌력 時憲曆」을 만들었다.「시헌력」은 태음력에 태양력의 원리를 적용하여 24절기의 시각과 하루 시각을 정밀하게 계산하여 만든 역법이었다. 원래 동북아에서는 음력을 써왔으나 농사에 맞는 절기와 계절에 따른 날씨와의 괴리감을 줄이기 위해 양력인 24절기를 보조 수단으로 사용하여 왔다. 음력에 근거한 추석, 설날 등 명절 등은 매년 날짜가 들쭉날쭉하나, 24절기는 태양의 움직임(황도)에 따라 1년을 24개로 나눈 15일 간격으로 되어있어 매년 거의 일정한 편이다.

---

74) 동양의 역학(易學)은 천지지도(天地之道)로서 천도(天道)의 시간성 원리가 역수원리(曆數原理)이다. 천도의 구체적인 세시(歲時)변화인 역법(曆法)을 왕도정치를 실현하는 근간으로 보았다. 특히『정역』에서는 천지역수(天地曆數)를 역학의 근본문제로 삼고 있으며,『정역』「대역서」에서 '역(易)은 역(曆)이다. 역(曆)이 없으면 성인(聖人)도 없고, 성인(聖人)이 없으면 역(易)도 없을 것이다'고 하였다. 필자 註.

그리고 리치 신부는 유교의 사서四書 삼경三經 등을 라틴어로 번역하였음은 물론 유교 문화권에서 가톨릭 선교 활동에 따른 충돌을 피하기 위하여 유교 경전을 많이 인용하였다. 특히 그리스도교의 하나님을 한자로 어떻게 번역할지를 고민하다가 마침내 '천주天主'라는 단어를 선택하였다.

그가 지은 가톨릭 교리서인 『천주실의天主實義』에서 "천주는 중국말로 유교 경서에 나오는 상제上帝와 동일한 분"75)이라고 정의하였다. 즉 『시경』, 『역경』 등에 나온 유교의 상제와 서교의 하나님은 동일한 분이며 부르는 이름만 다를 뿐이라고 했다. 그 후 『천주실의』는 조선의 정약종 등 실학자들에게 널리 퍼져 조선 천주교회 설립에 결정적인 영향을 끼쳤으며, 지금도 우리가 사용하고 있는 '천주'라는 호칭과 가톨릭을 '천주교'라 불리게 되는데 기여 하였다.

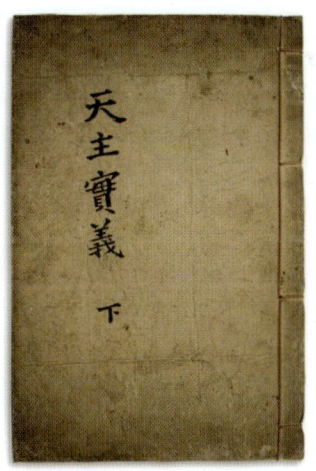

〈마테오리치가 지은 천주실의〉

---

75) 마테오 리치, 『천주실의天主實義』 103. "오천주(吾天主) 즉화언상제(卽華言上帝) (우리 그리스도교의 천주는 곧 중국말로 상제이다)."

제6부
『주역』으로 풀어보는 대한민국의 국운

1. 대한민국의 국운(1), 우리나라의 타고난 운명은?
2. 대한민국의 국운(2), 손(手)에 관해선 대한민국이 최고
3. 대한민국의 국운(3), 한반도는 개자리(狗席)
4. 대한민국의 국운(4), 간절곶과 계룡산의 비밀
5. 땅 이름처럼 이루어진 예언 지명
6. 팔괘八卦훈장을 아시나요?
7. 항일투사들이 부적처럼 소중히 다룬 천부경天符經
8. 태극의 나라, 대한민국
9. 머지않아 회복함이라
10. 백범 김구와 탄허 스님

6부에서는 '『주역』으로 풀어보는 대한민국의 국운'이다.

사람의 운명은 사주四柱로 알 수 있듯, 나라의 국운國運은 그 나라의 괘卦를 보면 알 수 있다. 『주역』에서 대한민국의 괘卦는 간괘(艮卦, ☶)이며, 간괘의 운명을 '간도수艮度數'라고 '한다. 한마디로 간도수는 '지금의 선천시대를 종결짓고, 동시에 새로운 후천시대를 연다.'는 것이다. 이 뜻은 우리나라가 새롭게 열리는 인류문명의 종주국이 된다는 비전이다.

이 세상을 다녀 간 빛의 성자들과 각종 예언서 등에서는 이구동성으로 '한韓민족의 시대'가 도래 할 것이라고 예견하였다. 과연 이 땅 한반도가 『주역』에서 말하는 '간도수'의 본향本鄕인지를 다각도로 규명해 본다.

VI. 『주역』으로 풀어보는 대한민국의 국운

1. 대한민국의 국운(1)

우리나라의 타고난 운명, 간도수艮度數

새해 아침에는 해맞이를 한다.
사람들은 염원하는 바를 이루기 위해 전국의 해돋이 명소를 찾아 나선다. 동해안의 정동진, 제주도의 성산 일출봉 등 전국에는 해돋이 명소들이 많이 있다.
『주역』과 관련 있는 일출 명소 한 곳을 소개하려 한다. 그곳은 다름 아닌 동해안에 있는 '간절곶'이다. 대수롭지 않게 여길지 몰라도 간절곶이라는 지명은 대한민국의 국운과 관련이 있다. 그 비밀코드를 파헤쳐보자.
『주역』의 핵심 키워드 중에 '간도수艮度數'라는 것이 있다. 간도수는 팔괘 가운데 하나인 '간괘(艮卦, ☶)가 부여받은 도수'라는 말이다. 도수度數는 하늘의 천명이 지상에서 현실적으로 전개되는 프로그램이라고 생각하면 된다.
『주역』의 「설괘전」에 있는 '간도수'를 찾아보면

"艮은 東北之卦也니 萬物之所成終而하고 所成始也일새 故로 曰
 간   동북지괘야   만물지소성종이   소성시야   고   왈
成言乎艮이라."
성언호간

'간은 동북방의 괘니 세상 만물이 마침을 이루는 곳이며 동시에 시작을
이루는 곳이니, 그러므로 (조물주의) 말씀이 간방에서 이루어진다.'

이 말은 '간방艮方에서 지금의 선천시대가 종결되고, 다가올 후천시대가 이루어진다.'는 의미이다.
동북방에 자리 잡은 '간방'이 바로 '한반도'이다.
그 간방(한반도)에 자리 잡은 '대한민국이 세계의 중심국가'로 부상한다는 것이다. 간도수를 읽을 때마다 학창시절에 배웠던 인도의 시성詩聖, 타고르(Tagore)가 쓴 "조선은 동방의 밝은 빛이 되리라!"는 '동방의 등불'76)이라는 시가 생각난다.

간도수에서 간艮은 팔괘 중의 간괘(艮卦,☶)를 말한다. 지금 태극기에는 '건괘, 곤괘, 감괘, 리괘'의 사괘만 쓰고 있지만, 사실은 '손괘, 진괘, 간괘, 태괘'의 사괘가 더 있어 팔괘八卦라고 한다. 그리고 도수度數는 하늘의 이치가 땅에서 이루어지는 것, 즉 현실에서 구체화되는 타임 스케줄을 말한다.
그러므로 간도수는 간괘艮卦가 하늘에서 부여받은 사명 내지 운명이라는 것이다. 마치 사람도 타고난 '팔자'가 있듯이 간도수는 '간괘의 타고난 운명'을 말한다.

---

76) "라빈드라나드 타고르(Rabindranath Tagore, 1861년~1941년)는 1913년 '기탄잘리'(신에게 바치는 송가)로 아시아 최초로 노벨 문학상을 수상했다. 인도 콜카타에서 태어난 그는 영국 유학을 마치고 한때 비밀결사에 가담해 독립운동을 벌였다. 그러나 아내와 세 아이가 죽은 뒤 마하트마 간디와 함께했던 정치활동을 접은 뒤 1908년 이후 종교시인의 길을 걸었다. 평생 6,000여 편의 시를 남긴 그에게 당시 식민 지배국인 영국은 기사 작위를 내리기도 했다. 특히 그의 한국사랑은 각별했다. 1929년 4월 2일 동아일보에 기고한 '빛나든 아세아 등촉(燈燭)'이란 시를 통해 그는 조선을 '동방의 밝은 빛'으로 묘사했다. 당시 동아일보 주요한(朱耀翰,1900년~1979년) 편집국장의 번역으로 지면에 실린 이 영문 시는 식민 지배로 움츠렸던 조선민족의 자긍심을 되살렸다." 「동아일보」, '타고르 흉상, 서울 대학로에 18일 세운다.' 2011.5.14. 기사.

『주역』은 원래 「우주변화원리」를 설명해 놓은 역철학易哲學이지만 현실에서는 나라의 앞날을 내다보는 계시록의 역할도 한다. 따라서 사람의 운명을 알려면 그 사람의 사주팔자四柱八字를 보듯, 국운國運을 알아보려면 그 나라에 해당하는 괘卦를 찾아보면 된다.
『주역』에서 팔괘를 설명하고 있는 것이 「설괘전說卦傳」인데, 거기에서 우리나라(간방)에 해당하는 간괘艮卦의 특성들을 뽑아보면 아래 표와 같다.

〈 간괘의 특성 〉

괘상	방위	인체	자연	동물	성정	나무
☶	동북방	손(手)	산(山)	개(狗)	그침(止)	열매(果)

그러면 간괘의 특성들을 통해 우리나라의 국운을 알아보자.

첫 번째, 간괘의 특성은 '**동북방위東北方位**'이다.
『주역』에서 방위를 표시하는 것은 「문왕팔괘도」이다. 「문왕팔괘도」를 보면 간괘는 동북방에 위치해 있어 공자는 "간은 동북방을 나타내는 괘"라고 하였다.
지도상으로 확인해봐도 '간괘의 방위艮方'은 유라시아대륙의 동북방 끝에 자리 잡고 있는 '한반도'를 가리킨다(아래 사진 참조).

그리고 간괘는 일년 중에서도 겨울이 끝나고(終) 새 봄이 시작되는(始) '환절기'에 해당하며, 하루에서는 어제가 지나고(終) 오늘이 시작되는(始) '새벽'을 가리킨다.

겉은 바삭하고 속은 촉촉한 주역(周易) 이야기

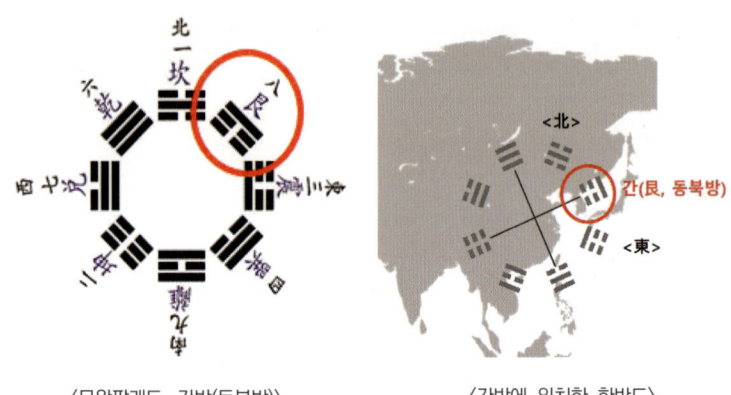

〈문왕팔괘도, 간방(동북방)〉　　　〈간방에 위치한 한반도〉

또 간艮자는 '날 일日'과 '근본 저氐'의 합성자로 '해가 떠오르는 근원자리[日出之根]'로 새벽의 방위인 것을 알 수 있다.

참고로 새벽은 '새롭게 열린다(闢, 열릴 벽)'는 뜻이다.

『주역』의 시간관은 '종시終始'이다. 즉 '끝남과 동시에 새로 시작 한다'는 순환적 시간개념이다. 일반적으로 알고 있는 직선적인 시간개념, 즉 시초에서 종말로 치닫는 시종始終과는 정반대이다. 마치 추운 겨울에 초목들이 죽은 듯(終) 보이지만 봄이 되면 다시 소생하듯(始) 종시가 자연의 순리이다.

그래서 '종어간終於艮 시어간始於艮' 즉 간방에서 매듭짓고 간방에서 시작한다는 것이다. 그 간방이 바로 '한반도'이며 낡은 선천시대를 문 닫고, 새 희망의 후천시대를 연다는 '종시終始의 땅'이 대한민국이다.

2. 대한민국의 국운(2)

손(手)에 관해서는 대한민국이 최고

두 번째, 간괘의 특성은 '**손(手)**'이다.
간괘는 인체에서 손으로 풀이한다(艮爲手).
손에 관해서는 대한민국이 최고다. 지난 60~70년대 기술보국의 기치 아래 전국 각지의 젊은이들이 공업고등학교(工高)로 몰려들었다. 그들이 있었기에 오늘의 대한민국이 있고, 어느 나라도 이루지 못한 국제기능올림픽 '총 19회 종합우승'이란 금자탑을 쌓을 수 있었다. 기능올림픽이 어떤 올림픽인가? 선반, 밀링 등 대부분의 종목들이 섬세한 손 감각으로 메달경쟁을 겨루는 것 아닌가. 감히 대한민국 젊은이들의 예리한 손 감각을 따라올 자 그 누구던가?
또 섬세한 손놀림에 좌우되는 골프경기는 어떤가?
오래 전부터 한국의 여자 골퍼들은 꿈의 무대인 미국여자프로골프(LPGA)투어를 석권하였다. 웬만한 대회마다 상위 10위권의 절반은 태극기로 장식하고 있다. IMF의 영웅 박세리의 맨발 샷, 아시아인으로는 최초 커리어 그랜드 슬램을 달성한 박인비, 얼마 전까지 세계랭킹 1위 고진영 등 앞으로도 세계 여자골프계는 태극낭자들의 독무대가 될 것이다.
지난 2024년 파리올림픽에서 대한민국은 메달 개수 기준으로 역대 최고성적을 거두었다. 그 중 여자 양궁은 역대 올림픽 사상 10연패를 달성했으며, 사격은 금메달 3개, 은메달 3개, 펜싱은 금메달 2개 은메달 1개로 섬세한 손동작이 요구되는 종목들에서 세계 최고임을 또 한번 증명했다. 이를 두고 일부 매스컴에서는 '칼·총·활의 무기민족'이니 '전투의 민족'이라고 표현하지만 정확히 말하면 우리

민족은 '손재주'가 뛰어난 민족인 것이다.

〈2024 파리올림픽 여자 양궁 10연패, 사진 연합뉴스〉

특히 한국 양궁은 올림픽이 되었던, 세계선수권이 되었던지 간에 나가기만 하면 금메달과 종합우승을 싹쓸이한다. 오죽했으면 국제양궁협회에서 규정까지 바꾸어가며 한국의 독주를 막을 정도라니 말이다. 동이東夷라는 이름에 큰 활(夷=大+弓)이 들어가서일까? 주몽 같은 신궁神弓의 피를 물려받은 후손이라서 그런지는 모르지만 뛰어난 손 감각으로 시위를 당기는 동이족의 핏줄에는 남다른 특기가 있는 것 같다.

또 "영미!~ 헐!"이란 유행어를 탄생시킨 지난 평창동계올림픽의 컬링종목 또한 섬세한 손의 스냅이 중요하지 않던가. 이름조차 생소한 컬링이 세계 2위까지 올라갈 수 있었던 것도 우리 '손'에서 나왔다.

몇 년 전 로이터(REUTERS)통신의 기사를 보면 우리 한국인들의 손재주에 대해 다음과 같은 기사를 송출하였다.

"그동안 올림픽의 여자 양궁, 여자 골프, 기능올림픽, 반도체, IT, 성형수술, 피아노, 병아리 감별사, 요리사, 엄지족 등 고도의 집중력과 정밀한 기술, 그리고 섬세한 손재주가 필요한 분야에서 한국인들이 혁혁한 실적을 거둔 배경에는 중국, 일본인들과는 다른 쇠 젓가락 사용에 있다."

외신보도와 같이 한국인들은 세계가 놀라워하는 '젓가락 문화'가 있다. 비록 한·중·일이 동일한 젓가락 문화권이지만 젓가락으로 콩자반뿐만 아니라 묵처럼 말랑말랑한 젤리까지도 자유자재로 집어들을 수 있는 민족은 한국인들 밖에 없다.

또 '엄지족'이라고 들어 봤는가? 휴대폰으로 문자 메시지를 보낼 때 엄지손가락을 자유자재로 사용하기 때문에 붙여진 이름이란다. 어려서부터 휴대폰에 익숙한 MZ세대들은 타자로 환산하면 1분에 약 800타의 빛의 속도로 문자를 보낸다. 이 정도이니 모바일월드컵(세계문자빨리보내기대회)에서 한국 젊은이들이 매년 신기록을 경신하며 우승을 차지하는 것이 결코 우연이 아니다.

〈2022 LoL월드챔피언십 결승. 사진: 라이엇 게임즈〉

최근 2022년 항저우 아시안게임(AG)부터 정식종목으로 채택된 E-Sports가 있다. E-Sports분야에서도 한국의 위상은 독보적이다. 전 세계가 주목하는 리그 오브 레전드 월드챔피언십(롤드컵)의 영웅, '페이커'(이상혁)프로게이머는 E-Sports계의 월드스타(시청자수 2억 8천만 명)로 E-스포츠산업(43억 달러 예상. 2024년 기준)의 중심에 서있다. 한국의 젊은이가 부와 명예를 거머쥐는 E-Sports 분야를 석권할 수 있는 것도 순발력이 뛰어난 손이 있기에 가능한 일이다. 전 세계에서 한국처럼 PC방이 많은 곳도 없으며, 또 그 곳에서 얼마나 많은 전사가 길러지고 있는가.

뛰어난 손 감각과 명석한 두뇌는 음악, 미술, 디자인 등 예술 분야에도 많은 천재들을 탄생시켰다. 예컨대 3대 콩쿠르로 꼽히는 쇼팽 피아노콩쿠르에서 우승한 조성진을 위시하여, 바이올린의 여제, 사라 장(Sarah Chang) 등 세계적인 젊은 연주자들이 거론할 수 없을 정도로 많이 활약하고 있다.

3. 대한민국의 국운(3)

한반도는 개자리(狗席)

세 번째, 간괘의 특성은 '**산**山'이다.

간괘는 산을 나타낸다(艮爲山). 그래서 간방에 자리 잡은 한반도는 국토면적의 65%가 산림으로 된 산지국가이다. 예로부터 산자수명한 우리나라를 신선神仙의 나라로 불러왔다. 신선을 뜻하는 '仙(선)'자는 산에 사는 사람[人+山], 혹은 산에 살면서 도를 닦는 사람을 의미하듯 웬만한 산에는 신선과 관련된 전설이 곳곳에 남아있다. 신선사상은 한민족 고유의 시원문화인 신교神敎에서 그 뿌리를 찾을 수 있다.

『삼국유사』에도 단군왕검을 선인仙人으로 설명하고 있으며, 역대 단군들 또한 선도를 닦던 도인들이었다. 옛날 진시황이 불로초를 구하러 찾아 나섰던 한라산도 신선들이 산다는 삼신산三神山의 하나인 영주산瀛洲山을 두고 한 말이다. 또 여름의 금강산을 부르던 봉래산蓬萊山 역시 신선이 사는 산이라는 뜻이다. 한국인처럼 산에 오르는 걸 좋아하는 국민도 없을 것이다. 요즘도 몸뚱이는 세속에 묶여 있지만 마음만은 산에서 유유자적하고픈 현대판 신선(?)들이 꽤 많이 있다.

네 번째, 간괘의 특성은 '**개**(狗)'다.

간괘를 동물로는 개로 풀이한다(艮爲狗). 혹시 '개자리'라는 말을 들어본 적이 있는가? 개자리는 논농사를 짓는데 햇볕이 잘 안 들어 수확이 변변치 않은 응달진 논을 말한다. 우리들이 자주 쓰는 말 가운데 '구석'이란 말이 있다. 예컨대 '방구석'이나 '구석에 앉지 마라'

등 인데, 이 말은 모서리나 모퉁이를 뜻하는 말이다. 그 구석이 바로 '개 **구**狗'와 '자리 **석**席'을 쓰는 '구석狗席'이다. 그러니까 우리가 살고 있는 **한반도**가 바로 '**개자리**(狗席)'라는 것이다.

〈한반도와 개(狗)〉

지도를 펴놓고 한반도를 찾아보면 그야말로 눈에 잘 띄지도 않는 유라시아의 동쪽 끝, 구석狗席에 있지 않은가.

그래서 개자리에 살고 있는 한국인들의 욕설 중 대부분이 '개狗'와 관련된 것들이 많다. 그 중에서 '개판'이라는 말이 있는데, 이 말은 '멀지 않는 장래에 개로 상징되는 나라(민족)가 세계사를 주도하게 된다.'는 뜻으로 간도수艮度數를 지칭한 말이다.

그리고 놀라운 것은 얼마 전까지도 한국은 개식용 문화로 인해 전 세계 언론과 동물보호단체로부터 공분을 샀던 국가로 기억되지만, 지금 우리나라에는 반려동물 사육 광풍이 불어 자그마치 602만 가구(2022년 현재. 농림축산식품부)에 애견시장의 규모가 3조원이라니 개에 대한 애정이 대단하다.

비록 출산율은 세계 꼴찌라서 시·군 단위에 산부인과 병원은 한두 개에 불과하지만, 동물병원과 팻(Pet)관련 가게는 동네마다 성업 중에 있는 것을 보면 '한반도는 개자리'라는 데 고개가 끄떡여진다.

다섯 번째, 간괘의 특성은 '**청년**'이다.
『주역』에서 간괘는 젊은 청년(艮少男)으로 풀이한다.
팔괘를 한 집안으로 보면 자녀들은 3남(진괘==:큰아들, 감괘==:둘째아들, 간괘==:막내아들) 3녀(손괘==:큰딸, 리괘==:둘째딸, 태괘==:막내딸)의 대가족이다. 그 중 간괘는 막내아들에 해당하며 현실에서는 바로 MZ세대인 것이다. 요즘 BTS로 상징되는 한국의 젊은 세대들의 활약이 대단하다. 그리고 외국인들이 생각하는 대한민국의 첫 이미지는 '다이내믹(Dynamic)하다'는 것이다.
혈기왕성한 간소남(艮少男)의 기운이 뭉쳐 있는 땅에 살고 있으니 당연하지 않은가. 6·25전쟁으로 잿더미가 되었지만 불과 반세기 만에 경이적인 경제성장과 민주화를 이루어 낼 수 있었던 것도 간소남의 뜨거운 피가 흐르고 있었기에 가능한 일이었다. 다이나믹의 다른 말이 '부지런함'인데 여기에 한국인 특유의 '빨리빨리' 증후군과 결합하여 이루어 낸 것이 바로 '한강의 기적'이었다.

여섯 번째, 간괘의 특성은 '**그침(止)**'이다.
간괘의 속성은 그침(艮爲止)이다. 이 그침(止)은 현재 '남북 대치상황'을 상징한다. 이 그침이라는 운명 때문에 대한민국은 지구상 유일한 분단국으로 남·북이 휴전선을 사이에 두고 딱 그쳐있다. 영원할 것 같았던 베를린의 콘크리트 장벽도 허물어졌지만, 아직도 휴전선의 철책은 70여 년의 세월을 녹슨 채로 버티고 있다. 더 신기한 것은 간괘는 3극(무극·태극·황극) 중에서 '태극'을 상징한다. 그래서일까? 남북이 그쳐있는 휴전선도 태극기의 '태극太極과 똑같은 선형線形'으로 155마일에 걸쳐있다. 조만간 이루어질 남북통일은 새 세상의 도래를 예고하고 있음을 『주역』으로 확인할 수 있다.

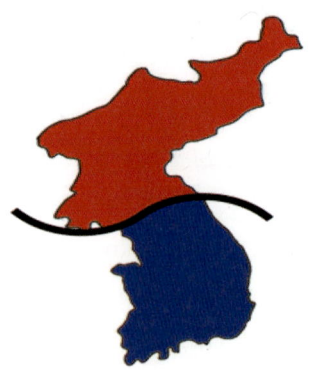

〈태극 형상과 닮은 휴전선: 그침(止)〉

4. 대한민국의 국운(4)

간절곶과 계룡산의 비밀

일곱 번째, 간괘의 특성은 **'열매(實)'**이다.

『주역』에서는 간괘를 초목의 열매로 본다(艮爲果). 신기하게도 간艮자를 뒤집어 보면 아기가 잉태된 모습과 닮았다. 열매에는 나무의 모든 것(뿌리, 꽃, 잎사귀 등)이 함축되어 있듯 우리 한韓민족의 문화에는 세계인들의 보편적 문화가 다 담겨있다. 그것은 『삼성기三聖紀』에 "인류의 시원역사와 뿌리문화가 환국으로부터 시작되었다(吾桓建國最古)"는 한 문장으로 압축할 수 있다.

일찍이 통일신라 때 대문장가인 최치원은 "유·불·선의 삼교에 녹아 있는 '풍류風流'77)라는 인류 모태문화의 DNA가 우리 문화에 담겨있다."고 하였다. 그래서 한국문화를 한 번만 접해 봐도 누구나 공감하고 자연스레 받아들이게 된다. 아마 최치원이 말한 '풍류風流'가 지금의 '한류韓流'를 두고 한 말이 아니었을까? 천 년 전의 '풍류'가 오늘날의 '한류'로 부활한 셈이다(風流=韓流). 어쨌든 한류라는 모태문화의 유전자가 세계인의 피 속에 흐르고 있기에 인종과 국경을 초월해서 호감을 가지며 열광하고 있는 것이다.

BTS로 상징되는 우리의 원초적 대중문화인 노래와 춤(K-Pop), 오징어게임 같은 드라마(K-Drama), 칸 등 3대 영화제를 휩쓴 것은 물론

---

77) 김부식, 『삼국사기(三國史記)』 卷4, 「신라본기(新羅本紀)」 4 진흥왕(眞興王) 37年 "최치원(崔致遠)이 「난랑비(鸞郞碑)」의 서문에서 말하기를, '나라에 현묘(玄妙)한 도(道)가 있으니, (이것을) 일러 풍류(風流)라고 한다. 가르침의 근원은 『선사(仙史)』에 자세히 실려 있는데, 실로 곧 삼교(三敎)를 포함하여 뭇 백성을 교화하는 것이다'(崔致遠 鸞郞碑序曰, 國有玄妙之道, 曰風流, 設敎之源, 備詳仙史, 實乃包含三敎, 接化羣生)."

아카데미상까지 거머쥔 한국영화(K-Movie), 김치, 비빔밥 등의 살 안 찌고 건강한 먹거리(K-Food), 뛰어난 한국인의 미적 감각(K-Beauty), 배우기 쉽고 과학적 문자인 한글(K-Letter) 등이 80억 지구인들을 매료시키고 있다.

어떻게 한韓민족문화(K-Culture)가 인류문화를 주도해 나갈 큰 물줄기(流)가 될 줄 알고 한류韓流라고 지었는지 신기할 따름이다. 그럼 전 세계적으로 확산되고 있는 한류현상을 어떻게 설명해야 하나?

이를 역학易學으로 풀어보면 세계인들이 열광하는 한류열풍은 **'간도수艮度數가 현실에서 집행되어 가는 과정'**을 상象으로 미리 보여주는 것이다.

결론적으로 **'간도수는 대한민국이 세계의 중심국가'**가 된다는 것이다. 그것은 한민족의 문화가 9천년 인류 원형문화의 고갱이, 즉 '신교神敎문화'라서 가능한 일이다. 앞으로도 세계인들은 한국에 대해 더 많은 관심을 갖게 될 것이며, 지금처럼 노래와 춤 등 엔터테인먼트에 열광하는 데 그치지 않고 우리의 역사와 정신문화까지 확대되어 갈 것이다.

이상 일곱 가지 사례를 들어 간도수가 현실에서 실현되고 있는 장소가 바로 '한반도'라는 것을 살펴보았다.

이제 '한반도'가 '간도수의 땅'이라는 결정적인 증거를 보여주겠다. 새해 해맞이 명소로 유명한 '간절곶'이 그곳이다.

간절곶은 우리나라에서 가장 빨리 해가 뜨는 곳이다.

그 지명에 걸맞게 새해 꿈과 희망을 간절히 바란다는 '간절懇切한 곳'이다. 그래서 이곳엔 간절한 사연을 보낼 수 있도록 우리나라에서 가장 큰 소망우체통(5M×2.4M)이 설치되어 있다.

그런데 놀라지 마시라! 간절곶의 정확한 지명은 간절히 바란다는

'간절懇切'이 아니라 '괘이름 艮(간)', '끊어질 絶(절)', '바다로 돌출된 串(곶)', 즉 **艮絶串**(간절곶, 사진)이다.

이 말은 간절히 바란다는 간절곶이 아니라 '선천 세상을 문 닫고 후천 새 세상을 여는 간방艮方의 상서로운 기운이 바다 건너 일본으로 건너가지 않고 이 땅 대한민국에서 끊어진다.' 즉 **'여기가 간방의 끝이다'**라는 뜻으로 쓰인 간절곶이다.

〈간절곶(艮絶串) 관광표지판〉

전통 지리학에서는 지구의 모든 산들의 조종祖宗을 곤륜산崑崙山으로 본다. 곤륜산에 뿌리를 두고 모든 산들이 뻗어나가서, 마침내 열매를 맺는 자리가 한반도라는 것이다.

구체적으로 곤륜산 지맥이 동북방(艮方)으로 뻗어 백두산을 거쳐 백두대간을 따라 내려와 울산 앞바다에서 울결鬱結된 곳이 바로 간절곶 이라는 것이다. 이렇게 한반도 동해에 돌출된 간절곶은 지리적으로 '간방(艮)이 끝난(絶) 곶(串)'이므로 자연스레 **'한반도'**는 선천의 상극문명이 종결되고 새로운 후천 상생문명이 시작되는 종시終始의 땅, 즉 **'간도수의 땅'**이 되는 것이다.

그리고 한반도에는 또 다른 간도수의 명소가 있다.

바로 '계룡산鷄龍山'이다. 계룡산은 주봉인 천황봉(845m)에서 연천봉, 삼불봉 등으로 이어지는 능선이 마치 닭 벼슬을 쓴 용의 모습을 닮았다고 하여 붙여진 이름이다.

계룡산의 명칭부터 『주역』의 「풍뢰익괘風雷益卦,䷩」와 관련이 있다. 즉 풍뢰익의 '풍風'은 동물로는 닭이며, '뢰(雷,우레)'는 동물로 용을 상징하여 '풍은 닭[鷄]', '우레는 용[龍]'으로 '계룡산鷄龍山'이 된다. 닭은 새 세상이 왔음을 알리는 역할을 하고, 용은 여의주를 입에 물고 조화를 부리는 신령스런 동물이다. 그래서 계룡산은 예로부터 비결과 도참에서 말하는 새 시대의 이상향으로 여겨져 도인들의 발길이 끊어지지 않았다.

이처럼 계룡산은 『주역』에서 말하는 선천 세상을 끝맺고, 후천 세상을 열어가는 간도수의 본향本鄕이기도 하다.

실제로 현장에서 확인해보자. 하늘 아래에서 으뜸(甲)이라는 사찰(寺), 즉 갑사甲寺에서 검증해볼 수 있다. 갑사는 춘마곡春麻谷, 추갑사秋甲寺라는 말처럼 최고의 가을 단풍을 자랑하며, 많은 고승대덕을 배출한 고찰이기도 하다. 갑사를 끼고 흐르는 계곡의 바윗돌에는 간도수의 글귀들이 새겨져 있는데, 계곡 중간쯤에 '간도광명(艮道光明, 아래 사진)'이라 쓴 각자가 있다. 이것은 『주역』「중산간괘重山艮卦,䷳」에 나오는 "동정動靜의 때를 잃지 아니함이 간도艮道의 광명光明이다."78)라는 데서 따온 글이다.

그 옆에는 간도수를 이룬다는 별장이란 뜻의 '간성장艮成莊'에는 "크도다! 현묘한 밭(태전)에서 간의 도가 이루어지리라!(大哉 玄田艮道成)."고 적혀있다. 또한 갑사의 사찰 주련에도 "간방의 산에 천운이 돌아오

---

78) 『주역』「중산간괘(重山艮卦,䷳)」 단전, "간(艮)은 지야(止也)니 시지즉지(時止則止)하고 시행즉행(時行則行)하여 동정불실기시(動靜不失其時)하니 기도광명(其道光明)이라(간은 그침이니, 때가 그칠 때면 그치고, 때가 행할 때면 행하여, 움직이며 그침에 그 때를 잃지 아니함이 그 도가 광명이라)"

니 상서로운 구름이 내리네(艮山回運降雲祥).", 또 "간도수를 이루는 부처가 군자의 터에서 연꽃을 피우네(艮佛蓮花君子臺)."라는 글귀가 있다(아래 사진 참조).

〈갑사의 주련과 '간도광명'의 각자〉

왜 계룡산에는 간도수를 암시하는 글들이 많을까?
그것은 '계룡산이 간도수의 중심'이라는 것을 반증하는 것이 아닐까? 세상이치는 음양합덕이라. 즉 세상의 운수(世運)와 대도의 운수(道運)는 동전의 양면이라서 맞물려서 굴러간다.
다만 시차(時差)가 있을 뿐이다. 그럼 다가올 세운(世運)의 중심지는 어디인가? 계룡산과 멀리 떨어져 있지 않는 행정중심복합도시인 '세종특별자치시(세종시)'이다. 아시다시피 지난 2012년부터 정부기관들이 차례로 이전하였으며, 최근 국무총리 관저도 설치됐고, 국회의사당 분원도 이전계획을 발표하였다.

사실 세운의 수도 이전은 조선 개국 초로 거슬려 올라간다.

이성계가 조선을 건국하고 나서 새 왕조의 수도를 물색하던 중 『주역』의 「풍뢰익괘風雷益卦」에 근거하여 계룡산 신도안(新都內)[79]으로 천도를 추진하고자 주춧돌까지 세웠지만[80], 시운이 맞지 않아 7백 여 년이 지난 후에야 이루어진 것이다.

〈계룡산 신도 내 주초석(柱礎石). 사진: 계룡시청〉

---

[79] 『주역』「풍뢰익괘(風雷益卦)」 육사, "육사(六四)는 중행(中行)이면 고공종(告公從)하리니 이용위의(利用爲依) 천국(遷國)이니라(육사는 중도로써 행하면 공에게 보고해서 따르게 하리니 (입지조건 등에)의거하여 나라를 옮기는 것이 이로우니라)."

[80] 이성계가 조선 건국 후 계룡산 남쪽의 신도안을 천도 후보지로 정해 1년 여 간 많은 사람들을 동원하여 궁궐공사를 위해 목재와 석재 등을 운반하다가 중단하였다. 중단사유는 "계룡산 신도안은 국토 남쪽에 치우치고, 가까운 곳에 조운(漕運)과 용수(用水)가 불편하고, 풍수상 구(舊)왕조 고려개경과 유사하여 신(新)왕조에 불리하다."는 경기도 관찰사 하륜의 건의에 따라 중단하고 한양으로 신도읍지를 옮긴 것이다. 이때 대궐 터 앞에 주춧돌로 쓰려고 가져다 놓은 주초석 115개가 남아 1976년 충청남도 지방문화재로 지정, 보존되고 있다.〈계룡시, 문화관광, 계룡9경 중에서〉

그럼 도운道運의 중심지 또한 계룡산이 되어야 하지 않겠나?
맞는 말이다. 다만 그 시운만 '선미후득先迷後得'[81]에 따라 양(陽, 세운)이 앞서고 음(陰, 도운)이 뒤따를 뿐이다. 이제야 선천 운이 다 하여 후천의 도운지道運地로 거론되었던 계룡산이 간도수의 성소聖所로 세상에 드러나고 있다.
세운과 도운이 합하는 날, 후천의 새 날이 밝아 오리라!
미래에 뜻하는 자, 계룡산에서 '도운道運'의 성소를 찾아보시라.
이처럼 계룡산은 「풍뢰익괘」를 상징하며, 또 「풍뢰익괘」는 동방 익괘益卦의 도(益道)[82], 즉 '홍익정신'을 상징한다.
이렇게 『주역』에서는 다가올 후천의 강을 건너는데 목도木道, 즉 홍익의 도를 타고 건너가야 이롭다는 것이다.
그리고 목도木道가 펼쳐지는 곳이 간방(한반도) 중에서도 '계룡산(대전 포함)지역'에 '간도艮道의 광명光明'이 비친다는 것이다. 이것은 「중천건괘重天乾卦」에 나오는 "나타난 용이 밭에 있으니 대인을 봄이 이롭다."[83]와 일맥상통한다.

정리하자면 한반도에는 간방의 중심지인 '계룡산(대전 포함)'과 간방의 끝자락인 '간절곶'이 함께 자리하고 있다. 결론적으로 한반도는 '간방艮方'이 확실하며 또 '간도수를 집행하는' 구체적인 성지聖地까지 밝

---

81) 『주역』 「중지곤괘(重地坤卦)」 괘사, "곤(坤)은 원(元)코 형(亨)코 이(利)코 빈마지정(牝馬之貞)이니 군자(君子)의 유유왕(有攸往)이니라. 선(先)하면 미(迷)하고 후(後)하면 득(得)하리니 주리(主利)하니라(곤은 크고 형통하고 이롭고 암말의 정고 함이니 군자가 갈 바를 두노라. 먼저 하면 미혹되고 나중하면 얻으리니 이로움을 주장 하니라)."

82) 『주역』 「풍뢰익괘(風雷益卦)」 단전, "이섭대천(利涉大川)은 목도내행(木道乃行)이라!(큰 내를 건넘이 이롭다는 것은 목도(木道)가 이에 행함이라)."

83) 『주역』 「중천건괘(重天乾卦,䷀)」 구이, "구이(九二)는 현룡재전(見龍在田)이니 이견대인(利見大人)이니라."

혀졌다.

멀지 않는 장래에 대한민국에서 선천시대가 종결되고, 후천시대가 열린다. 왜냐하면 『주역』에서 "만물을 끝맺고, 만물이 시작하는 것이 간艮보다 성盛한 것이 없다."84)고 했기 때문이다.

---

84) 『주역』「설괘전(說卦傳)」제6장, "종만물시만물자(終萬物始萬物者) 막성호간(莫盛乎艮)이라."

5. 땅 이름처럼 이루어진 예언 지명

요즘 풍수에 관심들이 많다.

풍수의 뿌리도 『주역』에서 나왔다. 원래 풍수는 음양론과 오행설에 근거한 '땅에 관한 논리[地理]'이다. 요즘 말로 하면 '정주론定住論'의 한 방법론인 셈이다. 우리나라 풍수의 역사는 통일신라 때 도선(道詵, 827년~898년) 국사에 의해 정립된 후 지금까지도 사회 전반에 큰 영향을 끼치고 있다.

과거에는 조상의 체백을 명당에 모시는 음택陰宅 풍수 위주였지만, 요즘에는 살기 좋은 집터를 찾는 양택陽宅 풍수에 관심이 더 많은 것 같다. 우리나라에는 신기한 풍수 명소들이 많다. 몇 가지 풍수 명소들을 알아보자.

먼저 전라남도 화순에 있는 '운주사雲住寺'와 '천불천탑千佛千塔' 이야기이다. 운주사는 신라 말기 도선 국사가 세웠다는 전설이 있다. 운주사는 '배 주舟'자를 써서 운주사運舟寺로도 불린다. 전설에 따르면 도선 국사가 풍수지리설에 의거해서 우리나라 형국을 배[舟]로 보았는데, 한반도의 지형이 동쪽이 높고 서쪽은 낮은 동고서저東高西低라서 영남보다 상대적으로 산이 적은 호남 쪽으로 기울어지는 것을 염려하여 배의 균형을 맞추고자 노 젓는 사공과 돛대를 상징하는 불상 천 개와 불탑 천 개를 하룻밤 새에 운주사 절터에 세웠다 하여 일명 '천불천탑千佛千塔'의 운주사라고 한다.

또 『주역』의 기본만 알아도 대략적인 풍수개념은 이해할 수 있다. 그러면 태극과 관련하여 풍수에서 말하는 '산태극과 수태극'에 대해 알아보자. 풍수에서 기본 요소인 산과 물이 '태극 모양'으로 이루어진 길지를 '산태극(山太極)'과 '수태극(水太極)'이라 한다.

우리나라에서 산태극과 수태극의 대표적인 명소를 꼽으라면 낙동강의 물(河)이 S자 모양으로 마을 주변을 휘돌아나간다(回)하여 '물돌이동'으로 불리는 '하회河回마을'이다. 하회마을의 풍수 형국은 연화부수형(蓮花浮水形, 연꽃이 물 위에 떠 있는 모양의 길지), 또는 행주형(行舟形, 배가 떠나가는 듯한 지세)으로 푼다. 또 인근 예천에 있는 '회룡포回龍浦'도 같은 경우이다.

〈회룡포(回龍浦)〉

그런데 특이한 것은 자연 이치에 순응하는 것을 최고 덕목으로 가르치는 동양철학에서, 이상하게 '풍수'에서만은 이치에 거슬리는 땅, 즉 '역지逆地'를 좋은 터(명당)로 본다는 것이다. 그 좋은 사례가 바로 서울 한복판을 흐르고 있는 청계천淸溪川이다. 불과 이십 여리(10.84km)에 불과한 청계천의 역수逆水로 인해, 조선왕조가 500여년 국운을 누릴 수 있게 되었다고 지관들은 말한다. 그럼 청계천이 과연 역수인지 한번 살펴보자. 우리나라는 동쪽이 높고 서쪽이 낮은 (東高西低) 지형적 특성으로 인해 대부분의 강과 하천들이 서쪽이나 남쪽으로 흐른다. 하지만 서울의 청계천은 북악산과 인왕산에서 흘러내린 물이 세종로의 청계광장에서 시작하여 '**서쪽에서 역逆 방향인 동쪽으로**' 흘러 왕십리에 가서야 비로소 한강으로 흘러들어가 서해 바다로 빠져나간다. 이성계가 세운 조선왕조는 청계천이라는 역수逆水의 지운地運으로 5백년 국운을 이어왔고 지금까지도 수도 서울의 위상에 크게 흔들림이 없다는 것이다.

그런데 놀랍게도 우리 강산에는 자그마치 '700리' 역지逆地가 있다. 이른바 '**역룡逆龍 7백리七百里**'라는 곳이다. 풍수에서 산맥은 용처럼 꿈틀거리듯 생기를 품고 흘러가는 에너지 통로로 봐서 용맥龍脈이라 부른다.

우리나라에 가장 큰 용맥은 백두산에서 등줄기처럼 뻗어 내린 백두대간이다. 백두에서 용트림하여 뻗은 기운은 남쪽으로 지리산까지 거침없이 내려간다. 그런데 거기에서 끝난 것이 아니라 지리산에서 뭉친 지기地氣가 거꾸로 북상하여 마이산, 대둔산을 거쳐 지기가 맺힌 곳이 바로 계룡산鷄龍山이다. 한편 전북 장수長水에서 발원한 금강錦江은 북쪽으로 거슬러 계룡산을 휘감고 공주와 부여를 거쳐 서해 바다로 빠져나간다. 이처럼 산과 강이 7백여 리에 걸쳐 거꾸로 기운이 흘러서 '역룡 7백리'라 부른다. 엄청난 700리 역룡 기운이 맺힌 곳이 바로 산태극과 수태극으로 둘러싸인 '**계룡산**'과 '**태전**(太田, 대전의 옛 지명)'이다.

이런 이유로 계룡산은 『정감록』에서 천년왕국의 터로 거론되어 왔으며, 태전은 '태극太極의 밭田'이라는 말로 『주역』의 「중천건괘」의 '현룡재전見龍在田'과 각종 비결서에 등장하는 '이재전전利在田田'의 바로 그 '밭[田]'이기도 하다. 이처럼 지기가 굳게 뭉친 '대전'은 향후 후천시대 전 세계의 수도가 될 땅이다 그리고 풍수의 형국은 보는 관점에 따라 다르다.

그 한 예로 일제 강점기 때, 일본의 지질학자 고토 분지로(小藤文次郎) 같은 이는 한반도를 나약한 '토끼' 형국이라는 억지 논리를 갖다 붙여 토끼처럼 나약하고 순종하게끔 세뇌하여 일제 식민지배의 정당한 논리와 민족정기를 꺾으려 하였다.

이에 분개한 최남선은 『소년少年』 잡지에서 한반도를 '호랑이'로 표현하였으며, 또 대일 항쟁기의 독립투사들은 한반도를 대륙을 향해 포효하는 용맹스런 호랑이 모습의 '근역강산맹호기상도槿域江山猛虎氣像圖' 형국으로 봤다.

〈근역강산맹호기상도〉

또 풍수에서는 '땅이름[地名]'이 참 중요하다. 마치 사람도 이름대로 살아가듯, 땅도 마찬가지다. 땅도 그 땅에 맞는 '바른 이름[正名]'을 지어주어야 한다. 즉 그 땅에 맞는 '혈 이름[穴名]'을 지어주어야 제대로 발복發福이 되는 것이다.

지도를 펴놓고 우리 땅의 지명들을 살펴보면 신기하게도 땅 이름대로 된 곳이 많다. 예컨대 '쇠 섬'으로 불리던 광양光陽에는 거대한 쇠를 만드는 제철소가 들어섰고, 현대 디지털 사회의 정보와 지식을 담는 그릇인 반도체를 의미하는 '기器'가 '흥興'한다는 기흥器興에는 세계 굴지의 전자회사가 들어선 것은 널리 알려진 이야기다.

또 수백 년 전에 비행기가 뜨고, 내리는 걸 미리 눈으로 본 듯, 딱 거기에 들어맞는 예언지명도 있다. 청주국제공항 이야기다. 비행기가 이륙하는 마을 이름은 飛上里(청주시 청원구 내수읍)이며, 비행기가 착륙하는 마을 이름은 飛下理(청주시 흥덕구 강서1동)가 아닌가!

또 하나 놀라운 예언지명은 전북 진안에 있는 '용담龍潭'이다. 용담은 이름 그대로 용龍이 하늘로 승천한다는 연못潭이라는 지명이다. 그런데 진안은 강이나 바다하고는 거리가 먼 내륙지역이라서 지역주민들조차 왜 지명에 큰 연못을 뜻하는 '못 담潭'자를 썼는지 궁금해 왔었다고 한다. 그렇게 오랫동안 풀지 못했던 지명의 비밀을 지난 2001년 용담댐이 생기고 나서야 그 궁금증이 풀렸다고 한다. 왜냐하면 댐이 완성되고 나서 수몰지역에 물이 차 오르자 용담이란 말 그대로 '용龍의 형상'이 나타났기 때문이었다.

즉 비행기에서 용담호龍潭湖를 내려다보면 호수물이 계곡에 굽이굽이 차 오른 모습이 마치 하늘로 승천하는 용의 모습과 너무나 흡사하다는 것이다. 이처럼 수백 년 전에 붙여진 땅이름이지만 결국 그 이름대로 이루어진 걸 보면 선인들의 땅을 보는 혜안에 감탄할 따름이다.

6. 팔괘 훈장을 아세요?

누구나 한번쯤은 가슴에 멋진 훈장을 달고 싶어 한다.
팔괘와 관련된 대한제국의 훈장 이야기다. 1897년(광무1년) 4월에 공포한 「대한제국 훈장조례」를 보면 최고 훈장인 대훈위금척대수장大勳位金尺大綬章을 위시하여 태극장太極章 등의 훈장들이 있었다.
그 중 『주역』과 관련 있는 훈장들을 살펴보자.
먼저 태극장太極章이다. 태극장훈장은 일등급인 '훈일등 태극대수장[勳一等太極大綬章, 아래 사진(左)]'부터 훈팔등 태극소수장勳八等太極小綬章까지 팔등급이며, 문·무관 중에서 공이 뛰어난 사람에게 수여하였다. 훈일등 태극대수장을 받으신 분 중에 대표적인 인물이 바로 충정공忠正公 민영환(閔泳煥, 1861년~1905년) 지사이다. 1905년 일제에 의해 을사조약이 강제로 체결되자 조약에 찬동한 오적의 처형과 조약파기를 요구하며 죽음으로 항거하신 순국지사였다[아래 사진(右) 붉은 원 참조].

〈훈일등 태극대수장,
사진: 위키백과〉

〈훈일등 태극대수장을 패용한 충정공〉

대한제국의 태극장은 현 대한민국정부에서도 그 전통을 계승하여 현재 대한민국 무공훈장 중 1등급 훈장인 '태극무공훈장太極武功勳章'이 있다.

다음은 '팔괘장八卦章훈장'을 살펴보자.

팔괘장훈장은 태극장 다음가는 훈장이었으며, 팔괘장이란 명칭은 '팔괘 문양'이 들어간 훈장이라서 그렇게 명명된 것이다. 이 훈장의 등급은 팔괘장이란 이름처럼 '8등급'으로 되어 있다. 즉 '건괘(1등급, ☰)', '태괘(2등급, ☱)', '리괘(3등급, ☲)', '진괘(4등급, ☳)', '손괘(5등급, ☴)', '감괘(6등급, ☵)', '간괘(7등급, ☶)', '곤괘(8등급, ☷)'의 팔괘 순서대로 8등급으로 매겨져 있다.

참고로 현재 대한민국 훈장의 등급체계는 '5등급'으로 통일되어있다. 아래 사진은 팔괘장 중 가장 높은 일등급인 '훈공일등勳功一等 팔괘대수장八卦大綬章[乾卦,☰]'이다. 사진에서 보는 것처럼 여섯 잎사귀의 둥근 원 안에 '건괘(☰)'가 새겨져 있다.

〈훈공일등 팔괘대수장[건괘,☰] 사진: 한국학중앙연구원〉

그리고 2등급인 '훈공이등勳功二等 팔괘대수장八卦大綬章'에는 '태괘(☱)'가, 3등급인 '훈공삼등勳功三等 팔괘중수장八卦中綬章'에는 '리괘(☲)'가 새겨져 있다. 4등급인 '훈공사등勳功四等 팔괘소수장八卦小綬章'에는 '진괘(☳)'가, 5등급인 '훈공오등勳功五等 팔괘소수장八卦小綬章'에는 '손괘(☴)'가 새겨져 있다. 또 6등급인 '훈공육등勳功六等 팔괘소수장八卦小綬章'에는 '감괘(☵)'가, 7등급인 '훈공칠등勳功七等 팔괘소수장八卦小綬章'에는 '간괘(☶)'가 새겨져 있으며, 마지막 8등급인 '훈공팔등勳功八等 팔괘소수장八卦小綬章'에는 '곤괘(☷)'가 새겨져 있다.

대한제국 시절만 하더라도 훈장의 명칭에 태극과 팔괘를 썼다는 것은 그 당시 태극, 음양, 오행, 팔괘 등의 역易의 개념들이 조선 사회에 널리 대중화되었던 것을 알 수 있다. 당시는 교육수준도 높지 않았을 텐데 『주역』의 기본은 알고 있었던 것 같다. 요즘은 웬만하면 대학교육까지 다 받았음에도 "태극기의 건·곤·감·리는 누가 그렸습니까?"라고 물으면 제대로 아는 사람이 별로 없다. 태극기가 대한민국의 얼굴인데 말이다.

7. 독립투사들이 부적처럼 소중히 다룬 천부경天符經

혹독한 대일 항쟁 기에 민족지도자와 독립투사들의 정신적 지주는 바로 「천부경天符經」이었다. 도대체 「천부경」이 무엇이 길래 일제의 총칼 앞에서도 굴복하지 않고 고난과 역경을 극복해낼 수 있었을까? 나라를 되찾기 위해 처자식을 버리고 만주벌판에서 총칼을 움켜잡게 해준 것도 「천부경」이었다. 홍범도 장군 같은 독립군 사령관부터 무명용사에 이르기까지 그들의 외투 깊은 곳에는 접고 또 접어서 글씨조차 희미해진 「천부경」이 들어있었다.

항일투쟁의 가시밭길에서 낮에는 총을 잡고, 밤에는 「천부경」을 주문처럼 읽고 또 읽으면서 지난至難함을 이겨냈다고 한다(아래 사진 참조).

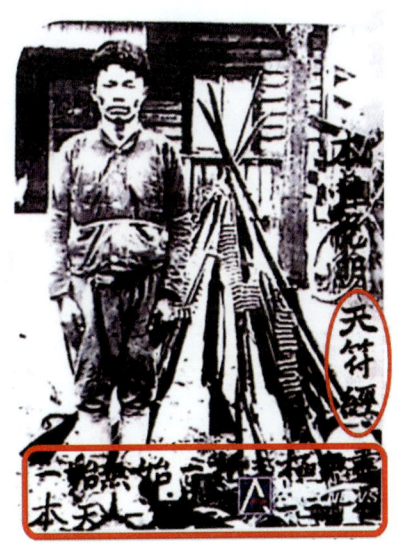

〈사진 우측 하단에 천부경 표기. 안동신문〉

「천부경」은 『주역』의 뿌리가 되는 경전으로 동양 우주론의 정수로 유럽 지성인들 사이에도 널리 알려졌다. 「천부경」의 세계화에는 전병훈이 있었다. 조선 말 망국의 한을 품고 중국으로 망명해 『정신철학통편』이라는 걸작을 남긴 전병훈(全秉薰, 1857년~1927년) 선생이 그 책 서두에 「천부경」의 주해를 달고 전 세계의 유수한 대학도서관에 보냈다(아래 사진 참조).

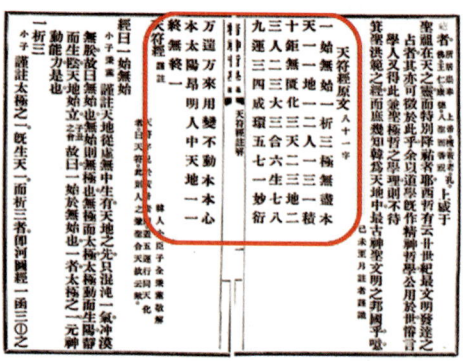

〈전병훈과 『정신철학통편』에 실린 천부경. 사진: 한국학중앙연구원, 국립중앙도서관〉

그 결과, 독일의 신학자 빌헬름(R.Wilhelm, 1873년~1930년)과 칼 융(Carl.G.Jung, 1875년~1961년) 등 당대 지식인들을 통해 전 유럽으로 널리 전파되었다. 그리고 천부경은 일제 강점기에 독립군들뿐만 아니라 이시영(李始榮, 1869년~1953년) 등 임시정부 요인들에게도 널리 알려져 있었다. 또 근대 걸출한 역학자인 야산也山 이달(李達, 1889년~1958년) 선생과 불가에 몸을 담고 있으면서 『주역』과 『정역』에도 달통했던 탄허(呑虛, 1913년~1983년) 스님 또한 「천부경」을 애송하면서 그 심오한 사상을 사람들에게 널리 알렸다.

그리고 독일의 실존철학자인 하이데거(M.Heidegger. 1889년~1976년) 박사와 관련된 「천부경」의 유명한 일화가 있다.

하이데거가 우리나라 제1세대 철학자인 서울대 박종홍(朴鍾鴻, 1903년~1976년) 교수를 만났을 때 "한국에도 고유한 철학사상이 있다고 들었는데, 그 근원철학을 잘 표현한 문헌이 「천부경」으로 알고 있다. 「천부경」을 알고 싶으니 교수님께서 해석을 해주시오."라고 물었다. 하지만 박 교수는 제대로 알지 못해 답변을 해주지 못해 몹시 민망했다고 한다. 그 후 박 교수는 본격적으로 한국철학에 대해서 연구하기 시작했다.

「천부경」의 역사를 알려주는 『태백일사太白逸史』를 보면,
「천부경」은 환국桓國시대부터 전해 내려온 인류 최초의 경전이다. 인류의 원형정신을 담고 있는 원형문화의 원전으로서 오늘날 유·불·선의 뿌리가 되는 경전이기도 하다. 「천부경」은 하나(一)에서 시작하여 하나(一)로 끝나는 불과 81자 밖에 되지 않은 짧은 경전이다. 그렇지만 거기에 담긴 사상은 대단히 심오하다. '우주 창조의 근원'과 '인간은 어떻게 살아야하는가'에 대해 「천부경」만큼 명쾌한 답변을 제시해주는 경전도 없을 것이다.
한마디로 「천부경」은 인간과 우주 존재의 근원을 밝혀주는 진리의 보물이다. 「천부경」은 우주의 시원을 일자一者로 보아 대우주, 천지, 인간과 만물 등 모든 것이 하나에서 비롯된 것으로 본다. '하나'라는 근원에서 가장 지극한 '세 가지 존재(三極)'가 나왔다, 즉 하늘과 땅 그리고 인간이 나와서 '천일天一, 지일地一, 태일太一'이라고 부른다. 특히 인간은 하늘과 땅과 더불어서 그 신성이 동일한 존재라서 우리들 스스로 궁극의 절대 존재라는 것을 잊어서는 안 된다.
또한 「천부경」의 핵심은 바로 한민족의 원형질 정신인 삼신三神사상, 삼일三一문화로 나타낼 수 있다. 이것은 하나 속에는 셋이 담겨 있고(執一合三), 셋이 모이면 하나로 돌아가는(會三歸一) 원리를 담고 있다.

독자 여러분들도 「천부경」의 깊은 뜻을 되새겨 우주와 인간의 근원적 질문에 대한 해답을 찾고 지친 일상에 활력을 되찾는 에너지가 되었으면 한다. 「천부경」의 81자를 소개하면 다음과 같다.

"一始無始一(일시무시일) 析三極無盡本(석삼극무진본) 天一一(천일일) 地一二(지일이) 人一三(인일삼) 一積十鉅(일적십거) 無匱化三(무궤화삼) 天二三(천이삼) 地二三(지이삼) 人二三(인이삼) 大三合六(대삼합육) 生七八九(생칠팔구) 運三四(운삼사) 成環五七(성환오칠) 一妙衍(일묘연) 萬往萬來(만왕만래) 用變(용변) 不動本(부동본) 本心本太陽(본심본태양) 昂明(앙명) 人中天地一(인중천지일) 一終無終一(일종무종일)."

"하나에서 천지만물이 시작되었지만 무無에서 시작된 하나이다. 하나가 세 가지의 지극한 것으로 나뉘어도 그 근본에는 다함이 없다. 하늘은 우주의 근원이 되어 첫째가 되고, 땅은 하늘로부터 생명의 씨를 받아 둘째가 되고, 사람은 천지의 열매로서 셋째가 되니, 하나에서 천지만물이 시작하여 십(무한)으로 쌓이지만 다함이 없는 삼재(천지인)의 조화를 이루니라. 하늘은 음양의 3수數로, 땅도 음양의 3수數로, 사람도 음양 3수數로 생명을 이어 천·지·인의 음양의 3수數가 합해 6수數를 낳고 7과 8 그리고 9를 낳는다. 우주는 3과 4로 운행하고, 5와 7로 우주의 순환을 이루니라. 하나는 신묘하여 수많은 변화작용을 하는데 그 작용이 아무리 많이 변해도 근본은 변함이 없느니라. 우주의 근본자리는 마음이니, 그 마음은 큰 광명에 바탕을 두어 천지 사이에 있는 사람은 천지와 하나 됨으로써 그 하나에서 끝을 마치지만 무無로 귀결되는 하나가 되느니라."

8. 태극의 나라, 대한민국

『주역』을 공부하면서 적잖게 놀랐던 것 중 하나가 '태극(太極,☯)'이다. 당연히 한국 사람이니까 '태극기', '태극전사', '태극무공훈장' 등 태극이란 말은 많이 들어봤지만 태극의 뜻이 그토록 심오한 줄은 몰랐다.

사람에겐 그 사람만이 갖는 이름(人名)과 얼굴(人容)이 있듯이, 마찬가지로 국가도 그 국가만의 이름(國名)과 국가의 얼굴(國旗)이 있다. 우리나라의 이름(國名)은 '대한민국'이고, 나라의 얼굴(國旗)은 '태극기'이다. 그래서 세계인의 축제인 올림픽과 월드컵 같은 국제행사에 참가하는 나라들은 참가국의 이름(國名)과 참가국의 얼굴인 국기(國旗)를 게양한다. 예컨대 미국은 성조기星條旗를, 중국은 오성홍기五星紅旗를, 영국은 유니온 잭Union Jack을 게양한다.

또 사람의 얼굴인 관상觀相을 보면 그 사람의 과거와 현재, 미래 운명運命까지 알 수 있듯이, 국가 역시 그 나라의 얼굴인 국기觀國를 보면 그 나라가 걸어온 역사와 미래의 국운國運을 알 수 있다.

이처럼 대한민국 국운은 '태극기' 한 장에 다 들어 있다고 해도 과언이 아니다. 태극기 중에서도 그 엑기스는 '태극'에 다 담겨 있다.

태극은 『주역』에서 나온 말로 태극사상은 역易의 핵심사상이다. 「계사전」에 보면 "역易에 태극太極이 있으니 이것이 양의(兩儀, 음양)를 낳으며, 양의가 사상(四象, 태양·소음·소양·태음)을 낳고, 사상이 팔괘(八卦, 건·태·리·진·손·감·간·곤)를 낳는다."고 한다. 이처럼 태극을 한마디로 말하면 '우주를 존재케 하는 생명력의 원천'이다. 사람 같은 생물체야 유한한 생명을 갖고 태어나지만, 이 우주는 영원하다. 그렇게 우주가 영원히 존재할 수 있게 해주는 것이 태극(☯)이다.

어떻게 우주는 영원할 수 있는가? 끝없이 펼쳐진 대우주는 '분열의 양陽운동과 통일의 음陰운동을 영원히 반복'하기 때문에 가능하다. 즉 음陰기운이 극에 달하면 양으로 변變하고, 양陽기운이 극에 달하면 음으로 화化한다. 이를 '음변양화陰變陽化'라고 하며 줄여서 '변화變化'라고 한다(아래 왼쪽 그림).

또 태극의 의미는 '태太'자를 풀이해보면 이해할 수 있다.

태太자는 한자 문화권인 한·중·일 세 나라 중에서 우리나라만 유일하게 '콩 태'로 읽는다. 콩을 반쪽으로 잘라보면 양쪽(음·양)으로 갈라진 한 가운데 생명의 씨가 있다. 그 씨를 상형문자로 나타낸 것이 바로 '太'자 이다.85)

또는 사람이 양팔을 벌리고(一) 왼발과 오른발의 두 다리(人)로 이루어진 '大'자에다 생명의 씨(ヽ)를 갖고 있는 젊은 남자를 상징한다고도 한다(太=大+ヽ). 어쨌든 태太자는 '생명의 씨'라는 것이다(아래 오른쪽 그림).

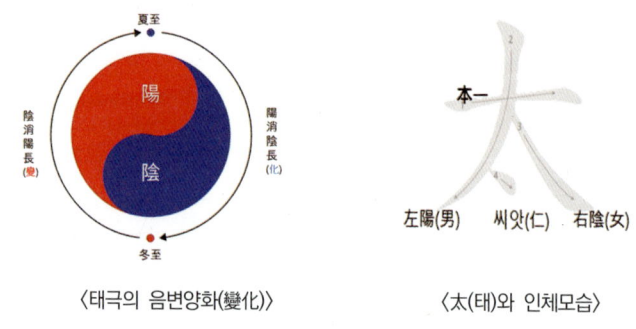

〈태극의 음변양화(變化)〉 　　〈太(태)와 인체모습〉

---

85) 한민족은 '콩(太)의 민족'이다. 콩의 원산지는 한반도와 중국 동북지역으로 추정한다. 콩은 5천 년 전부터 재배해 왔으며 전 세계 야생 콩의 절반이 한반도에서 자란다. 콩의 이름들을 보면 백태(白太), 청태(靑太), 유월태(六月太), 서리태 등 '태(太)'자를 많이 쓴다. 두만강(豆滿江)이란 명칭도 '콩을 가득 실어 나르는 강'이라는 뜻으로 1930년대 한반도가 전 세계 콩 생산량의 2위였다. 한민족은 콩을 재배한 역사가 오래 된 만큼 콩 발효와 콩 가공 기술이 뛰어나 다양한 음식문화(된장, 간장, 고추장, 청국장, 두부, 콩나물, 콩국수 등)를 가지고 있다. 황영현, 『우리나라 콩의 역사』「한국콩연구회소식」324호, 2015. 필자 註.

그리고 '太'자는 시간적으로는 '처음' 혹은 '최초'를 나타내므로 숫자 '1'로 표현한다. 그래서 역대 왕조에서 왕조를 개창한 첫 번째 왕을 가리켜 '大祖'라 하지 않고 '太祖'라고 부른다(조선의 태조 이성계, 고려의 태조 왕건 등). 이뿐만 아니라 하늘과 땅이 처음 열렸던 시간대를 '大初'라 하지 않고, '太初'라 하여 『성경』에도 '태초에 하나님이 천지를 창조하셨다'고 한다.

또한 공간적으로는 '크다'는 뜻이다. 그래서 양陽 중에서 가장 큰太 양陽을 가리켜 하늘에 떠 있는 '태양太陽'이라 하며, 가장 큰太 음陰은 '태음太陰'이라 부르는 달(月)이다.

그리고 지구촌의 밭田 중에서 가장 큰(太) 밭(田)이 '태전太田'이다. 『주역』의 「중천건괘」에서 말하는 '현룡재전見龍在田'의 '밭(田)'은 '한밭(제일 큰 밭)'으로 불리는 '태전(太田, 현재 대전시)'를 가리킨다. 또 태극太極은 팔괘 중 간괘艮卦에 해당되어 역학자들은 간방(한반도) 중의 간방인 태전太田이 앞으로 간도수艮度數의 중심무대가 되어 후천시대의 세계의 중심지가 된다고 말한다.

〈순종황제 마산 순행, 사진: 경남도교육청〉

〈대한제국 대황제폐하 남서순행 기념장, 융희3년〉

지나간 역사에서 대전太田의 옛 지명이 '태전太田'으로 불린 적도 있었다. 1909년 1월 대한제국의 순종 황제는 대구, 부산을 거쳐 마산까지 조선통감 이토 히로부미(伊藤博文)와 함께 남순행南巡行길에 오른다. 황제의 순행 이전 「대한제국관보」를 보면 대전의 지명이 '태전太田경무분소', '태전太田우체국' 등으로 표기된 것을 볼 수 있다.
야산 이달(李達, 1889년~1958년) 선생의 서신에도 '太田'이라고 표기된 것을 보면 당시 대전과 태전을 혼용해서 쓰지 않았나 생각된다. 그리고 간괘의 방위(艮方)는 동북방으로 유라시아대륙의 동북방에 자리 잡은 한반도가 이에 해당된다.
또 간괘는 3극(무극·태극·황극) 중에서 태극을 상징하므로 태극(☯,艮象)이 들어간 태극기를 간방에 위치한 대한민국이 국기로 쓰고 있는 것은 역학적으로 볼 때 당연한 결과이다.

9. 머지않아 회복함이라

태극기의 유래는 1882년 박영효가 수신사로 일본으로 가던 중 배 안에서 만들어 처음 사용하였다고 전해진다. 태극기의 태극(太極, ☯)은 음과 양의 조화를 상징하며 우주를 영원히 태동胎動시키는 원동력이다.

그리고 건(乾, ☰), 곤(坤, ☷), 감(坎, ☵), 리(離, ☲)는 하늘과 땅, 해와 달, 즉 천지일월을 상징하며 『주역』「64괘」의 핵심이 되는 4괘이다.

한민족과 태극의 인연은 꽤 오래되었다. 역사 속에 드러난 태극 문양만 보더라도 중국의 그것보다 더 오래되었다는 것을 알 수 있다. 지금까지는 경주 감은사지 장대석의 태극 문양이 중국 송나라 때 주돈이(周敦頤, 1017년~1073년)의 태극 도형보다 400여년 앞선 것으로 알려져 있었다. 그런데 지난 2009년 나주시 복암리 고분군(사적 제404호)에서 발견된 목간木簡에 그려진 태극 문양은 1,400년 전으로 밝혀져 현존하는 가장 오래된 태극 문양으로 인정받았다(아래 사진 참조). 이뿐만이 아니라 신라 미추왕릉에서 출토된 금제 보검에 새겨진 삼태극 문양 등을 보건대, 오래전부터 한민족의 정신세계에는 조화와 상생의 '태극정신'이 자리 잡고 있었음을 반증해주고 있다.

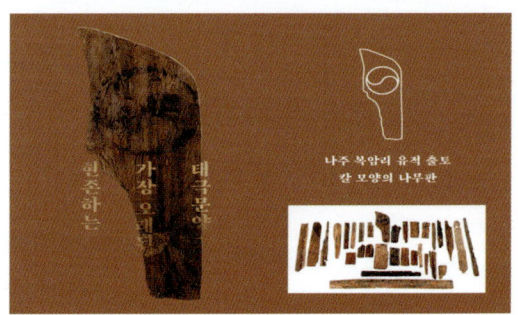

〈나주 복암리 유적(태극문양). 사진: 국가유산청〉

우리 태극기에는 우주의 알파(α)와 오메가(Ω)가 담겨 있는 만큼 많은 사연들이 있다. 태극기가 우리나라 국기로 공식적으로 사용한 이래 가슴 뭉클한 사연을 가진 태극기들이 많았다. 외국과 공식적으로 처음 사용된 태극기로 알려진 1882년 조미수호통상조약 당시, 역관 이응준이 만들었다는 '이응준 태극기', 1941년 백범 김구 주석이 독립을 염원하는 굳건한 의지를 새긴 '김구 서명문 태극기', 1946년 한국광복군 독립군들이 광복의 기쁨과 완전한 독립국가의 염원을 담은 '한국광복군 서명문 태극기', 1950년 9월 27일. 서울 탈환에 성공한 후 해병대원들이 중앙청에서 북한 인공기를 내리고 다시 올린 '서울 수복 중앙청 태극기' 등 저마다의 애틋한 사연들을 갖고 있다. 『주역』과 관련된 태극기 이야기를 해보자. 여러분들은 이 태극기를 본 적이 있는가?

〈불원복 태극기〉

태극기의 흰색 바탕에 붉은 색실로 '不遠復(불원복)'이라는 글씨가 새겨져 있다. '머지않아 국권을 회복하겠다.'는 '불원복 태극기(위 사진)' 이다. 이 태극기의 주인공은 1905년 을사늑약이 체결되자 전라도 구례 일대에서 의병 활동을 벌였던 녹천鹿泉 고광순(高光洵, 1848년~1907년, 사진) 의병장이다.

〈의병장 고광순 지사〉

선생은 임진왜란 때 의병장이었던 고경명(高敬命, 1533년~1592년) 장군의 12대 손으로 나라사랑의 가통을 이어받아 1907년 국권 회복을 위해 분연히 일어섰다. 그때 선생은 흰 천에 태극문양의 양陽은 홍색으로, 음陰과 건·곤·감·리의 4괘는 검은색 천을 오려 박음질하였으며, 위쪽 가운데에다 붉은 색실로 '不遠復'이라는 글자를 수놓았다. 비록 지금은 나라를 빼앗겼지만 머지않아 국권을 회복하리라는 굳은 신념으로 가슴에 품고 다녔으며, 또 지리산의 깊숙한 의병 진영에 나부꼈을 때는 결사 항전의 구심점 역할을 한 태극기였다.

마침내 선생은 "한번 죽어 나라에 보답하는 것은 평소 마음을 정한 바이다."라는 말을 남기고 장렬한 최후를 마쳤다. 그 후 1986년 선생의 후손이 독립기념관에 기증하였으며, 불원복 태극기는 항일 독립운동의 사료적 가치를 인정받아 국가등록 문화유산(제394호)으로 지정되었다.

그런데 '불원복'이라는 말은 『주역』에서 나왔다. 「64괘」의 24번째 「지뢰복괘地雷復卦, ☷☳」에 나오는 말이다. '지뢰복地雷復'은 '땅(地,☷) 속의 우레(雷,☳)가 움직여서 회복(復)한다'는 뜻이다. 여기서 '복復'은 '회복',

'소생 한다'는 뜻으로 겨울철 앙상한 나무들이 죽은 듯이 보이지만, 땅 속 깊은 곳에선 새 생명이 꿈틀거린다는 의미이다.

또한 「지뢰복괘」는 추운 겨울이지만 땅 속에서 양효(−) 하나가 꿈틀거리는 그 모습이 일양시생—陽始生하는 동지冬至와 닮았다 하여, 동짓달(음11월)에 해당하는 복월復月에 배속한다. 『주역』에서 양효(−)는 광명, 희망, 대인을 상징하며, 음효(--)는 암흑, 절망, 소인을 상징한다. 세상이치란 밤이 지나면 낮이 오고, 낮이 지나면 밤이 오듯 궁극에 달하면 반드시 제 자리로 돌아오는 것이 음양의 순환법칙이다. 아무리 일제의 압제가 혹독하다지만 언젠가 희망의 시대가 올 것이라는 메시지가 '불원복'이다.

어느 깊은 밤, 국권을 상실한 이후 절치부심 하던 중 고광순은 국권 회복을 기원하며 괘 하나를 뽑았을 것이다. 그 괘가 바로 「지뢰복괘(초구)」였다. 거기에 쓰여 있는 "머지않아 회복함이라. 뉘우치는 데 이르지 않으니 크게 길하다."86)는 구절에 감명 받아 '불원복不遠復' 태극기를 만들었을 것이다.

국권회복의 뜻을 가진 광복光復이라는 말에는 광光보다 복復에 방점이 찍혀있다. 왜냐하면 일제의 압제로부터 풀려난 해방(光) 못지않게 새 나라를 복구(復)하는 것이 더 중요하기 때문이다. 마찬가지로 「지뢰복괘」도 회복한다는 복復에 방점이 찍혀 맨 아래에 있는 양효(−)가 「지뢰복괘」의 주효主爻가 되는 것이다. 또 『주역』의 시간론은 종시終始이다. 즉 마침(終)과 동시에 시작(始)된다는 것이다. 복괘는 추운 겨울이 끝나고(終) 따뜻한 봄이 시작됨(始)을 상징하듯, 광복 또한 일제로부터 해방(終)된 나라를, 더 좋은 나라로 세워 나가는(始) 것이

---

86) 『주역』「지뢰복괘」 초구. "불원복(不遠復)이라. 무지회(无祗悔)니 원길(元吉)하니라."

중요하기 때문이다. 올해로 광복된 지 벌써 80년이 흘렸다.
비록 나라는 광복이 되었지만 일본의 역사왜곡 등으로 이 땅에는 진정한 '역사광복歷史光復'은 아직 이루어지지 않았다.
우리 한민족의 국통맥國統脈이 바로 서고, 역사 정신이 바로 설 때 진정한 대한민국의 광복은 이루어질 것이다.

10. 백범 김구와 탄허 스님

며칠 전 3·1운동의 정신이 살아 숨 쉬는 탑골공원을 다녀왔다.
3·1혁명으로 대한민국 임시정부가 수립되었으며 그 임정의 법통을 이어 받아 오늘의 대한민국이 있는 것이다.
세상에 잘 알려지지 않은 대한민국 임시정부를 지탱해준 '보천교(普天敎, 1911년~1936년 존속)' 이야기를 해보고자 한다.
1894년 동학혁명으로 60여만 명이 보국안민輔國安民의 기치를 높이 들었으나 일본제국주의의 총칼에 30여만 명의 사상자를 내고 처참히 무너졌다. 그렇게 무너진 미완의 혁명은 한민족의 자주의식을 고취시켰던 동학의 맥을 이은 보천교로 되살아났다. 당시 보천교는 조선 민중들에게 새 세상이 온다는 비전과 독립을 쟁취할 수 있다는 희망을 제시하며 짧은 기간에 엄청나게 교세를 키웠다.
1925년 조선 주재 미국 총영사 밀러의 「조선보고서」와 1926년 조선총독부의 「보천교 일반」 자료에 따르면 보천교 신도수가 약 600여만 명에 달했다고 한다.
당시 조선 인구가 1천 902만 명임을 감안하면 30%가 넘었으며, 세 사람 가운데 한 사람 꼴로 보천교를 믿었으니 그 교세가 실로 엄청났다. 조선 백성들에게 민족의 자존감과 민족의식 고취는 국내뿐만 아니라 만주 등에서도 활발한 독립운동을 펼쳤다. 특히 '제주 법정사法井寺 항일운동'은 유명하다. 3·1운동보다 5개월 앞선 1918년 10월, 4백여 명의 보천교 신도와 승려 등이 일으킨 전국 최대 규모의 항일운동이었다.

그리고 막대한 자금력을 확보하고 있었던 보천교는 상해 임시정부의 설립자금으로 5만원(당시 화폐기준) 지원을 시작으로, 1921년 김규

식의 모스코바 약소민족회의 참석 여비 1만원을 지원하였다. 동년 보천교의 재정담당이었던 김홍규(탄허 스님 부친) 지사의 집에 일본 경찰들이 급습하여 마루 밑에 숨겨 놓은 상해 임시정부로 전달할 독립자금 10만 7천여원이 든 항아리가 발견되어 압수당한 사건도 있었다(「보천교 간부 집에서 독립자금 10만원 발각」, 동아일보. 1921년 10월. 29일 기사 등).

또 보천교는 1924년 청산리대첩의 영웅 김좌진 장군의 부대에 5만원을 지원했으며, 1925년에는 조만식과 신채호의 부인 박자혜 등이 관련된 상해 임시정부의 정의부에 거금을 보내기도 하였다. 이와 같이 보천교는 항일투쟁의 군자금 산실 역할과 물산장려운동 같은 계몽운동을 주도하는 등 애국정신을 고취하였다.87) 독립자금의 특성상 비밀리에 전달되어야 하는 등 정확한 집계는 어렵지만 보천교에서 제공한 독립자금 액수는 상당한 규모였을 것으로 추정된다.

그래서였을까? 1945년 11월 임시정부 요인들의 환국還國 때 김구 주석은 "우리는 정읍 보천교에 많은 빚을 졌다"라고 말했을 정도였다. 또 비서실장 조경한의 증언에 의하면 백범은 보천교의 지원에 대한 감사의 뜻을 자주 밝혔다고 한다.

이처럼 보천교는 1920~1940년대 종교 단체의 항일운동 관련 신문기사 중 54%를 차지할 정도로 격렬하게 항일투쟁에 앞장섰다. 그 단적인 사례가 대일 항쟁기 때 독립운동으로 구속·기소 된 보천교 관련 인물이 국가기록원에서 공개한 보천교 관련 민족운동 참가자는 424명, 이 가운데 154명이 독립유공자이다(2021년 4월 26일 현재)88)

---

87) 안후상, 『일제강점기 보천교의 민족운동연구』 전남대학교 일반대학원, 박사학위 논문, 2022, 111~117쪽 참조

〈1945월 11월 23일 환국하는 김구 등 임정 요인들〉

얼마나 눈엣가시로 여겼던지 일제는 항일투쟁과 독립운동자금의 심장부인 보천교를 와해시키기 위해 「보천교신법」이라는 법률까지 제정하여 보천교 해산정책을 밀어붙여 보천교를 와해시켰다. 일제는 보천교가 해산되자마자 보천교의 성전인 십일전十一殿 을 비롯한 부속건물 등을 강제로 해체하여 헐값에 매각하였다. 이 때 조선총독부가 보천교의 십일전을 경매에 붙인 것을 태고사가 낙찰 받아 해체하여 옮겨 지은 게 바로 서울 종로에 있는 대한불교조계종의 총본산인 조계사曹溪寺의 대웅전이다.89)

그 외 보천교의 정화당井華堂과 보화문普化門 등의 부속건물은 전주全州

---

88) 안후상, 『일제강점기 보천교의 민족운동연구』 전남대학교 일반대학원, 박사학위논문, 2022, 255쪽.

89) 일제강점기 조선총독부는 상해임시정부와 독립군의 군자금 등을 제공하는 600여만 명의 보천교를 궤멸시키고자 혈안이 되었다. 그렇게 조선총독부는 보천교에 대한 감시를 강화하면서 탄압하던 중, 1936년 보천교 교주 차경석(일명,車天子)이 사망하자 곧 바로 보천교를 해산하고 이듬해 1만여 평의 대지 위에 들어선 십일전을 비롯한 부속건물 등을 강제로 해체하여 헐값에 매각하였다. 이 때 조선총독부가 보천교의 십일전(十一殿) 등을 경매에 붙인 것을 태고사가 낙찰 받았는데, 1925년에 첫 삽을 뜬 후 4년 만에 완공된 십일전은 당시 건축비로 50만원이 들어갔다. 그런데 조선총독부는 1,000분의 1 가격인 500원의 낙찰가에 매각하였다.

역사驛舍와 내장사 대웅전 등 전국 각지로 헐값에 처분되었다. 그리고 웅장했던 십일전 지붕을 덮었던 독특한 청색(靑) 기와(瓦)들은 당시 조선총독 관저의 지붕 기와로 쓰였다. 해방이 되고 대한민국정부 수립 후 대통령 관저로 쓰면서 경무대景武臺로 불러오다가, 윤보선 대통령 때 푸른 기와(靑瓦)집을 뜻하는 청와대靑瓦臺로 개명하여 오늘에 이르고 있다.

그리고 보천교와 뗄 수 없는 인물이 바로 화엄학華嚴學의 대가인 탄허(呑虛, 1913년~1983년) 스님이다. 탄허가 누구인가? 우리 불교계에 탄허를 뛰어 넘었던 학승이 있었던가!
불교뿐만 아니라 유교와 노장老莊사상에 통달하지 않고선 해석이 불가능한 〈화엄경〉 80권을 10여 년간 매일 원고지 100장씩을 쓰는 초인적인 작업을 거쳐 마침내 원고지 6만 2천 5백여 장의 분량으로 펴낸 〈신화엄경합론(47권)〉은 세계 불교사에도 없는 불경 대중화 사업이었다.

스님은 어렸을 적부터 영특하여 13세까지는 보천교 서당에서 한문과 서예를 배웠고, 아버지 등에게서 한학을 배웠다.
탄허의 부친은 독립운동가 김홍규(金洪奎, 1888년~1950년) 애국지사이다. 당시 보천교의 2인자이었으며 재정책임자로 독립운동자금을 상해 임시정부에 전달한 공로로 2005년 건국포장을 추서받았다. 탄허는 학문에 대한 열정이 어찌나 대단하였던지 16세에 결혼해 『주역』책이 없어서 공부하지 못하다가 처가 집에서 소를 팔아 『주역』책을 사주자, 집에도 오지 않고 글방에 틀어 박혀 흡사 미친 듯 춤을 추며 큰소리로 책을 읽었는데, 자그마치 『주역』을 손에 들고 500독讀을 하였다고 한다.

근대 한국 불교의 선승 가운데 탄허 만큼 『주역』과 『정역』에 해박한 학승은 없었으며, 앞날을 꿰뚫어 보는 예지력 또한 탁월하였다. 얼마나 예언 적중률이 높았으면 스님을 '동방의 노스트라무스'라고 불렀겠는가! 특히 스님의 후천개벽 관련 예언들은 어린 시절 보천교에서 들어왔던 내용들이 많았다. 예컨대, 일본열도의 침몰과 지축이동, 그리고 대한민국의 세계 중심국가로의 부상 등이 그것이다.

11. 달 탐사선 '다누리호'와 『주역』

얼마 전 대한민국의 첫 달 탐사선, '다누리호' 발사가 성공적으로 이루어졌다. 앞서 6월 순수 우리 기술로 만들어진 '누리호'에 이은 우주과학기술의 쾌거로 미국, 러시아 등 세계 7대 우주 강국 반열에 올라섰다. 지난 1969년 초등학교 시절 동네 전파상 앞에서 쪼그려 앉아 금성사(현재 LG전자)의 진공관식 흑백 TV로 '아폴로 11호'의 달 착륙 장면을 보고 잠을 설쳤던 때와 비교하면 격세지감을 느낀다.

〈 대한민국의 첫 달 탐사선, '다누리호'〉

과학자들의 연구에 의하면, 우주는 일천억 개의 별들로 이루어진 은하계가 일천억 개 이상이 있을 정도로 광활하며, 1초에 100개씩을 세어도 다 헤아리는데 2조 년이나 걸릴 정도로 무한대의 영역이다. 현재 인류의 우주과학기술이 아무리 발달한다고 해도 태양계를 벗어나는 것조차 쉽지 않아 보인다. 이런 광활한 우주 앞에 서면

티끌 같은 지구에 살고 있는 우린 너무나 작게 보인다. 그래서 끝없이 펼쳐진 우주는 먼 옛날부터 호기심의 대상일 뿐 아니라 경외심을 넘어 신앙의 대상으로까지 승화되어 왔다.

〈오리온성운(좌)과 M16(우) 사진: 미국항공우주국(NASA)〉

먼 옛날부터 동양에서는 서양과 달리 과학을 뛰어넘은 직관直觀으로 우주를 바라보았다. 특히 동아시아에서는 우주를 「시·공연속체時空連續體」로 보아 '집'이란 뜻을 가진 「우주宇宙」라는 단어를 써왔다. '우주宇宙'에서 앞의 '집 우宇'는 '공간'을, 뒤의 '집 주宙'는 '시간'을 의미한다.

周 = 周圍, 周邊 등의 '공간' ⟶ 宇(집 우: 공간)

易 = 日+月이 상징하는 '시간' ⟶ 宙(집 우: 시간)

그런데 신기한 것은 '주역'이나 '우주'는 서로 같은 의미로 통한다. 왜냐하면『주역』에서 '주周'는 주위周圍, 주변周邊 등의 '공간'을 뜻하므로 우주의 '우宇'와 같으며, '역(易=日+月)'은 일(日)과 월(月)의 합성자로 시간을 나타내므로 우주의 '주宙'와 같기 때문이다.

주역(周易) = 우주(宇宙) = 시·공간(時空間)

그러므로 '주역'을 공부한다는 것은 결국 '우주'를 공부하는 것이며, 구체적으로는 「우주변화원리」를 알아보는 것이다.

이를 두고 『주역』에서는 "천지와 더불어 기준을 정한다."고 하였다. 그 이유는 '역易'자를 보면 알 수 있다.

역易자는 해(日)와 달(月)의 시간에 따른 「우주의 변화원리」를 뜻하므로 '우주의 비밀'을 풀 수 있는 열쇠(Key)라고 말할 수 있다. 그러므로 역易은 쉽게 말하면 상품의 겉면에 표시되어 있는 '바코드(Barcode)'와 같다. 굵기가 다른 Bar(검은 막대)와 Space(흰색 여백)가 그려져 있는 바코드에는 그 상품의 가격, 재고 및 매출정보 등 관련 데이터가 들어있어 바코드만 스캔해보면 그 물품에 관한 모든 정보를 한 눈에 파악할 수 있다.

『주역』의「64괘」도 마찬가지다. 양효(─)와 음효(--)로 이루어진 6개 음양효의「64괘」에 우주 만물의 정보가 다 들어있다. 그래서 『주역』을 깊이 공부하면「시·공時空 연속체」인 우주를 온전하게 볼 수 있게 해준다.

특히 『주역』은 시간론에 강점이 있어 '시운時運'의 학문이라 부른다. 시·공을 「음양론」으로 보면 공간은 형상이 있는 물질[陰]로 되어 있기 때문에 오감으로 느낄 수 있지만, 시간은 형상이 없는 비물질[陽]로 되어 있어 우리들 감각으로 인식하기가 쉽지 않다. 다만 눈에 보이는 공간[물질]의 변화모습을 보고나서야, 비로소 시간[비물질]이 흘러가고 있다는 걸 느낄 수 있다.

마치 수십 년 만에 만난 친구의 모습에서 세월의 흔적을 느끼듯,

이렇게 우주에는 눈에 보이지 않는 측면도 엄연히 존재하건만, 사람의 인식체계로 혹은 논리적으로 설명되지 않는다는 이유만으로 그 존재까지도 부정해버려 세상을 절반 밖에 보지 못하는 우愚를 범하곤 한다.

필자는 『주역』이야말로 이 세상을 외눈박이의 비뚤어진 시각에서 건강한 두 눈으로 올바로 볼 수 있게 해주는 것이라고 생각한다.
"내가 더 멀리 볼 수 있었던 것은 거인들의 어깨 위에 올라서 있었기 때문이다."라는 뉴턴(Isaac Newton.1642년~1726년)의 말처럼, 미래 우주시대를 열어나가는데 『주역』이 더 멀리 볼 수 있게 어깨를 내어주는 친근한 거인으로 다가갔으면 좋겠다.

한韓민족은 역易의 민족이다. 팔괘를 그은 복희씨로부터 역易의 최종 버전인 『정역』을 완성한 김일부에 이르기까지 역易의 DNA을 가지고 있다. 우주의 천변만화한 이치를 그림 한 장으로 그려 놓은 것이 팔괘도(八卦圖: 복희팔괘도, 문왕팔괘도, 정역팔괘도) 등이다.

〈오회분 4호묘와 문왕팔괘도〉

고구려 오회분 4묘 고분벽화에 그려져 있는 문왕팔괘도를 보면, 우리 민족은 이미 수 천여 년 전부터 역易의 이치를 꿰뚫고 있었음을 알 수 있다(그림 참조).

앞으로 우주문명시대가 열린다. 현재 미국과 러시아 등 강대국들은 국가전략산업으로 우주산업에 집중하고 있다. 『주역』의 토대를 다져온 한민족은 누구보다 더 우주친화적인 전략과 우주산업에서 남다른 소질을 발휘할 것이다. 21세기 우주산업시대의 선봉장이 되길 기대해본다.

겉은 바삭하고 속은 촉촉한
주역(周易) 이야기

초판 1쇄 발행 2025년 4월 29일

|지은이| 한태일
|발행인| 우공식
|편집제작| 반도기획출판사 디자인팀
　　　　　서울시 중구 퇴계로37길 11, 301호
　　　　　TEL : 02)2272-4464
　　　　　FAX : 02)2278-6068
　　　　　E-mail : bando4465@korea.com
|출판등록| 2011년 11월 16일 신고번호 제301-2011-209호
|ISBN| 979-11-988237-3-1
|정가| 23,000원

이 책은 저작권법에 따라 보호받는 저작물이므로 무단전재와 무단복제를 금합니다.